21世纪统计学系列教材

统计学

双色印刷

——基于Excel（第4版）

Statistics with Excel

贾俊平 编著

中国人民大学出版社
·北京·

总 序

教育是国之大计、党之大计。习近平总书记指出："'两个一百年'奋斗目标的实现、中华民族伟大复兴中国梦的实现，归根到底靠人才、靠教育。"

改革开放以来，高等统计教育有了很大的发展。作为培养我国统计专门人才的摇篮，中国人民大学统计学院自 1952 年创建以来，始终坚持理论与应用相结合的办学方向，着力培养能够理论联系实际、解决实际问题的高层次人才。为了更好地服务教学，中国人民大学统计学院组织并与统计学界同仁共同编写，于 2000 年首次出版了国内较早、成体系的一套丛书——21 世纪统计学系列教材。本系列教材，历经 20 余年的建设，适应统计教育的发展变化，不断修订完善，得到了社会的广泛认可，已成为全国统计学高等教育最有影响力的系列教材之一。系列教材中既有普通高等教育"十一五"国家级规划教材或"十二五"普通高等教育本科国家级规划教材，又有教育部高等学校统计学类专业教学指导委员会推荐用书。在 2021 年首届全国教材建设奖评选中，《统计学（第 7 版）》获评全国优秀教材（高等教育类）。

随着时代的发展和高等教育的变化，系列教材也要与时俱进，及时反映新时代的要求，为此，我们对系列教材不断改版更新。一方面，深入学习贯彻习近平新时代中国特色社会主义思想，紧扣立德树人的根本任务，密切结合中国实际，大量融入中国案例和数据，使学生进一步坚定中国特色社会主义道路自信、理论自信、制度自信、文化自信。另一方面，深刻把握统计学科的专业特点，面对大数据时代的新形势，突出统计理论方法与计算机实现技术的结合，强调方法与技术在实际领域中的应用，同时，精心打造配套的新形态和立体化教学资源，助力现代化教学实践。

感谢所有关注我们的同仁，他们本着对统计学科的热情和提高统计教育水平的愿望，帮助我们不断改进这套教材。感谢参与教材编写的同行专家、统计学院的教师。愿大家的辛勤劳动能够结出丰硕的果实。我们期待着与统计学界的同仁共同创造统计学科辉煌的明天。

王晓军
中国人民大学统计学院

前　言

本书概要

本书是一本统计学基础教材，全书内容共 9 章。第 1 章主要介绍变量、数据及其分类以及数据的来源。第 2 章介绍数据的预处理和频数分布表的制作。第 3 章和第 4 章介绍数据的描述性分析方法，包括图表的使用和常用统计量的计算与分析方法。第 5 章至第 7 章介绍统计推断的基本原理和方法，包括统计量的概率分布及参数估计和假设检验。第 8 章介绍实际中广泛应用的相关与回归分析方法。第 9 章介绍时间序列分析和预测。

本书特色

◇ **全部使用 Excel 实现计算与分析。**每种方法均以文本框的形式给出了详细操作步骤。考虑到读者对象的特点，Excel 能够实现的一些方法并没有写进书中，如方差分析、双样本正态检验和 t 检验、双样本方差比 F 检验等。此外，本书最后的附录给出了书中用到的 Excel 函数的列表，以及用 Excel 生成常用概率分布表的方法。

◇ **注重统计方法的应用。**本书所有例题的计算和分析全部使用 Excel 2019 实现，每章开头均以问题与思考的形式引出该章内容。对方法的介绍侧重于原理和思想，完全避开了数学推导，并把繁杂的计算交给 Excel 来完成。读完本书后你就会发现统计学并不那么难学，而且比你想象的有趣和有用。

◇ **方便教学和学习。**每章都配有详细的 PPT，并配备书中例题和习题数据的电子版，方便教师教学和学生学习。

• 第 4 版的变化

第 4 版对第 1 章、第 2 章、第 3 章、第 9 章重新进行了编写，除更新例题和习题数据外，在结构上也有变动。其余章节也做了更新，每章后都增加了思维导图，展示各章的基本结构和内容。

• 读者对象

本书适用的读者对象包括：普通高等院校非统计学专业的本科生；中等职业教育或继续教育的本科生和大专生；实际工作者及各领域的管理人员；对统计学知识感兴趣的其他读者。

贾俊平

2025 年 3 月

统计学课程
思政建设的总体目标

《统计学——基于 Excel》（第 4 版）以习近平新时代中国特色社会主义思想为指导，全面贯彻党的二十大精神，根据教育部《高等学校课程思政建设指导纲要》的要求，把立德树人作为根本任务。

统计学既是方法课，也是应用课。课程思政建设的侧重点应放在应用层面。将统计方法的应用与中国实际问题相联系，紧密结合中国社会建设的成就讲授统计方法的应用是思政建设的核心主题。具体应从以下几个方面入手。

● 树立正确的统计价值观，将统计应用与中国特色社会主义建设的理论和实践相结合

统计学是一门应用性很强的学科。在内容讲授过程中，应注意对学生正确统计理念的塑造，这就需要将思政建设的内容与课程内容和知识传授的理念相结合，其中的关键是授课教师应加强自身的政治素养和正确理念的提升，通过知识传授将正确的价值观传递给学生，引导学生科学合理地应用统计解决实际问题。

● 树立正确的统计理念，将统计方法与实事求是的理念相结合

统计学课程的内容涵盖数据收集、处理、分析并得出结论。要树立正确的统计理念，就应始终本着实事求是的态度，实事求是地收集数据，避免弄虚作假。在数据分析中应科学合理地使用统计方法，避免主观臆断。在数据分析结果的解释和结论陈述中，应保持客观公正，避免为一己私利而违背科学和实事求是的理念。

● 牢记统计服务于社会的使命，将统计应用与以人民为中心的发展思想相结合

统计学作为一门通识课，学生学习的主要目的是应用统计方法解决实际问题。在课程内容的讲授过程中，应牢记统计服务于社会、服务于生活、服务于管理、服务于科学研究的使命，坚持以人民为中心的发展思想。鼓励学生将统计方法应用于分析和研究中国特色社会主义建设成就，应用于反映人民生活水平变化，应用于反映社会主义制度的优越性上。

贾俊平

目录

第1章 统计学与数据

问题与思考

- 在你的印象中，统计学是什么？
- 你在日常生活和工作中接触过哪些数据？
- 调查一批人的性别、职业、月收入等，这里涉及了哪些变量？
- 如果让你在全校大学生中做一次调查，你会调查所有学生还是抽取一部分学生做调查？假定让你从全校10 000名学生中随机抽取200人，你会怎么做？
- 你使用过哪些软件？Excel，SPSS，R，Python，还是其他？
- 你认为不使用软件能做统计分析吗？

在日常工作和生活中，经常会接触到各类数据，比如，PM2.5 数据、国内生产总值（GDP）数据、居民消费价格指数（CPI）数据、股票交易数据、电商的经营数据等。如果不分析这些数据，那么它们也仅仅是数据，提供的信息十分有限，只有经过分析，数据才会有更大的价值。如何分析这些数据，用什么方法分析这些数据，就是统计学要解决的问题。本章首先介绍统计学和数据分析的有关概念，然后介绍变量、数据及其分类，接着介绍数据的来源，最后介绍 Excel 数据分析工具的安装。

1.1 统计学与数据分析

统计学是一门数据分析科学。如何获得分析所需的数据、用什么方法分析这些数据以及使用何种工具（软件）实现分析是首先需要弄清楚的问题。本节主要介绍统计学和数据分析的含义、数据分析方法和分析工具。

1.1.1 什么是统计学

假定你要分析某电商平台一年中每天的销售额，首先需要获得该电商平台每天的销售额数据，然后分析这些数据并得出结论，这就是统计学要解决的问题。

统计学（statistics）是一门分析数据的科学，它提供一套通用于所有学科领域的获取数据、处理数据、分析数据并从数据中得出结论的原则和方法。虽然统计学提供的数据分析方法可用于各学科领域数据的分析，但它不是为某个特定的问题领域构造的。因此，统计方法不是一成不变的，使用者在特定情况下需要根据所掌握的专业知识选用这些方法，如果需要，还可以进行必要的修正。

1.1.2 数据分析方法和工具

数据分析（data analysis）是使用统计方法把隐藏在数据中的信息有效地提炼出来的过程，目的是找出所研究问题的内在特征和规律。在实际应用中，数据分析可帮助人们做出判断和决策，以便采取适当行动。比如，对股票交易数据的分析可帮助你做出买进或卖出某只股票的决策；对客户消费行为数据的分析可以帮助电商精准确定客户，并提供有效的产品和服务；对患者医疗数据的分析可以帮助医生做出正确的诊断和治疗；等等。

1. 数据分析方法

数据分析所使用的方法均可视为统计方法。由于数据分析有不同的视角和目标，因此可以从不同角度对分析方法进行分类。

从分析目的看，可以将数据分析分为**描述性分析**（descriptive analysis）、**探索性分析**（exploratory analysis）和**验证性分析**（confirmatory analysis）。其中，描述性分析对数据进行初步的整理、展示和概括性度量，以找出数据的基本特征，为推断或建模提供依据；探索性分析侧重于从数据中发现新的特征，为形成某种理论或假设而对数据进行分析；验证性分析则侧重于对已有理论或假设的证实或证伪。当然，这三个层面的分析并不是截然分开的，在多数情况下，数据分析是对数据进行描述、探索和验证的综合研究。

从数据分析所使用的统计方法看，可大致分为**描述统计**（descriptive statistics）和**推断统计**（inferential statistics）。描述统计主要是利用图表形式对数据进行汇总和展示，并计算一些简单的统计量（诸如比例、比率、平均数、标准差等）来进行分析，以便发现数据的基本特征。推断统计主要是根据样本信息来推断总体的特征，其基本方法包括参数估计和假设检验。参数估计是利用样本信息推断所关心的总体参数，假设检验则是利用样本信息判断对总体的某个假设是否成立。比如，从一批电池中随机抽取少数几块电池作为样本，测出它们的使用寿命，然后根据样本电池的平均使用寿命估计这批电池的平均使用寿命，或者检验这批电池的平均使用寿命是否等于某个假定值，这就是推断分析要解决的问题。

图 1－1 展示了数据分析方法的大致分类。

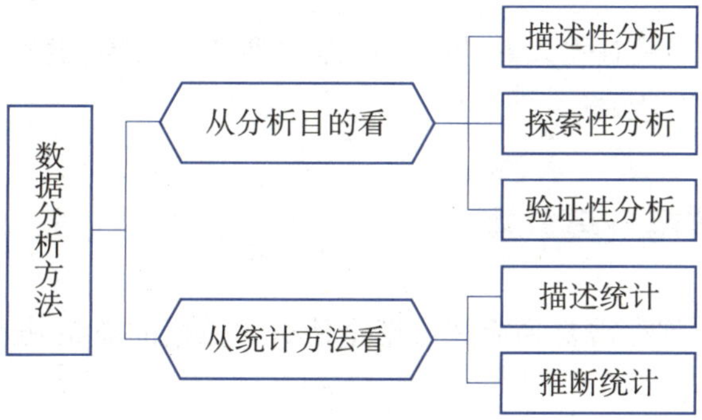

图 1－1　数据分析方法

2. 数据分析工具

实际分析中的数据量通常非常大，有些统计方法的计算也十分复杂，不用计算机处理和分析数据是很难实现应用的。在计算机时代到来前，计算问题使数据分析方法的应用受到了极大限制。在计算机普及的今天，各种统计分析软件的出现使数据分析变得十分容易，只要理解统计方法的基本原理和应用条件，就很容易使用统计软件进行数据分析。

统计软件大致可分为商业类软件和非商业类软件两大类。商业类软件种类繁多，具有代表性的有 SAS、SPSS、Minitab、Stata 等。虽然多数人较熟悉的 Excel 不是统计软件，但也提供了一些常用的统计函数，并提供了常用的数据分析工具，其中包含一些基本的数据分析方法，可供非专业人员做些简单的数据分析。商业类软件虽有不同的侧重点，但功能大同小异，基本上能满足大多数人做数据分析的需要。商业类软件使用相对简单，容易上手，但其主要问题是价格不菲，多数人难以承受。此外，商业软件更新速度较慢，难以提供最新方法的解决方案。

非商业类软件则不存在价格问题。目前较为流行的软件有 R 和 Python，二者都是免费的开源平台。R 是一种优秀的统计软件，也是一种统计计算语言。R 不仅支持各个主要的计算机系统，还有诸多优点，比如，更新速度快，包含最新方法的解决方案；提供丰富的数据分析和可视化技术，功能十分强大。此外，R 中的包（package）和函数均由统计专家编写，函数中参数的设置也更符合统计和数据分析人员的思维方式和逻辑，并且有强大的帮助功能和多种范例，即便是初学者也很容易上手。

Python 是一种面向对象的解释型高级编程语言，并且拥有丰富而强大的开源第三方库，也具有强大的数据分析可视化功能。Python 与 R 的侧重点略有不同。R 的主要功能是数据分析和可视化，且功能强大，多数分析都可以由 R 提供的函数实现，不需要太多的编程，代码简单，容易上手。Python 的侧重点则是编程，具有很好的普适性，但数据分析并不是其侧重点，虽然从理论上讲都可以实现，但往往需要编写很长的代码，帮助功能也不够强大，这对数据分析的初学者来说可能显得麻烦，但仍然不失为一种有效的数据分析工具。

虽然 R 和 Python 都具有强大的功能，但考虑到读者对象的特点，本书的例题计算和分析均使用 Excel（2019 版）。

1.2 变量、数据及其分类

进行数据分析时，首先需要弄清楚数据是什么，数据的类型是什么，因为不同的数据所适用的分析方法是不同的。

1.2.1 变量和数据

数据（data）是一个广义的概念，任何可观测并有记录的信息都可以称为数据，它不仅包括数字，也包括文本、图像等。比如，一篇文章可以看作数据，一幅照片也可以视为数据，等等。本书使用的数据概念则是狭义的，仅仅指统计变量的观测结果。因此，要理解数据的概念，需要先理解变量的概念。

观察某家电商的销售额会发现这个月和上个月有所不同；观察股票市场某只股票的收盘价格，今天与昨天不一样；观察每名学生的月生活费支出，一个人和另一个人不一样；掷一枚骰子观察其出现的点数，这次投掷的结果和下一次也不一样。这里的“电商的销售额”“某只股票的收盘价格”“学生的月生活费支出”“掷一枚骰子出现的点数”等就是变量。简言之，**变量**（variable）是描述观察对象某种特征的概念，其观测结果从一次观测到下一次观测可能是不同的。变量的观测结果就是数据。

1.2.2 变量和数据的分类

根据观测结果的不同，变量可以粗略分为类别变量和数值变量两类。

类别变量（categorical variable）是取值为对象属性或类别以及区间值（interval value）的变量，也称**分类变量**（classified variable）或**定性变量**（qualitative variable）。比如，观察人的性别、上市公司所属的行业、顾客对商品的评价，得到的结果就不是数字而是对象的属性。例如，观察性别的结果是“男”或“女”；上市公司所属的行业为“制造业”“金融业”“旅游业”等；顾客对商品的评价为“很好”“好”“一般”“差”“很差”。人的性别、上市公司所属的行业、顾客对商品的评价等取值不是数值，而是对象的属性或类别。此外，学生的月生活费支出可能分为 1 000 元以下、1 000～1 500 元、1 500～2 000 元、2 000 元以上 4 个等级，“学生的月生活费支出的等级”这 4 个取值范围也不是普通的数值，而是数值区间，因而也属于类别变量。人的性别、上市公司所属的行业、顾客对商品的评价、学生的月生活费支出的等级等都是类别变量。

类别变量根据取值是否有序可分为**无序类别变量**（disordered categorical variable）和**有序类别变量**（ordered categorical variable）两种。无序类别变量也称**名义**（nominal）值变量，各类别间的取值是不可以排序的。比如，“上市公司所属的行业”这一变量取值为“制造业”“金融业”“旅游业”等，这些取值之间不存在顺序关系。再比如，“商品的产地”这一变量的取值为“甲”“乙”“丙”“丁”，这些取值之间也不存在顺序关系。有序类别变量也称**顺序**（ordinal）值变量，各类别间的取值可以排序。比如，“对商品的评价”这一变量的取值为“很好”“好”“一般”“差”“很差”，这 5 个值之间是有序的。取区间值的变量当然是有序的类别变量。只取两个值的类别变量也称为**布尔变量**（Boolean variable）或**二值变量**（binary variable），例如“性别”这一变量只取“男”和“女”两个值，“真假”这一变量只取“真”和“假”两个值，等等。这里的“性别”和“真假”就是布尔变量。

类别变量的观测结果称为**类别数据**（categorical data）。类别数据也称分类数据或定性数据。与类别变量相对应，类别数据分为无序类别数据（名义值）和有序类别数据（顺序值）两种。布尔变量的取值也称为布尔值。

数值变量（metric variable）是取值为数字的变量，也称为**定量变量**（quantitative variable）。例如“电商的销售额”“某只股票的收盘价格”“学生的月生活费支出”“掷一枚骰子出现的点数”这些变量的取值可以用数字来表示，都属于数值变量。数值变量的观测结果称为**数值数据**（metric data）或**定量数据**（quantitative data）。

数值变量根据取值的不同，可以分为**离散变量**（discrete variable）和**连续变量**（continuous variable）。离散变量是只能取有限个值的变量，而且其取值可以列举，通常（但不一定）是整数，如“企业数”“产品数量”等就是离散变量。连续变量是可以在一个或多个区间中取任何值的变量，它的取值是连续不断的，不能列举，如“年龄”“温度”“零件尺寸的误差”等都是连续变量。

此外，还有一种较为特殊的变量，即**时间变量**（time variable）。如果所获取的是不同时间上的观测值，这里的时间就是时间变量，由时间和观测值构成的数据称为**时间序列数**

据（time series data）。时间变量的取值可以是年、月、天、小时、分、秒等任意形式。根据分析目的和方法的不同，时间变量可以作为数值变量，也可以作为类别变量。比如，如果将时间序列数据绘制成条形图，旨在展示不同时间上的数值多少，这实际上是将时间作为类别来处理，此时可将时间视为离散值；如果要利用时间序列中的时间作为变量来建模，这实际上是将时间作为数值变量来处理，此时可将时间视为连续值。尽管如此，考虑到时间的特殊性，仍然可以将其单独作为一类。

图 1-2 展示了变量的基本分类。

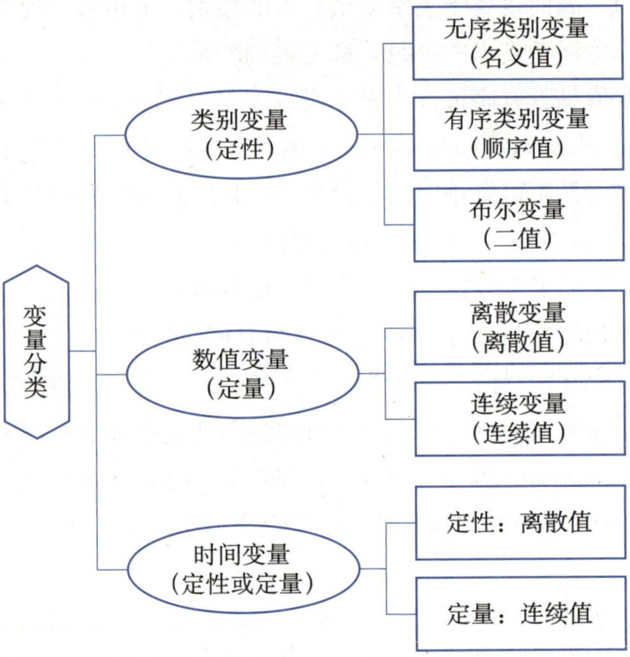

图 1-2　变量的基本分类

由于数据是变量的观测结果，因此，数据的分类与变量的分类是相同的，对应于不同变量的观测结果就是数据的相应分类。为表述方便，本书会混合使用变量和数据这两个概念，在讲述分析方法时多使用变量的概念，在例题分析中多使用数据的概念。

了解变量或数据的分类是十分必要的，因为不同的变量或数据适用的分析方法是不同的。通常情况下，数值变量或数值数据适用的分析方法更多。在实际数据分析中，所面对的数据集往往不是单一的某种类型，而是类别数据、数值数据甚至时间序列数据构成的混合数据，对于这样的数据，要做何种分析，则取决于分析目的。

1.3 数据的来源

统计面临的一个基本问题是数据来源，也就是去哪里找所需的数据。从使用者的角度来看，数据主要源于两种渠道：一是直接的调查和实验，称为直接来源；二是别人的调查或实验，称为间接来源。

1.3.1　间接来源和直接来源

对大多数使用者来说，亲自做调查或实验往往是不可能的。所使用的数据大多数来自别人的调查或实验，对使用者来说就是二手数据，这就是间接来源的数据。二手数据主要是公开出版或公开报道的数据，这类数据主要来自各研究机构、国家和地方的统计部门、其他管理部门、专业的调查机构，以及各种报纸、杂志、图书、广播、电视传媒等。现在，随着计算机网络技术的发展，出现了各种各样的**大数据**（big data）。使用者可以在网络上获取所需的各种数据，比如，各种金融产品的交易数据、国家统计局网站（www. stats. gov. cn）的各种宏观经济数据等。利用二手数据对使用者来说既经济又方便，但使用时应注意统计数据的含义、计算口径和计算方法，以避免误用或滥用。同时，在引用二手数据时，一定要注明数据的来源，以示对他人劳动成果的尊重。

直接来源的数据主要通过实地调查、互联网调查或实验取得。比如，统计部门调查取得的数据；其他部门或机构为特定目的调查的数据；利用互联网收集的各类产品交易、生产和经营活动等产生的大数据。实验是取得自然科学数据的主要手段。

1.3.2　抽样方法

当已有的数据不能满足需要时，可以亲自调查或实验。比如，想了解某地区家庭的收入状况，可以从该地区抽出一个由 2 000 个家庭组成的样本，通过对样本的调查获得数据。这里“该地区所有家庭”是所关心的**总体**（population），它是包含所研究的全部元素（个体）的集合。所抽取的 2 000 个家庭就是一个**样本**（sample），它是从总体中抽取的一部分元素的集合。构成样本的元素的数目称为**样本量**（sample size），比如，抽取 2 000 个家庭组成一个样本，样本量就是 2 000。

怎样获得一个样本呢？抽样方法有概率抽样和非概率抽样两大类。下面只介绍一些常见的概率抽样概念。

假定要在某地区抽取 2 000 个家庭组成一个样本，如果该地区的每个家庭被抽中与否完全是随机的，而且每个家庭被抽中的概率是已知的，这样的抽样方法就称为**概率抽样**（probability sampling）。概率抽样方法有简单随机抽样、分层抽样、系统抽样、整群抽样等。

简单随机抽样（simple random sampling）是从含有 N 个元素的总体中抽取 n 个元素组成一个样本，使得总体中的每个元素都有相同的概率被抽中。采用简单随机抽样时，如果抽取一个个体并记录下数据后，再把这个个体放回原来的总体中以参加下一次抽取，这样的抽样方法就叫作**有放回抽样**（sampling with replacement）；如果抽中的个体不再放回，再从所剩的个体中抽取第二个元素，直到抽取 n 个个体为止，这样的抽样方法就叫作**无放回抽样**（sampling without replacement）。当总体数量很大时，无放回抽样可以视为有放回抽样。由简单随机抽样得到的样本称为**简单随机样本**（simple random sample）。多数统计推断都是以简单随机样本为基础的。

分层抽样（stratified sampling）也称分类抽样，它是在抽样之前先将总体的元素划分为若干层（类），然后从各个层中抽取一定数量的元素组成一个样本。比如，要研究学生的生活费支出，可先将学生按地区进行分类，然后从各类中抽取一定数量的学生组成一个样本。分层抽样的优点是可以使样本分布在各个层内，从而使样本在总体中的分布比较均匀，这样可以降低抽样误差。

系统抽样（systematic sampling）也称等距抽样，它是先将总体各元素按某种顺序排列，并按某种规则确定一个随机起点，然后每隔一定的间隔抽取一个元素，直至抽取 n 个元素组成一个样本。比如，要从全校学生中抽取一个样本，可以找到全校学生的名册，按名册中的学生顺序，用随机数找到一个随机起点，然后依次抽取就得到一个样本。

整群抽样（cluster sampling）是先将总体划分成若干群，然后以群作为抽样单元从中抽取部分群组成一个样本，再对抽中的每个群中包含的所有元素进行调查。比如，可以把每个学生宿舍看作一个群，从全校学生宿舍中抽取一定数量的宿舍，然后对抽中的宿舍中的每名学生都进行调查。整群抽样的误差相对要大一些。

抽取随机样本的具体方法将在第 2 章中介绍。

1.4 Excel 数据分析工具的安装

Excel 提供了多个统计函数，包括计算各描述统计量的函数、概率分布函数、估计和检验的函数等。此外，还提供了【数据分析】工具，其中包含一些基本统计方法的计算。使用 Excel 的【数据分析】工具可以做一些基本的统计分析。在使用之前，需要安装【数据分析】工具，其在 Excel（2019 版）中的具体安装步骤如文本框 1-1 所示（不同版本在安装步骤上略有差异）。

文本框 1-1　Excel【数据分析】工具的安装

★ Excel【数据分析】工具的安装（2019 版）

第 1 步：在 Excel 工作表界面中点击【文件】→【选项】。

第 2 步：在弹出的对话框中选择【加载项】，并在【加载项】下选择【分析工具库】，界面如下图所示。

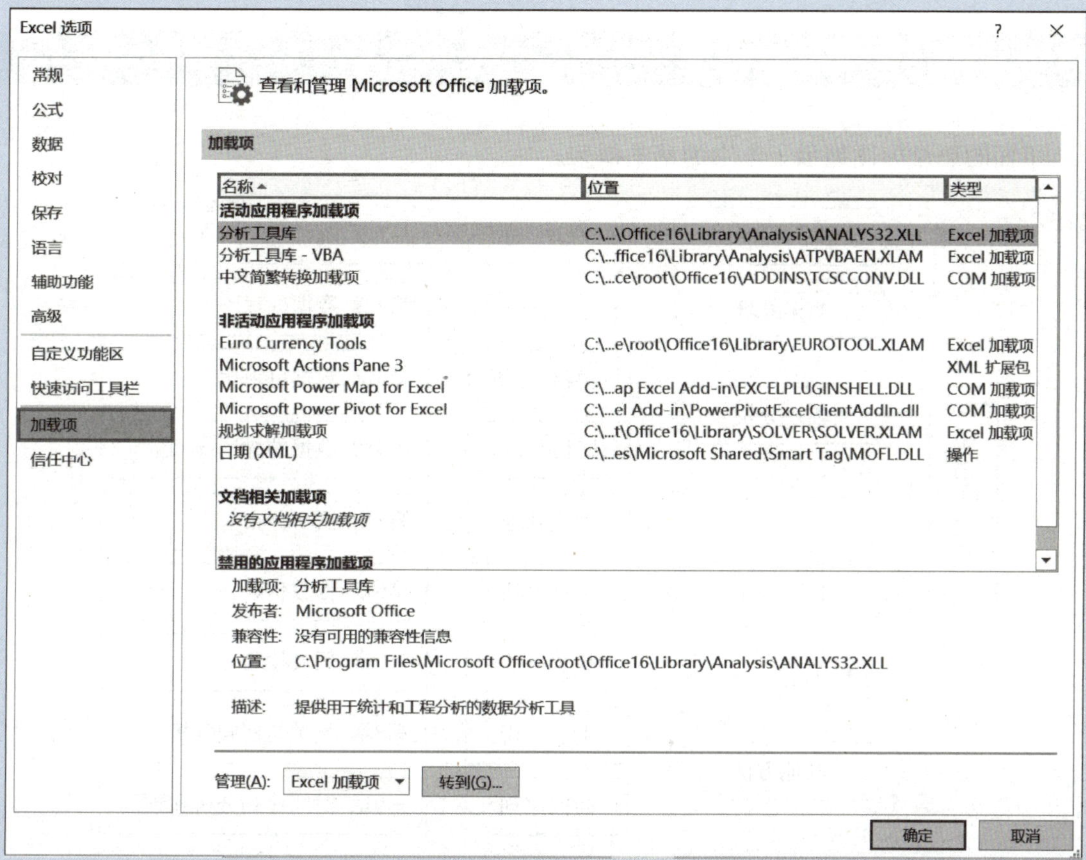

第 3 步：点击【转到】，出现的界面如下图所示。

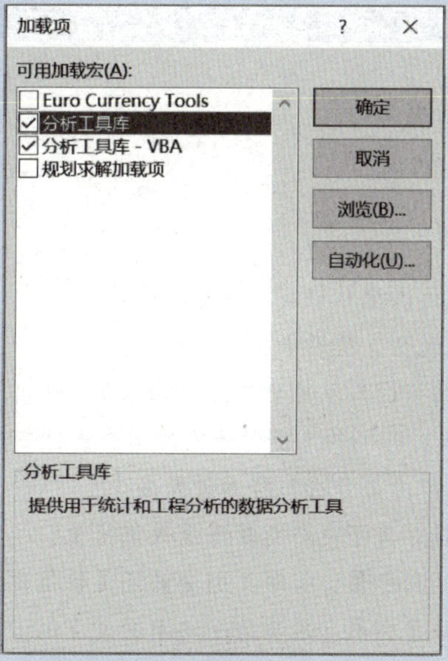

选中需要的加载宏，单击【确定】，即可完成安装。

思维导图：本书基本框架

下面的思维导图展示了本书的基本框架。

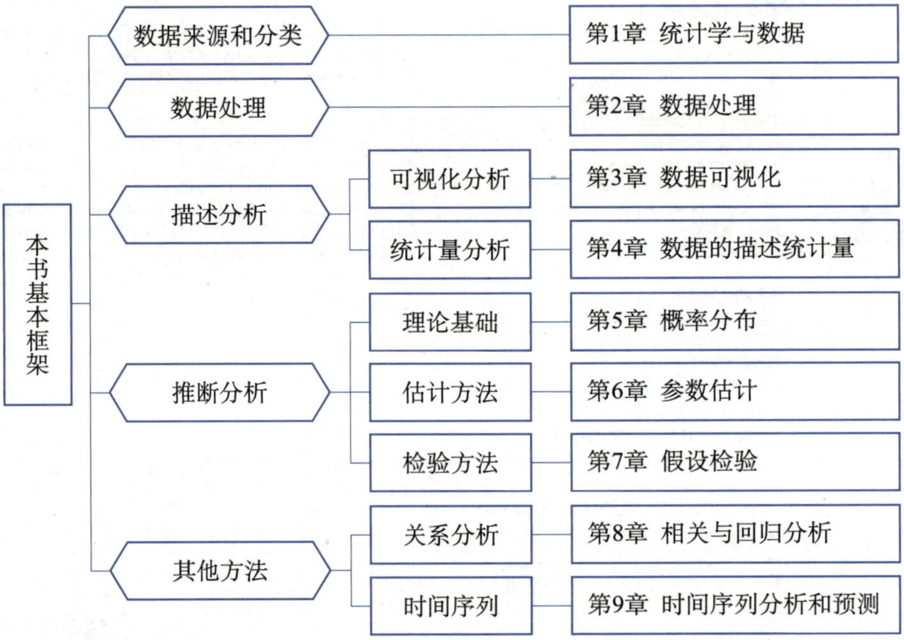

习题

1.1 指出下面的变量属于哪一类型。

(1) 年龄。

(2) 性别。

(3) 汽车产量。

(4) 员工对企业某项改革措施的态度（赞成、中立、反对）。

(5) 购买商品时的支付方式（现金、信用卡、支票）。

1.2 一家研究机构从信息技术（IT）从业者中随机抽取 1 000 人作为样本进行调查，其中 60%的人回答他们的月收入在 10 000 元以上，90%的人回答他们的消费支付方式是信用卡。

(1) 这一研究的总体是什么？样本是什么？样本量是多少？

(2)“月收入”是无序类别变量、有序类别变量还是数值变量？

(3)“消费支付方式”是无序类别变量、有序类别变量还是数值变量？

1.3 一项调查表明，消费者每月在网上购物的平均消费是 1 000 元，他们选择在网上购物的主要原因是“价格便宜”。

(1) 这一研究的总体是什么？

(2)“消费者在网上购物的原因”是无序类别变量、有序类别变量还是数值变量?

1.4　某大学的商学院为了解毕业生的就业倾向,分别从会计专业抽取 50 人、市场营销专业抽取 30 人、企业管理专业抽取 20 人进行调查。

(1) 这种抽样方式是分层抽样、系统抽样还是整群抽样?

(2) 样本量是多少?

第 2 章 数据处理

问题与思考

- 你在生活或工作中接触过数据吗？如果接触过，都是什么样的数据？这些数据对你有用吗？
- 如果将 2 000 个家庭的调查问卷交给你处理，你首先会做什么？
- 如何将 500 名学生的调查问卷数据汇总在一张表格里？
- 如果按收入的多少将家庭分成低收入、中等收入和高收入，你会怎么做？

在做数据分析前，首先需要对获得的数据进行审核、清理，并录入 Excel 工作表，形成数据文件，然后对数据做必要的预处理，以便满足分析的需要。

本章首先介绍数据的预处理，然后介绍频数分布表的生成方法。具体内容包括：(1) 数据的预处理，介绍数据审核与录入、数据排序和筛选方法及 Excel 实现；(2) 生成频数分布表，介绍类别数据和数值数据频数分布表的生成方法及 Excel 实现。

2.1 数据的预处理

数据的预处理是数据分析之前所做的必要处理，内容包括数据的审核、录入、排序、筛选等。

2.1.1 数据审核与录入

1. 数据审核

数据审核是检查数据中是否有错误和遗漏等。对于通过调查取得的**原始数据**（raw data），主要从完整性和准确性两个方面进行审核。完整性审核主要检查应调查个体是否有遗漏，所有的调查项目是否填写齐全等。准确性审核主要检查数据是否有错误，是否存在异常值等。对于异常值要仔细鉴别，如果异常值属于记录时的错误，则在分析之前应予以纠正；如果异常值是一个正确的值，则应予以保留。

对于通过其他渠道取得的二手数据，应着重审核数据的适用性和时效性。二手数据可以来自多种渠道，有些数据可能是为特定目的通过专门调查取得的，或者是已经按特定目的的需要做了加工整理。对于使用者来说，首先应弄清楚数据的来源、数据的口径以及有关的背景信息，以便确定这些数据是否符合自己分析研究的需要，不能盲目生搬硬套。此外，还要对数据的时效性进行审核，对于有些时效性较强的问题，如果所取得的数据过于滞后，可能就失去了研究的意义。

2. 数据录入

数据经初步审核后，需要录入计算机来建立数据文件，以便进行分析。为尽可能避免录入过程中产生新的错误，在录入过程中可以对数据做一些条件限定，这就是数据验证。

为避免录入数据时出现错误，可在 Excel 工作表中待录入数据的区域限定录入的条件。当录入的数据不符合限定条件时将出现错误提示信息，以便及时修改。

假定要在 Excel 工作表的 A1：B10 单元格录入取值范围在［0，100］之间的整数值，用 Excel 进行数据验证的步骤如文本框 2-1 所示。

文本框 2-1 用 Excel 进行数据验证

★ 数据验证的步骤

第 1 步：用鼠标在工作表中选定录入数据的单元格区域，如 A1：B10 单元格区域。

第 2 步：选择【数据】→【数据验证】。

第 3 步：在【验证条件】部分的【允许】中选择要录入的数据类型，比如“整数”。在【数据】中选择验证条件，或者在【最小值】和【最大值】中输入数据范围。比如，在【最小值】中输入 0，在【最大值】中输入 100。出现的界面如下图所示。

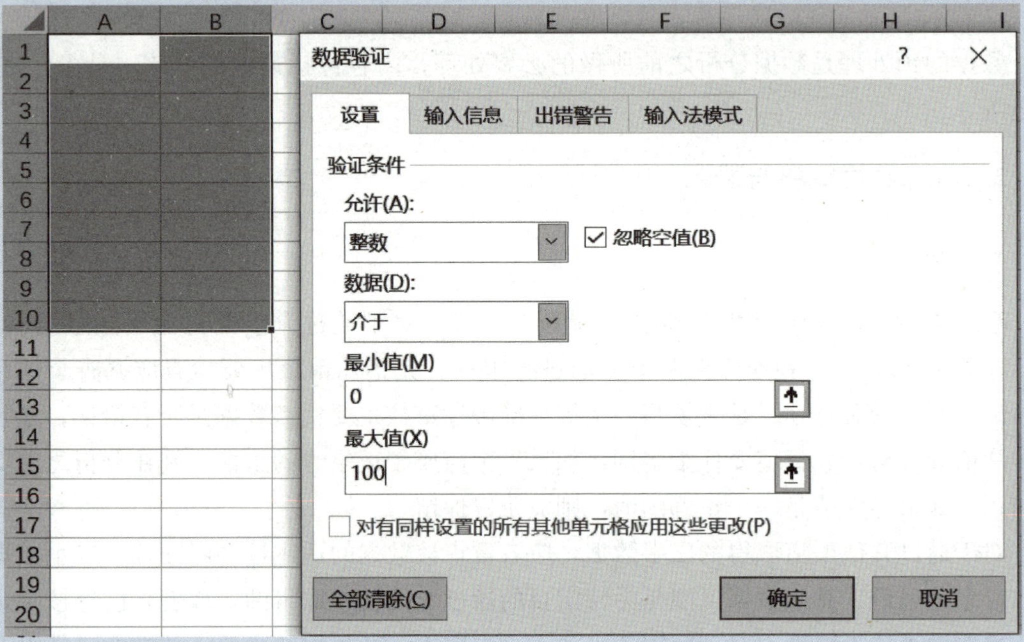

第 4 步：点击【出错警告】，在【式样】中选择“警告”，在【错误信息】中输入警告信息，比如“NA”。然后点击【确定】，即可完成设置。

完成上述设置后，在此区域内录入不符合验证条件的数据时将会出现错误提示信息。比如，在 A1 单元格录入 1 000，显示的错误提示信息如下图所示。

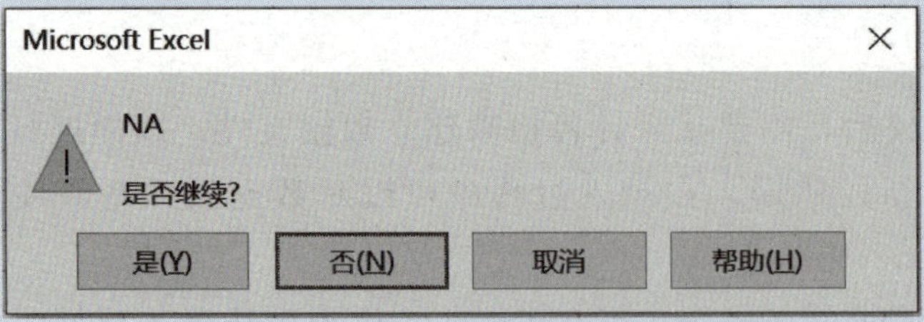

选择【是】则忽略此错误，选择【否】则返回单元格，再重新录入。

2.1.2 数据排序和筛选

在分析过程中，有时需要对数据进行排序，或者根据需要选择符合特定条件的数据进行分析。

1. 数据排序

数据排序是按一定顺序将数据进行排列。通过排序不仅可以大概了解数据的特征，还有助于对数据进行检查纠错，以及为重新归类或分组等提供方便。在某些场合，排序本身就是分析的目的之一。比如，中国互联网企业三巨头、中国企业 500 强等，通过这些信息不仅可以了解自己企业所处的地位，清楚与其他企业的差距，还可以从一定侧面了解到竞争对手的状况，从而有效制定企业发展的规划和战略目标。

对于类别数据，如果是字母型数据，排序有升序和降序之分，但习惯上更多的是使用升序，因为升序与字母的自然排列顺序相同；如果是汉字型数据，排序方式很多，比如按汉字拼音的首字母排序，这与字母型数据的排序完全一样，也可按笔画排序，其中也有笔画多少的升序和降序之分。交替运用不同方式排序，在汉字型数据的检查纠错过程中十分有用。

对数值数据的排序方式有两种，即升序和降序。设一组数据为x_1，x_2，…，x_n，升序可表示为 $x_{(1)} < x_{(2)} < \cdots < x_{(n)}$ ，降序可表示为 $x_{(1)} > x_{(2)} > \cdots > x_{(n)}$ 。

下面通过一个例子说明用 Excel 排序的步骤。

例 2-1

表 2-1 是 50 名学生的学生编号、性别、专业和考试分数数据。按考试分数降序排列。

表 2-1　50 名学生的学生编号、性别、专业和考试分数数据

学生编号	性别	专业	考试分数	学生编号	性别	专业	考试分数
1	男	会计学	82	13	男	管理学	81
2	男	金融学	81	14	男	会计学	78
3	女	会计学	75	15	男	会计学	51
4	女	管理学	86	16	女	金融学	79
5	男	会计学	77	17	男	会计学	63
6	女	金融学	97	18	男	管理学	89
7	男	管理学	77	19	女	管理学	71
8	女	会计学	92	20	男	金融学	82
9	女	金融学	71	21	男	管理学	91
10	男	会计学	85	22	男	金融学	90
11	女	金融学	80	23	女	管理学	78
12	男	金融学	55	24	男	金融学	74

续表

学生编号	性别	专业	考试分数	学生编号	性别	专业	考试分数
25	男	金融学	66	38	男	管理学	85
26	男	管理学	78	39	男	管理学	73
27	女	金融学	89	40	女	会计学	79
28	男	会计学	79	41	男	金融学	82
29	女	金融学	84	42	男	管理学	82
30	女	会计学	98	43	男	管理学	74
31	女	会计学	79	44	女	金融学	83
32	女	金融学	76	45	女	金融学	74
33	男	会计学	79	46	女	管理学	86
34	男	会计学	56	47	男	管理学	75
35	女	会计学	88	48	男	会计学	70
36	女	会计学	86	49	女	会计学	73
37	男	管理学	79	50	女	会计学	80

解 排序的具体步骤如文本框 2－2 所示。

文本框 2－2　用 Excel 进行数据排序

★ 数据排序步骤

第 1 步：将光标放在数据区域的任意单元格。然后点击【数据】→【排序】，出现的界面如下图所示。

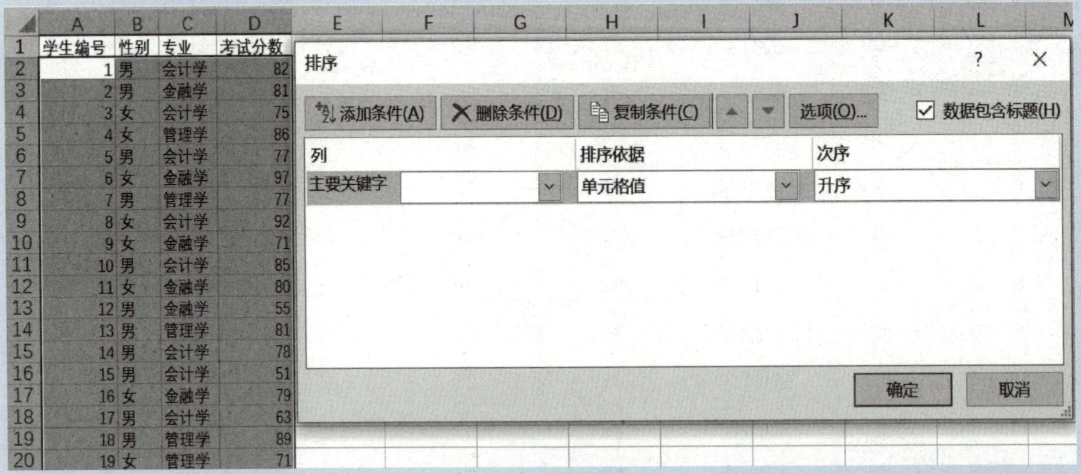

第 2 步：在【主要关键字】中选择要排序的变量，本例为“考试分数”，在【次序】中选择【降序】(默认为【升序】)，然后点击【确定】(如果要按专业排序，可以点击【选项】，在【方法】中选择【字母排序】或【笔划排序】)。结果如下图所示（部分）。

	A	B	C	D	E
1	学生编号	性别	专业	考试分数	
2	30	女	会计学	98	
3	6	女	金融学	97	
4	8	女	会计学	92	
5	21	男	管理学	91	
6	22	男	金融学	90	
7	18	男	管理学	89	
8	27	女	金融学	89	
9	35	女	会计学	88	
10	4	女	管理学	86	
11	36	女	会计学	86	
12	46	女	管理学	86	
13	10	男	会计学	85	

2. 数据筛选

数据筛选（data filter）是根据需要找出某类符合特定条件的数据。比如，找出每股盈利在 2 元以上的上市公司，找出考试成绩在 90 分及以上的学生，等等。

下面通过一个简单的例子说明用 Excel 进行数据筛选的过程。

例 2－2

沿用例 2－1。(1) 筛选出考试分数大于等于 90 分的学生。(2) 筛选出会计学专业考试分数小于 60 分的男生。

解 用 Excel 进行数据筛选的具体步骤如文本框 2－3 所示。

文本框 2－3 用 Excel 进行数据筛选

★ 筛选出考试分数大于等于 90 分的学生

第 1 步：将光标放在数据区域的任意单元格。然后点击【数据】→【筛选】。这时会在每个变量名中出现下拉箭头。

第 2 步：点击要筛选的变量的下拉箭头即可对该变量进行筛选。比如，要筛选出考试分数大于等于 90 分的学生，点击考试分数变量的下拉箭头，出现的界面如下图所示。

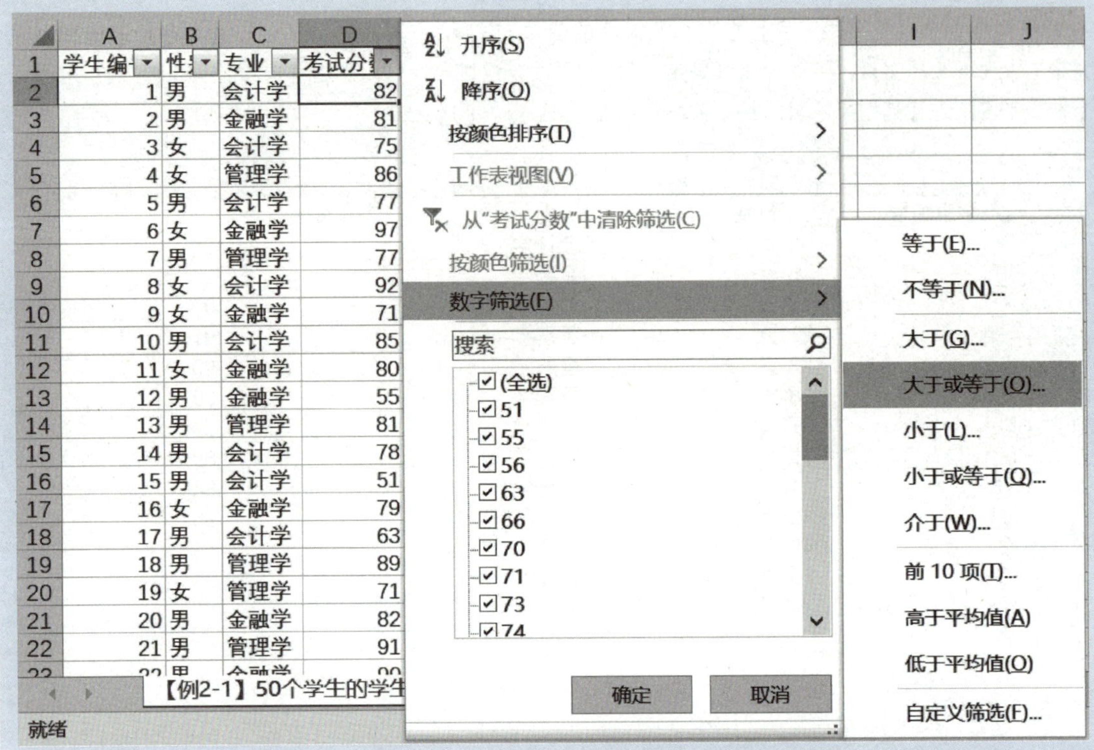

第 3 步：点击【数字筛选】中的【大于或等于】，并在后面的框内输入 90，出现的界面如下图所示。

点击【确定】，得到的结果如下图所示。

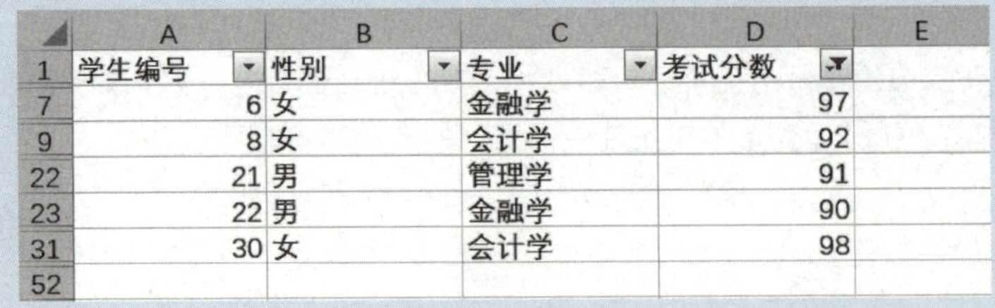

	A	B	C	D	E
1	学生编号	性别	专业	考试分数	
7	6	女	金融学	97	
9	8	女	会计学	92	
22	21	男	管理学	91	
23	22	男	金融学	90	
31	30	女	会计学	98	
52					

★ 筛选出会计学专业考试分数小于 60 分的男生

因为对每个变量都设定了不同的条件，所以需要使用【高级筛选】命令，具体步骤如下。

第 1 步：在工作表的上方插入 3 个空行，将数据表的第一行（变量名）复制到第 1 个空行；在第 2 个空行的相应变量名下依次输入筛选的条件："男""会计学""<60"。

第 2 步：选择【数据】→【高级】。在【列表区域】中输入要筛选的数据区域；在【条件区域】中输入条件区域。出现的界面如下图所示。

	A	B	C	D
1	学生编号	性别	专业	考试分数
2		男	会计学	<60
3				
4	学生编号	性别	专业	考试分数
5	1	男	会计学	82
6	2	男	金融学	81
7	3	女	会计学	75
8	4	女	管理学	86
9	5	男	会计学	77
10	6	女	金融学	97
11	7	男	管理学	77
12	8	女	会计学	92
13	9	女	金融学	71
14	10	男	会计学	85
15	11	女	金融学	80
16	12	男	金融学	55
17	13	男	管理学	81

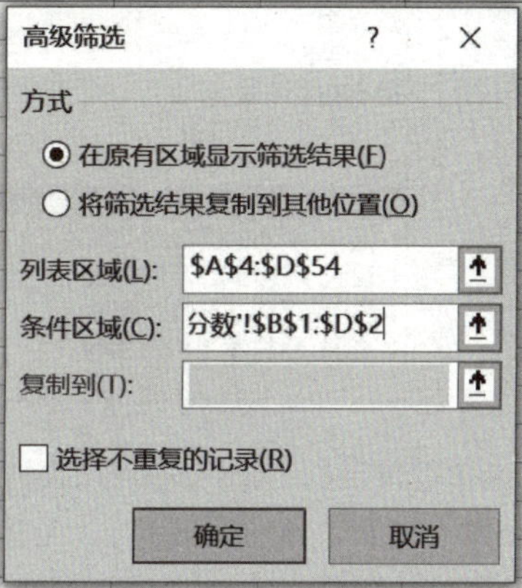

单击【确定】，得到的结果如下图所示。

	A	B	C	D
1	学生编号	性别	专业	考试分数
2		男	会计学	<60
3				
4	学生编号	性别	专业	考试分数
19	15	男	会计学	51
38	34	男	会计学	56

2.1.3　数据抽样

数据抽样（data sampling）是从一个已知的总体数据集中抽取随机样本。在实际应用中，可以使用不同统计软件抽取一个简单随机样本。下面通过一个例子说明用 Excel 的【数据分析】工具抽取随机样本的过程。

例 2－3

沿用例 2－1。随机抽取 10 名学生组成一个样本。

解　首先将学生编号，如 1，2，…，50，然后用 Excel【分析工具】中的【抽样】命令抽取随机样本。操作步骤如文本框 2－4 所示。

文本框 2-4　用 Excel 抽取随机样本

★ 使用【数据分析】工具抽取样本

第 1 步：在工作表中点击【数据】→【数据分析】。

第 2 步：在弹出的对话框中选择【抽样】，界面如下图所示。

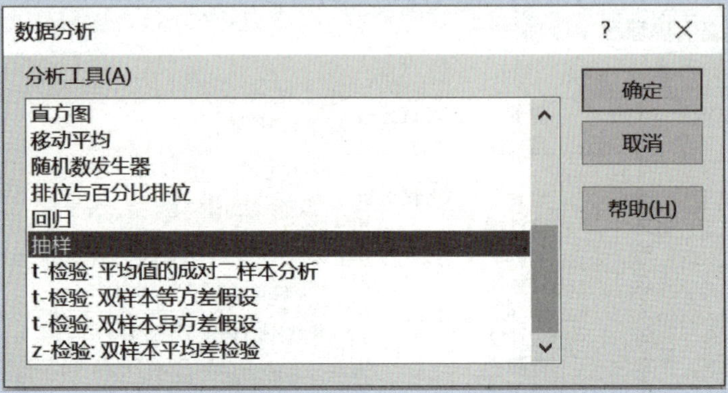

第 3 步：单击【确定】。在出现的对话框的【输入区域】中输入序号区域（数值数据直接输入数据区域）；在【抽样方法】中单击【随机】；在【样本数】中输入需要抽取的样本量（本例为 10）；在【输出区域】中选择抽样结果放置的区域。出现的界面如下图所示。

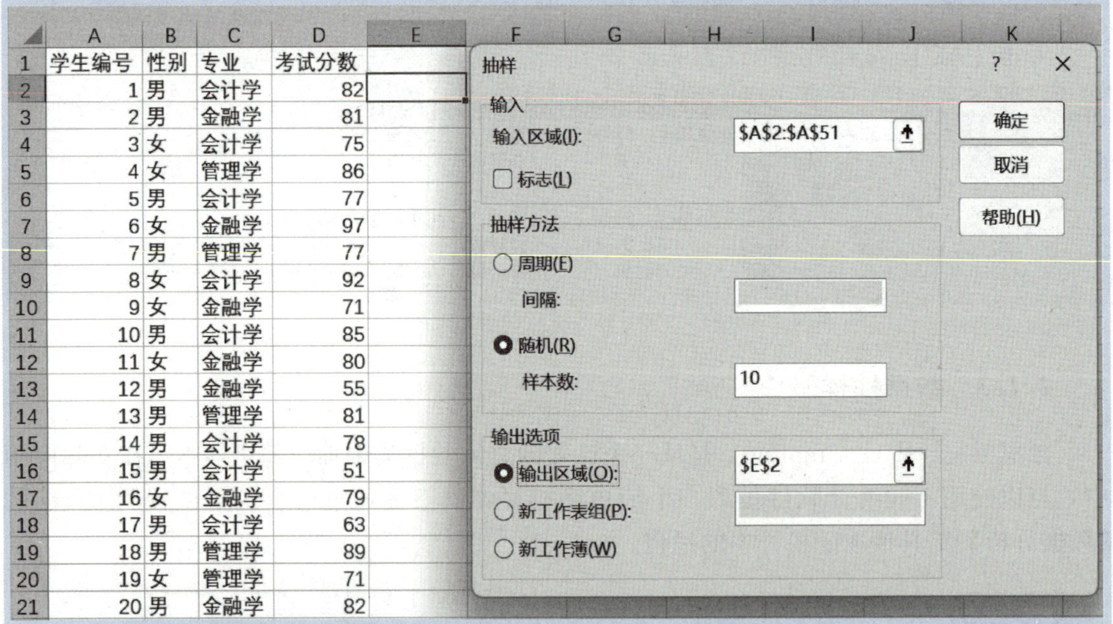

单击【确定】，即得到一个随机样本。

按上述步骤得到的随机样本如表 2-2 所示。

表 2-2　用【数据分析】工具抽取的一个随机样本

学生编号	性别	专业	考试分数
26	男	管理学	78
15	男	会计学	51
16	女	金融学	79
11	女	金融学	80
37	男	管理学	79
25	男	金融学	66
49	女	会计学	73
6	女	金融学	97
40	女	会计学	79
38	男	管理学	85

由于是随机抽取，每次抽取的样本是不同的，而且，由于是有放回随机抽样，每名学生有可能被抽中多次。如果只想抽取 10 名学生的考试分数，直接输入考试分数区域即可，而不必使用学生编号。

2.1.4　生成随机数

除了获得实际数据外，有时需要生成各种分布的随机数做模拟分析。用 Excel 提供的统计函数或【数据分析】工具中的【随机数发生器】可以生成一些常用分布的随机数。比如，生成任意两个数之间均匀分布的随机数，生成均值为 μ、标准差为 σ 的正态分布的随机数（如果 $\mu=0$，$\sigma=1$，则生成标准正态分布的随机数），生成任意两个数之间的随机整数，等等。

例 2-4

用 Excel 的【数据分析】工具生成以下随机数：(1) 均值为 50、标准差为 5 的正态分布的 10 个随机数；(2) 0～1 之间均匀分布的两个变量的各 15 个随机数。

解　生成随机数的操作步骤如文本框 2-5 所示。

文本框 2-5　用 Excel 的【数据分析】工具生成随机数

★ 生成正态分布随机数

第 1 步：将光标放在任意空白单元格。然后点击【数据】→【数据分析】。

第 2 步：在弹出的对话框中选择【随机数发生器】，单击【确定】。

第 3 步：在【变量个数】中输入要生成的随机变量的个数，比如，输入 1 表示要生成一个变量的随机数，输入 2 表示要生成两个变量的随机数，等等，本例为 1。在【随机数个数】中输入要生成的随机数的个数 10。在【分布】中选择要生成的随机数的分布【正态】。在【参数】部分的【平均值】

中输入正态分布的均值 50（默认为 0）；在【标准偏差】中输入正态分布的标准差 5（默认为 1）。在【输出选项】部分的【输出区域】中选择输出的随机数的放置位置为 A1 单元格（默认为新工作表组）。单击【确定】，即可生成随机数。出现的界面如下图所示。

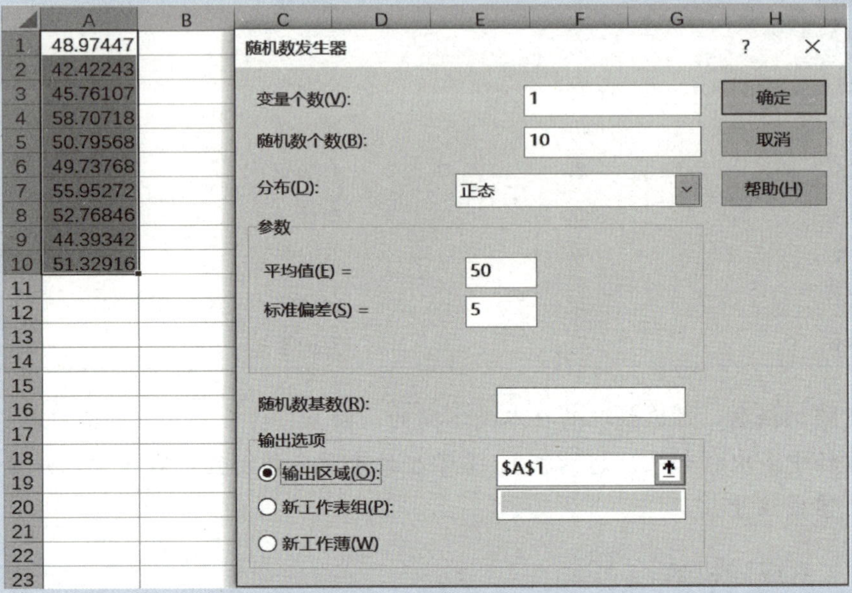

★ 生成均匀分布随机数

在上面的第 3 步中，在【变量个数】中输入要生成的随机变量的个数，本例为 2。在【随机数个数】中输入 15。在【分布】中选择【均匀】。在【参数】部分的【介于】中输入 0 和 1（默认是 0～1）。在【输出选项】部分的【输出区域】中选择输出的随机数的放置位置（默认为新工作表组），比如 A1 单元格。单击【确定】，即可生成随机数。出现的界面如下图所示。

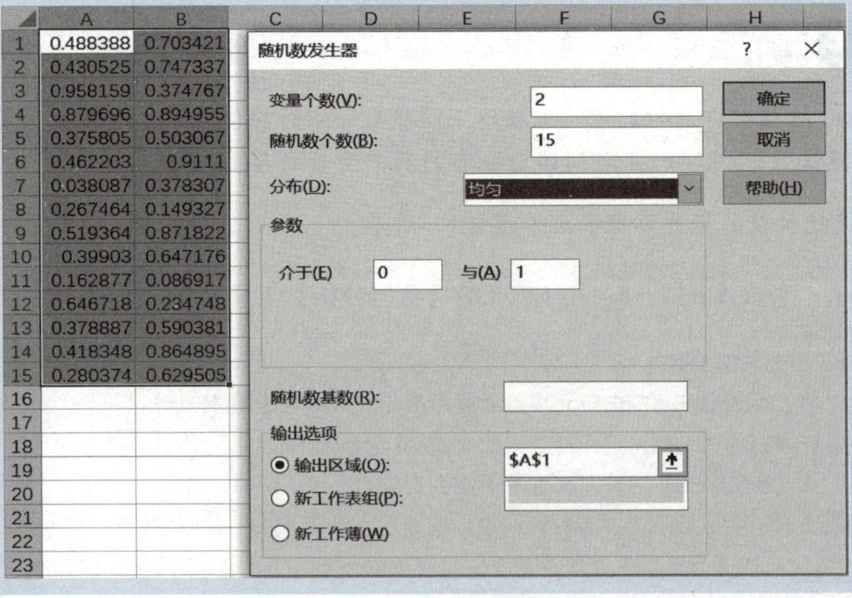

由于随机数是随机产生的，每次运行都会得到一组不同的随机数。

除了使用【随机数发生器】生成随机数外，使用 Excel 的【RAND】函数也可以生成 0～1 之间均匀分布的随机数，函数语法为：RAND()。该函数没有参数，直接在工作表的任意单元格中输入“＝RAND()”即可生成一个随机数，要想得到多个随机数，向工作表的右方或下方复制即可。

此外，使用 Excel 的【RANDBETWEEN】函数可以生成任意两个指定数之间的随机整数。比如，要在 60～100 之间生成 15 个随机整数，操作步骤如文本框 2－6 所示。

文本框 2－6　用 Excel 的【RANDBETWEEN】函数生成随机数

★ 用【RANDBETWEEN】函数生成两个指定数之间的随机整数

第 1 步：将光标放在任意空白单元格。然后点击【公式】，再点击【插入函数】。

第 2 步：从【选择类别】中选择【全部】，并在【选择函数】中点击【RANDBETWEEN】，单击【确定】。

第 3 步：在【Bottom】中输入指定的最小整数 60；在【Top】中输入指定的最大整数 100；单击【确定】即可得到一个随机数（要想得到多个随机数，向下或向右复制即可）。界面如下图所示。

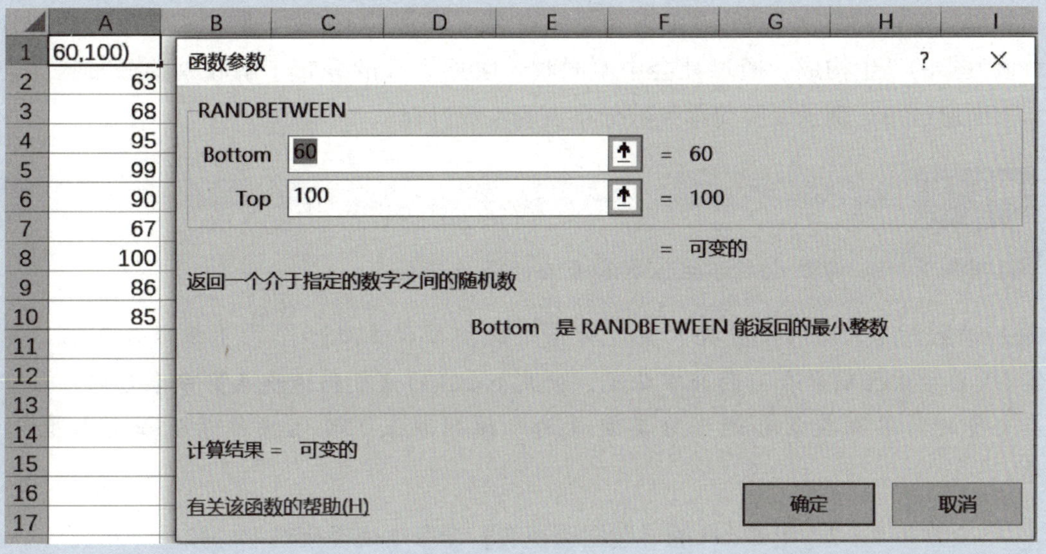

注：熟练的读者可以在单元格中输入“＝RANDBETWEEN(60，100)”来生成随机数。

当对 Excel 工作表的单元格进行计算或输入新数据时，使用函数生成的随机数也会随单元格的改变而改变。为了使随机数不随单元格计算而改变，可以在编辑栏中输入函数，比如，“＝RAND()”，保持编辑状态，然后按 F9，就会将公式永久性地改为随机数。

2.2 生成频数分布表

除了对数据进行排序和筛选外，频数分布表也是观察数据特征的有效手段之一。**频数分布**（frequency distribution）是变量的取值及其相应的频数形成的分布。将变量的各个取值及其相应频数用表格的形式展示出来就是**频数分布表**（frequency distribution table）。由于类别数据本身就是对事物的一种分类，因此，只要先把所有的类别都列出来，然后计算出每一类别的频数，即可生成一张频数分布表。频数分布表中落在某一特定类别的数据个数称为**频数**（frequency）。根据观察变量的多少，可以生成简单频数表、二维列联表等。

2.2.1 简单频数表

只涉及一个类别变量时，这个变量的各类别（取值）可以放在频数分布表中行的位置，也可以放在列的位置，将该变量的各类别及其相应的频数列出来就是一个简单的频数表，也称为一维列联表。用频数分布表可以观察不同类型数据的分布特征。比如，通过不同品牌产品销售量的分布可以了解其市场占有率，通过一所大学不同学院学生人数的分布了解该大学的学生构成，通过社会中不同收入阶层人数的分布了解收入的分布状况，等等。下面通过一个例子说明简单频数分布表的生成过程。

例 2-5

沿用例 2-1。分别生成学生性别和专业的简单频数表。

解 性别和专业是两个分类变量。对每个变量可以生成一个简单频数分布表，分别观察 50 名学生性别和专业的分布状况。使用 Excel 的【数据透视表】命令可以生成一个分类变量的简单频数表和两个分类变量的二维列联表，具体操作步骤如文本框 2-7 所示。

文本框 2-7　用 Excel 的【数据透视表】命令生成类别数据的频数分布表

★ 用【数据透视表】命令制作类别数据的频数分布表

第 1 步：选择【插入】→【数据透视表】。

第 2 步：在【表/区域】中选定数据区域（在操作前将光标放在任意数据单元格，系统会自动选定数据区域）。选择放置数据透视表的位置。系统默认是新工作表，如果要将透视表放在现有工作表中，选择【现有工作表】，并在【位置】中点击工作表的任意单元格（不要覆盖数据）。点击【确定】，结果如下图所示。

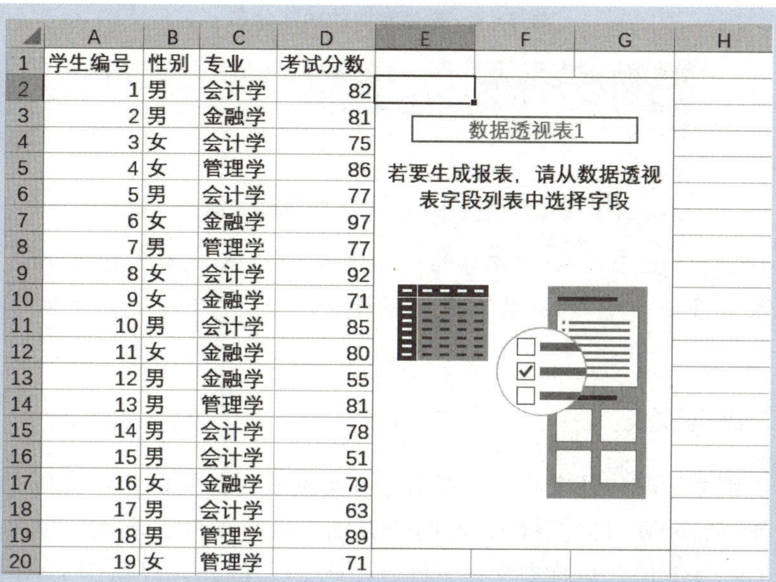

	A	B	C	D
1	学生编号	性别	专业	考试分数
2	1	男	会计学	82
3	2	男	金融学	81
4	3	女	会计学	75
5	4	女	管理学	86
6	5	男	会计学	77
7	6	女	金融学	97
8	7	男	管理学	77
9	8	女	会计学	92
10	9	女	金融学	71
11	10	男	会计学	85
12	11	女	金融学	80
13	12	男	金融学	55
14	13	男	管理学	81
15	14	男	会计学	78
16	15	男	会计学	51
17	16	女	金融学	79
18	17	男	会计学	63
19	18	男	管理学	89
20	19	女	管理学	71

第 3 步：用鼠标右键单击数据透视表，选择【数据透视表选项】，在弹出的对话框中点击【显示】，并选中【经典数据透视表布局】，然后点击【确定】。结果如下图所示。

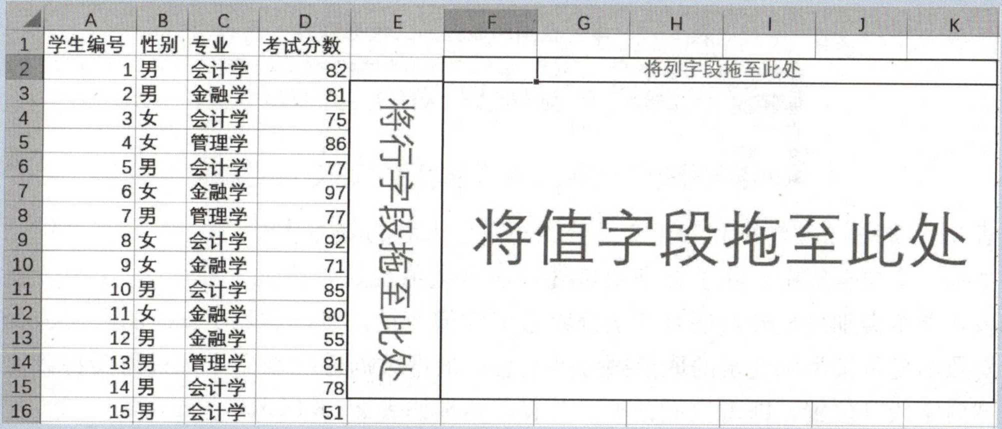

	A	B	C	D
1	学生编号	性别	专业	考试分数
2	1	男	会计学	82
3	2	男	金融学	81
4	3	女	会计学	75
5	4	女	管理学	86
6	5	男	会计学	77
7	6	女	金融学	97
8	7	男	管理学	77
9	8	女	会计学	92
10	9	女	金融学	71
11	10	男	会计学	85
12	11	女	金融学	80
13	12	男	金融学	55
14	13	男	管理学	81
15	14	男	会计学	78
16	15	男	会计学	51

第 4 步：将数据透视表的一个字段拖至【行】的位置，将另一个字段拖至【列】的位置（行列可以互换），再将要计数的变量拖至【值字段】位置，即可生成需要的频数分布表。

按文本框 2-7 的步骤生成的学生性别和专业的简单频数分布表分别如表 2-3 和表 2-4 所示。

表 2-3　学生性别的频数分布

计数项:性别	
性别	汇总
男	28
女	22
总计	**50**

表 2-4　学生专业的频数分布

计数项:专业	
专业	汇总
管理学	15
会计学	19
金融学	16
总计	50

表 2-3 和表 2-4 显示，在 50 名学生中，男生有 28 人，女生有 22 人。从专业看，会计学的学生人数最多，为 19 人；其次是金融学，人数为 16 人；管理学的人数最少，为 15 人。

2.2.2　二维列联表

涉及两个类别变量时，通常将一个变量的各类别放在行的位置，将另一个变量的各类别放在列的位置（行和列可以互换），由两个类别变量交叉分类形成的频数分布表称为**列联表**（contingency table），也称**交叉表**（cross table）。例如，根据例 2-1 的性别和专业这两个变量，可以将性别放在行的位置，将专业放在列的位置，制作一个二维列联表。

按文本框 2-7 的步骤得到的列联表如表 2-5 所示。

表 2-5　学生性别和专业的二维列联表

计数项:专业	专业			
性别	管理学	会计学	金融学	总计
男	11	10	7	28
女	4	9	9	22
总计	15	19	16	50

表 2-5 展示了按性别和专业交叉分类的学生人数的分类状况。

如果一个数据集中，除了类别变量外，还有数值变量，比如，在表 2-1 中，除了性别和专业两个类别变量外，还有考试分数这个数值变量，可以利用 Excel 的数据透视表功能，对数值变量按类别变量的取值做分类汇总。根据数据透视表命令，只需要将数值变量拖至“值字段”位置，即可生成分类汇总表，结果如表 2-6 所示。

表 2-6　按性别和专业分类汇总的考试分数

求和项:考试分数	专业			
性别	管理学	会计学	金融学	总计
男	884	720	530	2 134
女	321	750	733	1 804
总计	1 205	1 470	1 263	3 938

2.2.3　频数表的简单分析

类别数据的频数分布表可以使用**比例**（proportion）、**百分比**（percentage）、**比率**（ratio）等统计量进行描述。如果是有序类别数据，还可以计算**累积频数**（cumulative frequency）和**累积百分比**（cumulative percent）来进行分析。

比例也称构成比，它是一个样本（或总体）中各类别的频数与全部频数之比，通常用于反映样本（或总体）的构成或结构。将比例乘以 100 得到的数值用%表示，称为百分比。比率是样本（或总体）中各不同类别频数之间的比值，反映各类别之间的比较关系。由于比率不是部分与整体之间的对比关系，因而比值可能大于 1。累积频数是将各有序类别的频数逐级累加的结果（注意：计算无序类别的累积频数没有意义），累积百分比则是将各有序类别的百分比逐级累加的结果。

例如，根据表 2-4 的数据计算的不同专业人数的百分比、累积频数（即累积人数）和累积百分比，如表 2-7 所示。

表 2-7　学生性别和专业构成的百分比

专业	人数（人）	百分比（%）	累积人数（人）	累积百分比（%）
管理学	15	30.0	15	30.0
会计学	19	38.0	34	68.0
金融学	16	32.0	50	100.0
合计	50	100.0	—	—

表 2-7 的结果显示，在 3 个专业中，会计学的人数最多，占总人数的 38.0%，管理学的人数最少，占总人数的 30.0%。读者可根据表 2-4 的结果进行类似的分析。

2.3 数值数据类别化

生成数值数据的频数分布表时，需要先将数据划分成不同的数值区间，这样的区间就是类别数据，再生成频数分布表，这一过程称为类别化（categorization）。类别化的方法是将原始数据分成不同的组别，比如，将一个班级学生的考试分数分成 60 分以下、60～70 分、70～80 分、80～90 分、90～100 分几个区间，通过分组将数值数据转化成了有序类别数据。类别化后再统计出各组别的数据频数，即可生成频数分布表。

2.3.1 数据分组

数据分组是将数值数据转化成类别数据的方法之一，它先将数据按照一定的间距划分成若干个区间，再统计出每个区间的频数，生成频数分布表。通过分组可以将数值数据转化成具有特定意义的类别，比如，根据空气质量指数（AQI）数据将空气质量分为 6 级：优（0～50）、良（51～100）、轻度污染（101～150）、中度污染（151～200）、重度污染（201～300）、严重污染（300 以上）；按收入的多少将家庭划分成低收入家庭、中等收入家庭、高收入家庭；等等。

数据分组的过程大致如下。

首先，确定要分的组数。确定组数的方法有几种。设组数为 K，根据 Sturges 给出的组数确定方法，$K=1+\lg n/\lg 2$。当然这只是个大概数，具体的组数可根据需要适当调整。

其次，确定各组的组距（组的宽度）。组距可根据全部数据的最大值和最小值及所分的组数来确定，即组距=(最大值−最小值)÷组数。

最后，统计出各组的频数即得频数分布表。在统计各组频数时，恰好等于某一组上限的变量值一般不算在本组内，而算在下一组，即一个组的数值 x 满足 $a \leqslant x < b$。

2.3.2 生成分组表

了解了分组的过程后，就可以使用 Excel 制作分组表（频数分布表）了。下面结合一个例子说明数据分组的过程。

例 2-6

某电商平台连续 120 天的销售额数据如表 2-8 所示。对销售额做适当分组，分析销售额的分布特征。

表 2-8 某电商平台 120 天的销售额 单位：万元

282	207	235	193	210	227	220	215	201	196
191	246	182	205	232	263	215	227	234	248
235	208	262	206	211	216	222	247	214	226
209	206	197	249	234	258	228	227	234	244
198	209	226	206	212	191	227	228	198	209
250	210	253	208	203	217	224	213	235	245
201	182	256	218	213	182	216	229	232	230
214	244	217	209	271	217	225	217	219	248
202	171	253	262	213	226	275	232	236	206
222	264	177	210	228	215	225	228	238	243
204	181	213	248	245	219	243	236	239	216
251	213	234	210	218	220	226	233	240	253

解 首先，确定组数。表 2-8 中共有 120 个数据，$K=1+\lg 120/\lg 2\approx 8$，因此，可以将数据大概分成 8 组。

其次，确定组距。对于表 2-8 中的数据，最小值为 171，最大值为 282，则组距=(282−171)/8≈14，因此组距可取 14。为便于理解，本例取组距=15（使用者根据分析的需要确定一个大概数即可）。

最后，用 Excel【数据分析】工具中的【直方图】命令生成频数分布表。但需要注意的是，在用 Excel 制作频数分布表时，每组的频数包括一个组的上限值，即 $a < x \leqslant b$。因此，需要输入一列比上限值小的数作为接收区域。就本例而言，分别输入 184，199，

214，229，244，259，274，289 作为接收区域，然后按文本框 2－8 的步骤操作。

文本框 2－8　用 Excel 的【直方图】命令制作数值数据的频数分布表

★ 用【直方图】命令制作数值数据的频数分布表

第 1 步：选择【数据】→【数据分析】→【直方图】，单击【确定】。

第 2 步：在【输入区域】中输入原始数据所在的区域；在【接收区域】中输入上限值所在的区域；在【输出区域】中输入结果输出的位置；选中【图表输出】。具体如下图所示。

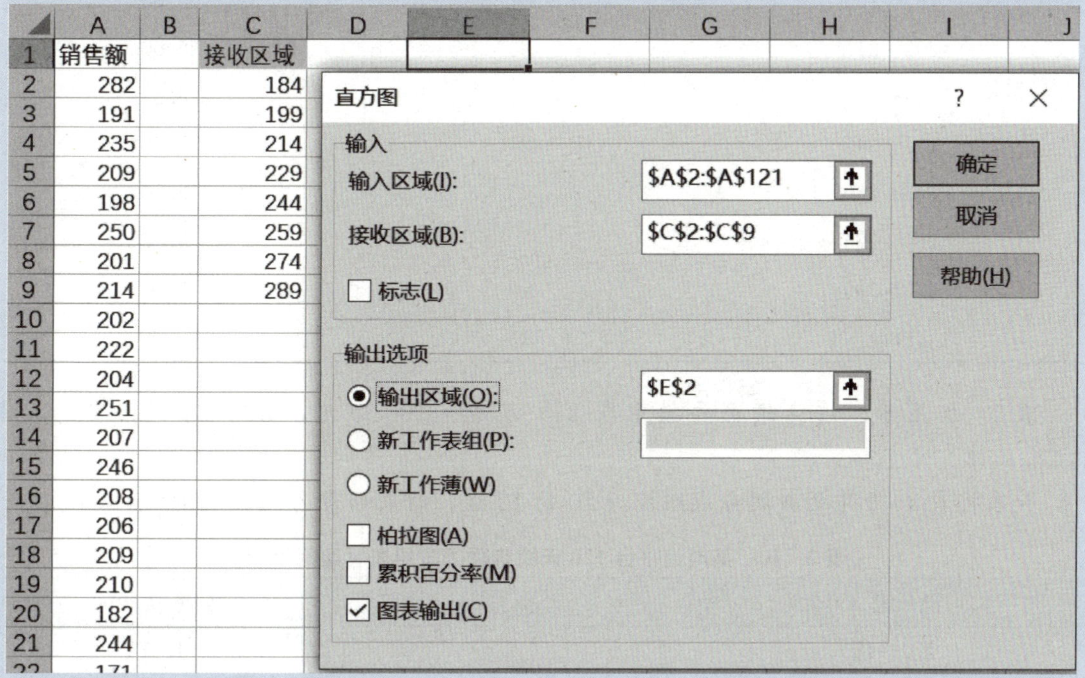

单击【确定】，结果如下图所示。

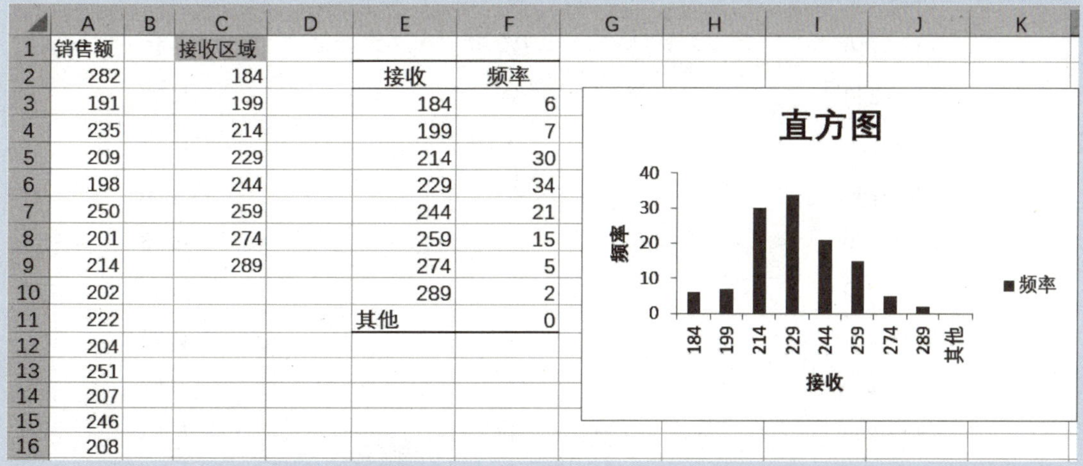

将 Excel 生成的频数分布表进行适当的整理，比如，将“接收”修改为“销售额分组”，将各组别依次修改为 170～185，185～200，…，275～290，将“其他”修改为“合计”，将“频率”修改为“天数”，并计算出频率，同时求出合计数，结果如表 2-9 所示。

表 2-9　某电商平台 120 天销售额的分组表（组距=15）

销售额分组（万元）	天数（天）	频率（%）
170～185	6	5.00
185～200	7	5.83
200～215	30	25.00
215～230	34	28.33
230～245	21	17.50
245～260	15	12.50
260～275	5	4.17
275～290	2	1.67
合计	120	100.00

表 2-9 显示，销售额主要集中在 215 万元～230 万元，共有 34 天，占总天数的 28.33%。

如果将表 2-9 中的数据分成组距为 10 的 12 组，结果如表 2-10 所示。

表 2-10　某电商平台 120 天销售额的分组表（组距=10）

销售额分组（万元）	天数（天）	频率（%）
170～180	2	1.67
180～190	4	3.33
190～200	7	5.83
200～210	17	14.17
210～220	27	22.50
220～230	20	16.67
230～240	16	13.33
240～250	13	10.83
250～260	7	5.83
260～270	4	3.33
270～280	2	1.67
280～290	1	0.83
合计	120	100.00

表 2-10 显示，销售额主要集中在 210 万元～220 万元，共有 27 天，占总天数的 22.50%。

数据分组后掩盖了各组内的数据分布状况，为了用一个值代表每组的数据，通常需要计算出每组的组中值。

组中值（class midpoint）是每组的下限和上限之间的中点值，即组中值=(下限值+上限值)÷2。用组中值代表一组数据时有一个必要的假定条件，即各组数据在本组内均匀分布或在组中值两侧对称分布。如果实际数据的分布不符合这一假定，那么用组中值作为一组数据的代表值会有一定的误差。

思维导图：数据处理与频数分布

下面的思维导图展示了本章的内容框架。

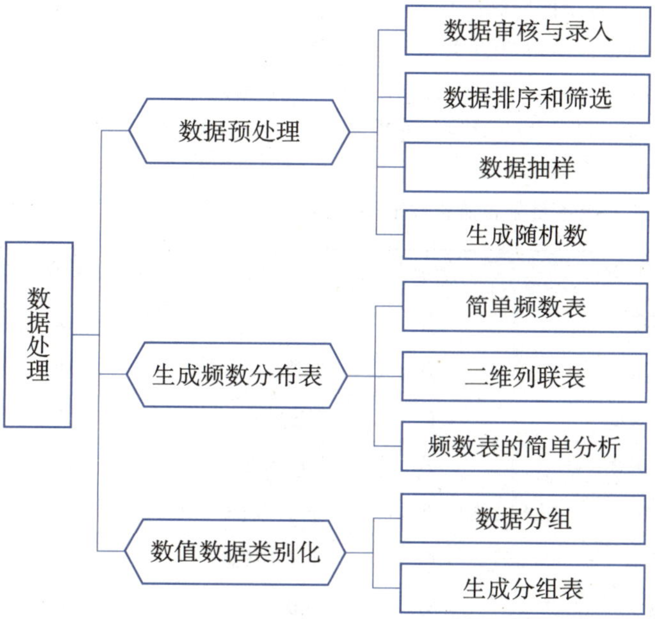

习题

2.1　下面是随机抽取的 10 名学生 5 门课程的考试分数。

姓名	统计学	数学	营销学	管理学	会计学
赵宇翔	85	91	63	76	66
程建功	68	85	84	89	86
田思雨	74	74	61	80	69

续表

姓名	统计学	数学	营销学	管理学	会计学
徐丽娜	88	100	49	71	66
张志杰	63	82	89	78	80
房文英	78	84	51	60	60
王智强	90	78	59	72	66
宋丽媛	80	100	53	73	70
洪天利	58	51	79	91	85
高见岭	63	70	91	85	82

(1) 将学生姓名分别按笔画和拼音字母排序。

(2) 分别筛选出统计学成绩小于 60 分的学生和数学成绩大于等于 90 分的学生。

2.2　从你所在的班级里抽取 10 名学生组成一个随机样本。

2.3　使用 Excel 生成以下随机数：

(1) 均值为 0、标准差为 1 的 20 个标准正态分布的随机数。

(2) 均值为 100、标准差为 20 的 30 个正态分布的随机数。

(3) 1～1 000 之间的 200 个均匀分布的随机数。

(4) 1～100 之间的 10 个随机整数。

2.4　为评价旅游业的服务质量，随机抽取 60 名顾客进行调查，得到的满意度回答如下表所示。

性别	满意度	性别	满意度	性别	满意度
女	不满意	女	一般	女	比较满意
男	非常满意	男	不满意	男	比较满意
男	非常满意	女	非常满意	男	比较满意
女	比较满意	男	比较满意	男	一般
男	比较满意	女	非常不满意	女	不满意
女	一般	男	非常不满意	男	不满意
男	一般	男	一般	女	一般
女	不满意	男	非常不满意	男	比较满意
女	非常不满意	女	非常不满意	女	非常满意
女	非常满意	女	比较满意	男	比较满意
男	一般	男	不满意	女	非常不满意
男	比较满意	女	比较满意	女	不满意
女	一般	女	非常不满意	女	一般
女	一般	男	比较满意	男	不满意
女	非常不满意	男	一般	女	比较满意

续表

性别	满意度	性别	满意度	性别	满意度
女	不满意	男	非常满意	女	一般
男	非常不满意	男	非常不满意	女	比较满意
女	不满意	女	一般	女	不满意
男	比较满意	女	比较满意	男	不满意
女	非常满意	男	非常满意	女	非常满意

（1）分别制作被调查者性别和满意度的简单频数分布表。

（2）制作被调查者性别和满意度的二维列联表。

（3）对二维列联表做简单分析。

2.5　为确定灯泡的使用寿命，从一批灯泡中随机抽取 100 只进行测试，得到的使用寿命（单位：小时）数据如下。

700	716	728	719	685	709	691	684	705	718
706	715	712	722	691	708	690	692	707	701
708	729	694	681	695	685	706	661	735	665
668	710	693	697	674	658	698	666	696	698
706	692	691	747	699	682	698	700	710	722
694	690	736	689	696	651	673	749	708	727
688	689	683	685	702	741	698	713	676	702
701	671	718	707	683	717	733	712	683	692
693	697	664	681	721	720	677	679	695	691
713	699	725	726	704	729	703	696	717	688

选择适当的组距进行分组，制作频数分布表，分析数据分布的特征。

2.6　下面是 40 名学生每周的上网时间（单位：小时）数据。

41	25	29	47	38	34	30	38	43	40
46	36	45	37	37	36	45	43	33	44
35	28	46	34	30	37	44	26	38	44
42	36	37	37	49	39	42	32	36	35

将上面的数据进行适当的分组，制作频数分布表，分析数据分布的特征。

第3章 数据可视化

问题与思考

- 如果让你看一个电商一个月内每天的销售额数据，或者这些数据的某个图形，你会选择哪种？
- 将上市公司按行业分成金融业、地产业、旅游业、其他行业4类，如果要观察不同行业上市公司的数量，你认为应该用什么图形？如果要观察上市公司的行业构成，你认为应该用什么图形？
- 要反映一个地区家庭收入的分布状况，你会使用什么图形？
- 要反映身高和体重的关系，你认为应该使用什么图形？
- 要比较两个上市公司的销售收入、净利润、净资产、负债4个指标的差异和相似性，你会使用什么图形？

在对数据做描述性分析时，通常会用各种图形来展示数据。一幅好的统计图形胜过冗长的文字表述。比如，画出企业所有员工的收入直方图来观察其分布状况，画出各年度国内生产总值的时间序列图来观察其变化趋势，等等。将数据用图形展示出来就是**数据可视化**（data visualization）。数据可视化是数据分析的基础，也是数据分析的重要组成部分。可视化本身既是对数据的展示过程，也是对数据信息的再提取过程，它不仅可以帮助我们理解数据，探索数据的特征和模式，还可以提供从数据本身难以发现的额外信息。本章以数据类型和分析目的为基础，介绍数据分析中的一些基本图形。

3.1 类别数据可视化

对于类别数据，主要是关心各类别的绝对频数及频数百分比等信息；对于具有类别标签的其他数值（如各地区的地区生产总值数据），则主要是关心不同类别对应数值的绝对值大小或百分比构成。比如，画出男女人数的条形图，这里的人数就是男或女这两个类别出现的频数；如果画出男女平均身高的条形图，这里的平均身高并不是男或女这两个类别出现的频数，而是与这两个类别对应的其他数值。类别数据可视化的基本图形主要有：展示绝对值大小的条形图，展示百分比构成的饼图，展示层次结构的树状图和旭日图，等等。

3.1.1 条形图

条形图（bar chart）是用一定长度和宽度的矩形表示各类别数值多少的图形，主要用于展示类别数据的频数或带有类别标签的其他数值。绘制条形图时，各类别可以放在 x 轴（横轴），也可以放在 y 轴（纵轴）。类别放在 x 轴的条形图称为**垂直条形图**（vertical bar chart）或柱形图，类别放在 y 轴的条形图称为**水平条形图**（horizontal bar chart）。根据绘制的变量多少，条形图有简单条形图、簇状（并列）条形图和堆积（堆叠）条形图等不同形式。

1. 简单条形图和帕累托图

简单条形图是根据一个类别变量各类别的频数或其他数值绘制的，主要用于描述各类别的频数或其他数值的绝对值大小。其中的各个类别可以放在 x 轴，也可以放在 y 轴。下面用一个例子说明条形图的绘制方法及其解读。

例 3-1

为研究不同地区的消费者对网上购物的满意度，随机抽取东部、中部和西部的 1 000 名消费者进行调查，得到的结果如表 3-1 所示。绘制条形图分析各类别的人数分布状况。

表 3-1　1 000 名消费者的调查数据

满意度	东部	中部	西部	总计
非常满意	82	93	83	258
比较满意	72	52	76	200
一般	137	120	91	348
不满意	51	35	37	123
非常不满意	28	25	18	71
总计	370	325	305	1 000

解 这里涉及两个类别变量，即地区和满意度。可以对不同地区和不同满意度的人数分布绘制简单条形图。为节省篇幅，这里只绘制不同满意度的总人数和不同地区总人数的两幅条形图。

在 Excel 工作表中单击【插入】→【插入柱形图或条形图】，即可根据需要选择绘制不同式样的条形图，如图 3-1 所示。

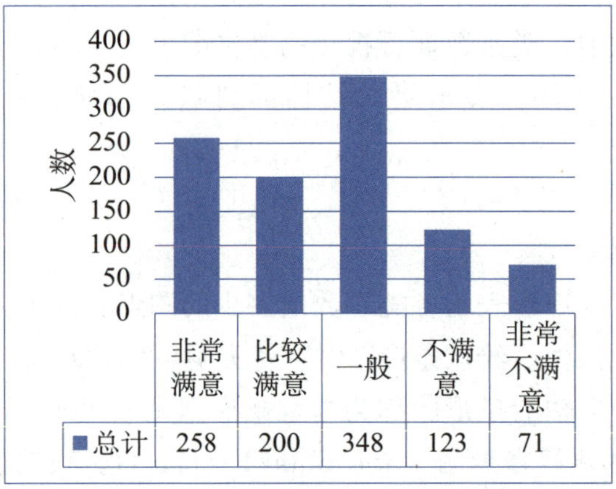

(a) 满意度

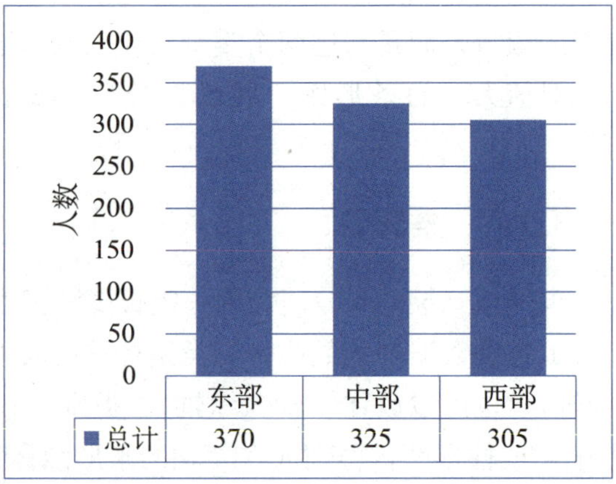

(b) 地区

图 3-1　不同满意度和地区人数分布的简单条形图

图 3-1 (a) 显示，在 1 000 名被调查者中，表示一般的人数最多，表示非常不满意的人数最少。图 3-1 (b) 显示，在 1 000 名被调查者中，东部地区的人数最多，西部地区的人数最少。

Excel 绘制条形图时，各类别标签的顺序与原始数据一致。如果想按各类别的数值多少排序，先将数据排序（升序或降序）后再绘制条形图即可。

帕累托图（Pareto plot）就是将各类别的数值降序排列后绘制的条形图，该图是以意大利经济学家帕累托（V. Pareto）的名字命名的。帕累托图可以看作简单条形图的变种，利用该图可以很容易地看出哪类数据出现得最多，哪类数据出现得最少，还可以反映出各类别数据的累计百分比。

在 Excel 工作表中单击【插入】→【插入统计图表】→【直方图】→【排列图】，即可绘制帕累托图。以例 3－1 中的满意度为例，绘制的帕累托图如图 3－2 所示。

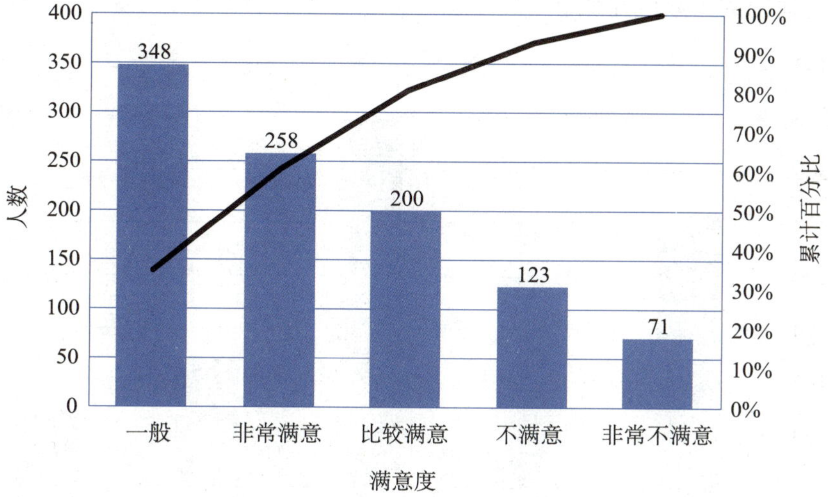

图 3－2　不同满意度人数分布的帕累托图

2. 簇状条形图和堆积条形图

简单条形图只展示一个类别变量的信息，对于多个类别变量，如果将各变量的各类别绘制在一张图里，不仅节省空间，也便于比较。根据两个类别变量绘制条形图时，由于绘制方式不同，有**簇状条形图**（clustered bar chart）和**堆积条形图**（stacked bar chart），这类图形主要用于比较各类别的绝对值。图 3－3、图 3－4 和图 3－5 是根据例 3－1 的数据绘制的几种不同式样的条形图。

图 3－3 为簇状条形图，每个满意度选项中的不同条表示不同的地区，条的高度表示人数的多少。

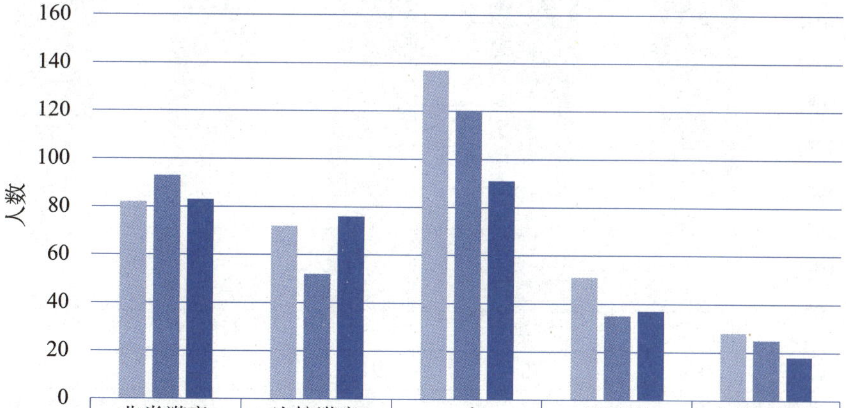

	非常满意	比较满意	一般	不满意	非常不满意
东部	82	72	137	51	28
中部	93	52	120	35	25
西部	83	76	91	37	18

图 3－3　例 3－1 的簇状条形图

图 3-4 为堆积条形图，每个条的高度表示不同满意度选项的人数多少，条中所堆砌的矩形与不同地区的人数成比例。

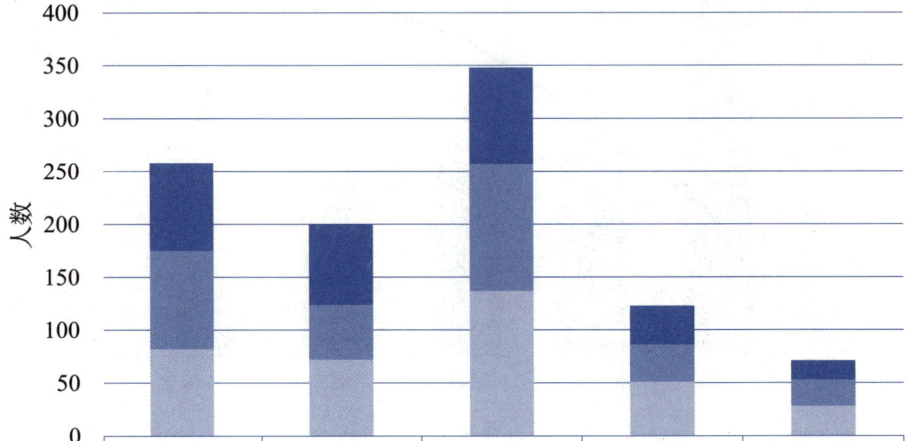

	非常满意	比较满意	一般	不满意	非常不满意
■西部	83	76	91	37	18
■中部	93	52	120	35	25
■东部	82	72	137	51	28

图 3-4　例 3-1 的堆积条形图

图 3-5 为百分比条形图，每个条的高度均为 100%，条内矩形的大小取决于各地区人数构成的百分比。

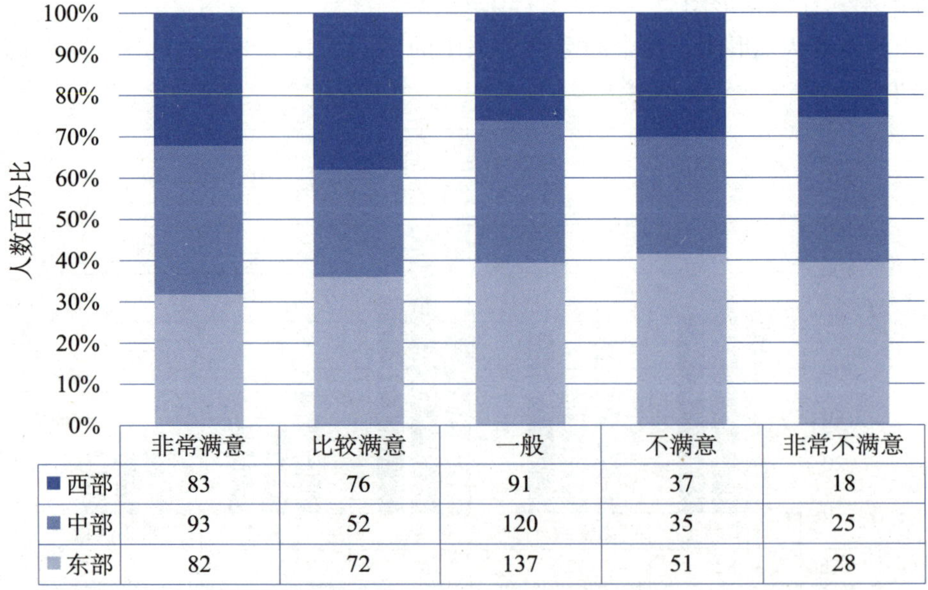

	非常满意	比较满意	一般	不满意	非常不满意
■西部	83	76	91	37	18
■中部	93	52	120	35	25
■东部	82	72	137	51	28

图 3-5　例 3-1 的百分比条形图

3.1.2 瀑布图和漏斗图

除了传统的简单条形图外，Excel 还提供了瀑布图和漏斗图，它们可以视为简单条形图的变种。

瀑布图（waterfall chart）是由麦肯锡咨询公司独创的一种图形，因为形似瀑布流水而得名。瀑布图与条形图十分形似，区别是条形图不反映局部与整体的关系，而瀑布图可以显示多个子类对总和的贡献，从而展示局部与整体的关系。比如，各个产业的增加值对国内生产总值的贡献，不同地区的销售额对总销售额的贡献，等等。

绘图前先求出各个子类的合计数，然后在 Excel 工作表中单击【插入】→【瀑布图】，即可绘制瀑布图。以例 3-1 中不同满意度的总人数为例，绘制的瀑布图如图 3-6 所示。

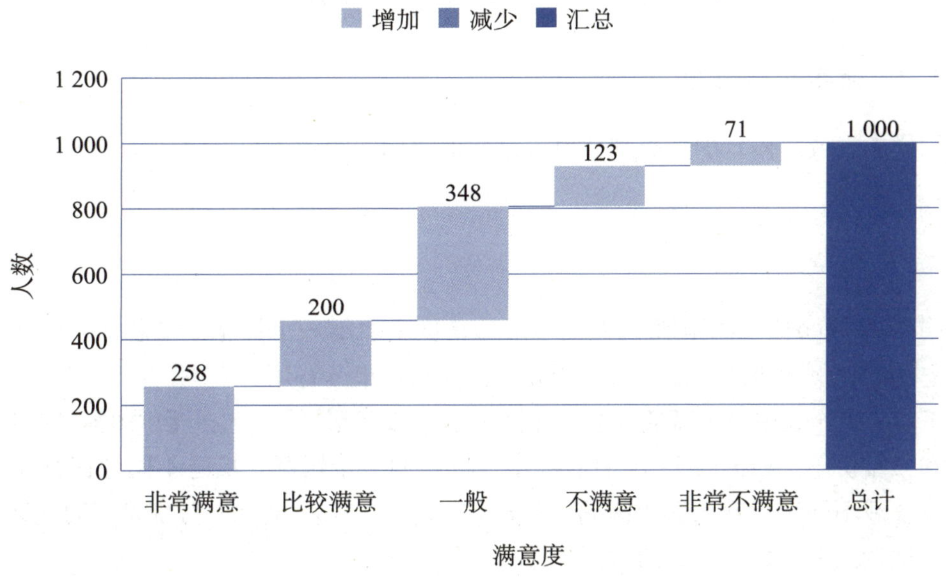

图 3-6 不同满意度人数的瀑布图

图 3-6 中，各条形的高度与相应的各满意度人数成正比，最后一个条是被调查者的全部总人数，其高度是各子类条的高度总和。

漏斗图（funnel plot）因形状类似漏斗而得名，它是将各类别数值降序排列后绘制的水平条形图。漏斗图适用于展示数据逐步减小的现象，比如，生产成本逐年减少等。

绘图前先将各个子类的合计数降序排列，然后在 Excel 工作表中单击【插入】→【漏斗图】，即可绘制漏斗图。以例 3-1 中不同满意度的总人数为例，绘制的漏斗图如图 3-7 所示。

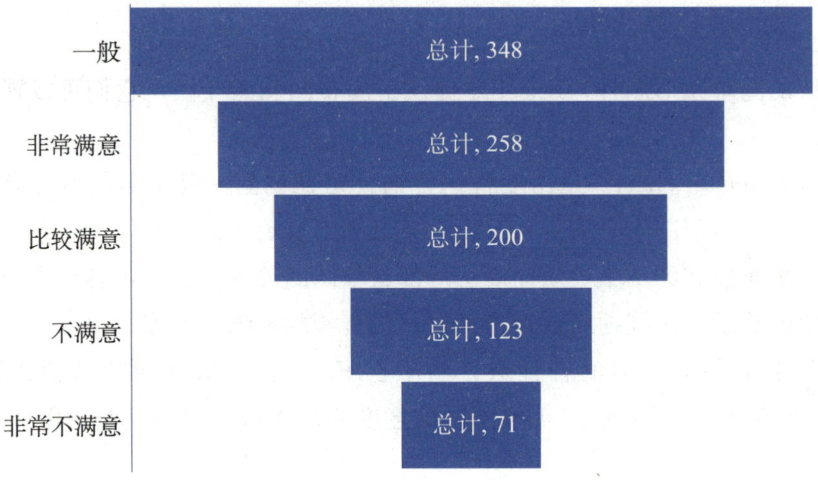

图 3-7　不同满意度人数的漏斗图

3.1.3　饼图和环形图

展示样本（或总体）中各类别数值占总数值比例的图形主要有饼图。饼图的变种有环形图等。

1. 饼图

饼图（pie chart）是用圆形及圆内扇形的角度来表示一个样本（或总体）中各类别的数值占总和的比例大小的图形，对于研究结构性问题十分有用。

在 Excel 工作表中单击【插入】→【插入饼图或环形图】，选择【饼图】，即可绘制普通饼图和三维饼图。根据表 3-1 中的数据可以绘制多个饼图，反映不同地区被调查者人数的构成，或不同满意度人数的构成。图 3-8（a）和图 3-8（b）分别是不同地区和不同满意度的被调查者人数的构成的饼图。

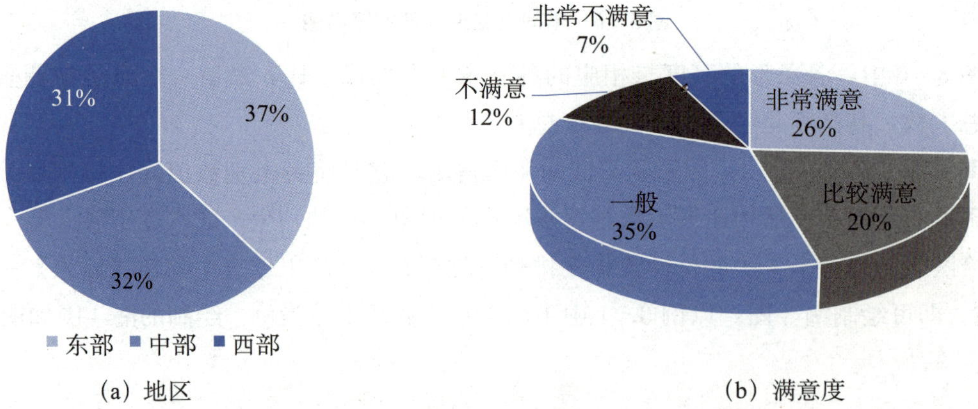

图 3-8　不同地区和不同满意度的被调查者人数的构成

图 3-8（a）显示，东部的被调查者人数比例最大，为 37%；西部比例最小，为 31%。图 3-8（b）显示，表示“一般”的被调查者人数比例最大，为 35%；表示“非常不满意”的人数比例最小，为 7%。

2. 环形图

饼图只能展示一个样本各类别数值所占的比例。比如，在例 3-1 中，如果要比较 3 个地区不同满意度的被调查者人数的构成，则需要绘制 3 个饼图，这种做法既不经济也不便于比较。能否用一个图形比较 3 个地区不同满意度的被调查者人数的构成呢？把饼图叠在一起，挖去中间的部分就可以了，这就是**环形图**（doughnut chart）。

环形图与饼图类似，但又有区别。环形图中间有一个“空洞”，每个样本用一个环来表示，样本中每一类别的数值构成用环中的一段表示。因此，环形图可展示多个样本各类别数值占其相应总和的比例，从而有利于构成的比较研究。

绘制环形图时，先向圆心方向画一条竖线（圆的半径），然后按顺时针方向依次画出各类别数值所占的百分比。其中样本的顺序依次从内环到外环。

在 Excel 工作表中单击【插入】→【插入饼图或环形图】，选择【环形图】，即可绘制环形图。比如，根据表 3-1 中的数据绘制的 3 个地区不同满意度的被调查者人数构成的环形图如图 3-9 所示。

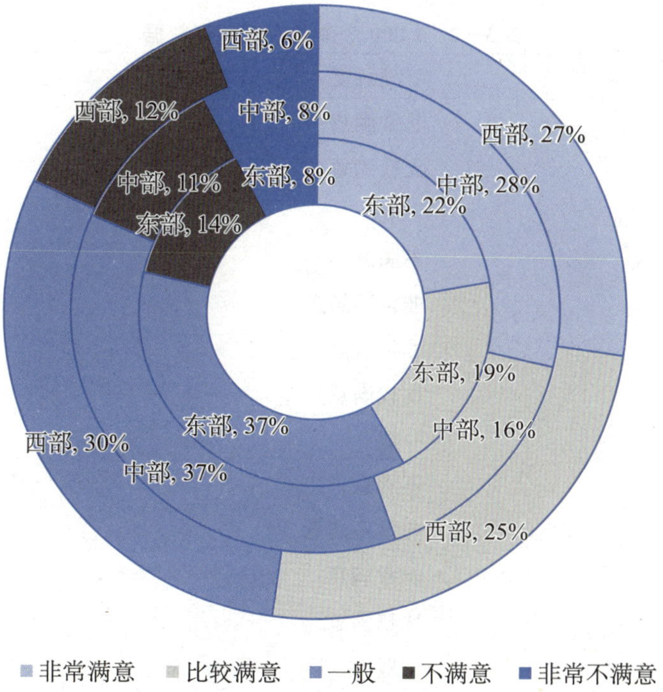

图 3-9　3 个地区不同满意度的被调查者人数构成的环形图

图 3-9 展示了 3 个地区不同满意度的被调查者人数的构成。显然，用一个环形图比

绘制 3 个饼图更易于比较。

3.1.4 树状图和旭日图

对于两个或两个以上的类别变量，可以使用树状图和旭日图来展示各类别的层次结构。

1. 树状图

当有两个或两个以上类别变量时，可以将各类别的层次结构画成树状，称为**树状图**(dendrogram)或分层树状图。树状图有不同的表现形式，它主要用来展示各类别变量之间的层次结构关系，尤其适合展示两个及两个以上类别变量的情形。

树状图是将多个类别变量的层次结构绘制在一个表示总数值的大矩形中，每个子类用不同大小的矩形嵌套在这个大矩形中，嵌套矩形表示各子类，其大小与相应的子类数值成正比。

例 3-2

沿用例 3-1。绘制树状图并分析各类别的人数分布状况。

解 用 Excel 绘制树状图时，需要先将表 3-1 的数据组织成表 3-2 的形式，再绘图。

表 3-2　1 000 个消费者的调查数据

地区	满意度	人数
东部	非常满意	82
东部	比较满意	72
东部	一般	137
东部	不满意	51
东部	非常不满意	28
中部	非常满意	93
中部	比较满意	52
中部	一般	120
中部	不满意	35
中部	非常不满意	25
西部	非常满意	83
西部	比较满意	76
西部	一般	91
西部	不满意	37
西部	非常不满意	18

在 Excel 工作表中单击【插入】→【插入层次结构图表】→【树状图】，即可绘制树状图。根据表 3-2 中的数据绘制的树状图如图 3-10 所示。

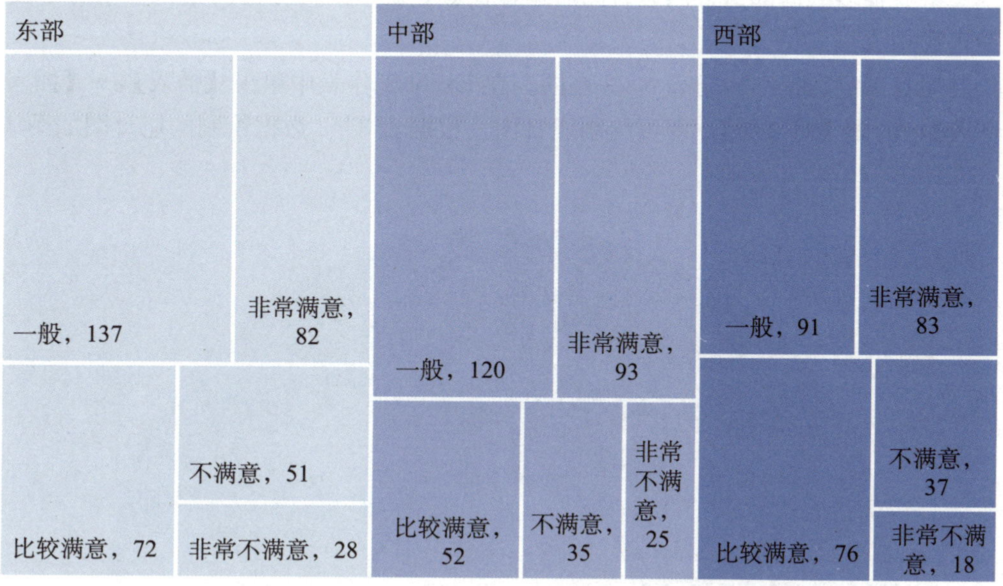

图 3-10　3 个地区不同满意度的被调查者人数的树状图

图 3-10 是将全部总人数作为一个大矩形，嵌套在这个大矩形中的东部、中部、西部 3 种不同颜色的矩形与 3 个地区的总人数成正比。比如，东部地区的矩形（浅蓝）最大，表示在总的 1 000 个被调查者中占比最大，西部地区的矩形（深蓝）最小，表示在总的 1 000 个被调查者中占比最小。其中，嵌套在每个地区矩形内部的矩形与不同满意度的人数成正比。比如，在东部地区，表示“一般”的人数占比最大，其矩形也最大，而表示“非常不满意”的人数占比最小，其矩形也最小。

当数据的层次结构较多时，使用树状图虽然可以展示各层次结构，但会显得凌乱，不易于观察和分析，这时可以考虑使用旭日图。

2. 旭日图

旭日图（sunburst chart）可以看作饼图的一个特殊变种，也可以看作树状图的一种极坐标形式。旭日图实际上是多个环形图的集合，当数据只有一个分层时，旭日图就是环形图。当数据有多个分层时，旭日图是一种嵌套多层的环形图，其中的每个圆环代表同一级别的数据比例，离原点（圆心）越近的圆环级别越高，最内层的圆环表示层次结构的顶级，称为父层，向外的圆环级别依次降低，称为子层。相邻两层中，是内层包含外层的关系。

旭日图和环形图看上去很相似，但二者有所不同。环形图的每个环表示一个样本，环内的每一部分表示样本的构成，而多个环的样本结构是相同的，因此，环形图并不反映层次关系，只用于比较相同结构的多个样本的构成。旭日图最内层的环表示父类，外面的环表示子类，子类是在父类基础上的再分类，因此旭日图可以清晰地展示各层次的结构关系。现实中有很多数据都适合用旭日图展示，比如，观察不同年份的销售额中每季度或每月的销售额构成等。

绘制旭日图的数据结构与表 3-2 相同。在 Excel 工作表中单击【插入】→【插入层次结构图表】，选择【旭日图】，即可绘制旭日图。根据表 3-2 数据绘制的旭日图如图 3-11 所示。

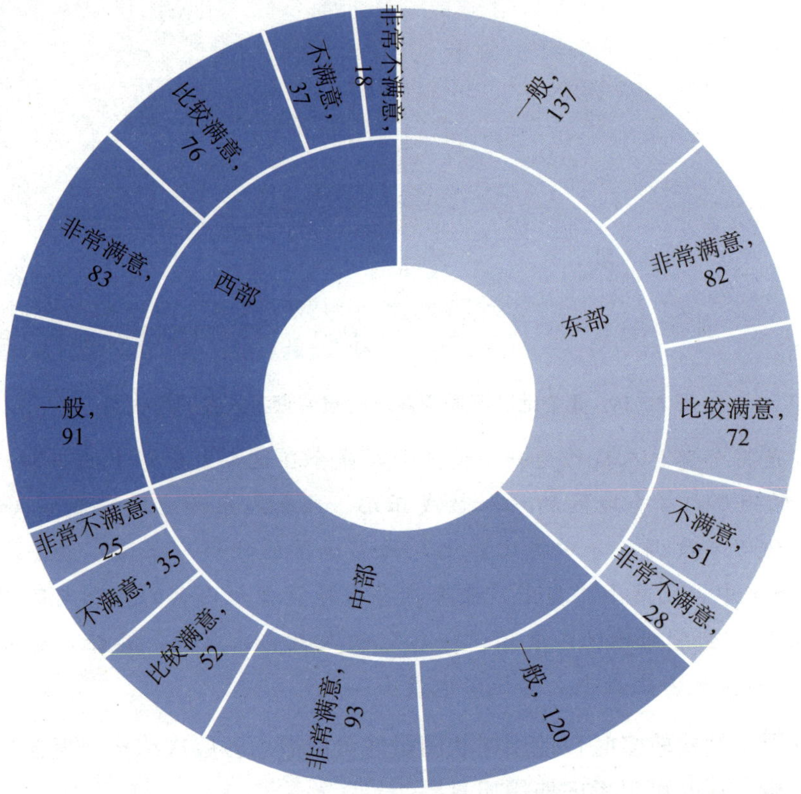

图 3-11　3 个地区不同满意度的被调查者人数构成的旭日图

图 3-11 中最内层的环是地区构成，属于最高层级的父层，环的每一部分的大小与地区的人数成正比。外面的环是满意度构成，属于较低层级的子层，图中环的每一部分的大小与不同满意度的人数成正比。

3.2 数值数据可视化

展示数值数据的图形有多种。对于只有一个样本或一个变量的数值数据，主要关注数据的分布特征，比如，分布的形状是否对称、是否存在长尾等；对于多个数值变量，主要是关注变量之间的关系，比如，变量之间是否有关系以及有什么关系等；对于在多个样本上获得的多个数值变量，主要关注各样本在多个变量上的取值是否相似。

3.2.1　展示数据分布

数据的分布主要是指分布的形状是否对称、是否存在长尾或离群点等。展示数据分布特征的图形有多种，本节只介绍 Excel 能够绘制的**直方图**（histogram）和**箱形图**（box plot）。

1. 直方图

直方图是展示数值数据分布的一种常用图形，它是用矩形的宽度表示数据分组，用矩形的高度表示各组频数而绘制的图形。通过直方图可以观察数据分布的大致形状，如分布是否对称、偏斜的程度以及长尾的位置等。图 3-12 展示了几种不同分布形状的直方图。

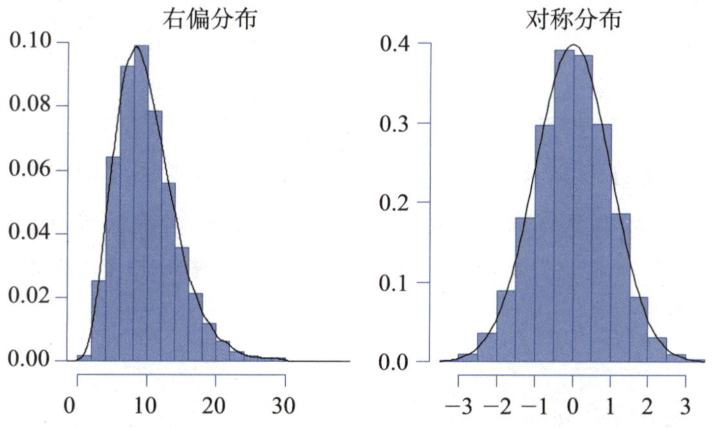

图 3-12　不同分布形状的直方图

图 3-12 中，分布曲线的最高处就是分布的峰值。对称分布是指以峰值为中心，左右两侧对称；右偏分布是指在分布的右侧有长尾；左偏分布是指在分布的左侧有长尾。

绘制直方图时，用 x 轴表示数据的分组区间，用 y 轴表示各组的频数或频率，按照区间宽度和相应的频数画出一个矩形，多个矩形并列起来就是直方图。由于数据的分组是连续的，因此各矩形应连续排列，不能留有间隔。

例 3-3

为分析网约车的情况，随机抽取 150 名参与网约车服务的出租车司机进行调查，得到他们某一天的营业额数据如表 3-3 所示。绘制直方图分析营业额的分布特征。

表 3-3　150 名出租车司机一天的营业额　　单位：元

319	493	346	362	532	283	413	207	444	426
264	510	615	365	355	418	329	315	439	446

续表

354	550	450	346	510	391	516	378	470	453
351	586	345	380	384	476	434	313	202	400
357	419	426	369	461	268	435	416	226	363
237	638	354	487	401	209	433	454	424	361
638	390	392	355	302	569	583	459	421	289
375	408	475	546	299	384	462	349	370	480
436	572	251	431	296	349	240	475	453	377
586	334	528	516	492	331	391	489	366	530
321	494	309	402	660	327	351	360	319	255
350	367	387	365	433	388	391	459	394	297
257	397	432	303	381	433	317	418	393	458
528	360	500	273	240	392	403	447	319	300
501	535	420	314	447	393	443	463	698	327

解 用 Excel 绘制直方图时，首先将光标放在任意数据单元格，然后点击【插入】→【插入统计图表】→【直方图】，即可绘制直方图。根据需要再对直方图做必要的修改。比如，要添加每一组的频数标签，点击任意一个条，然后点击鼠标右键，再点击【添加数据标签】即可。结果如图 3－13 所示。

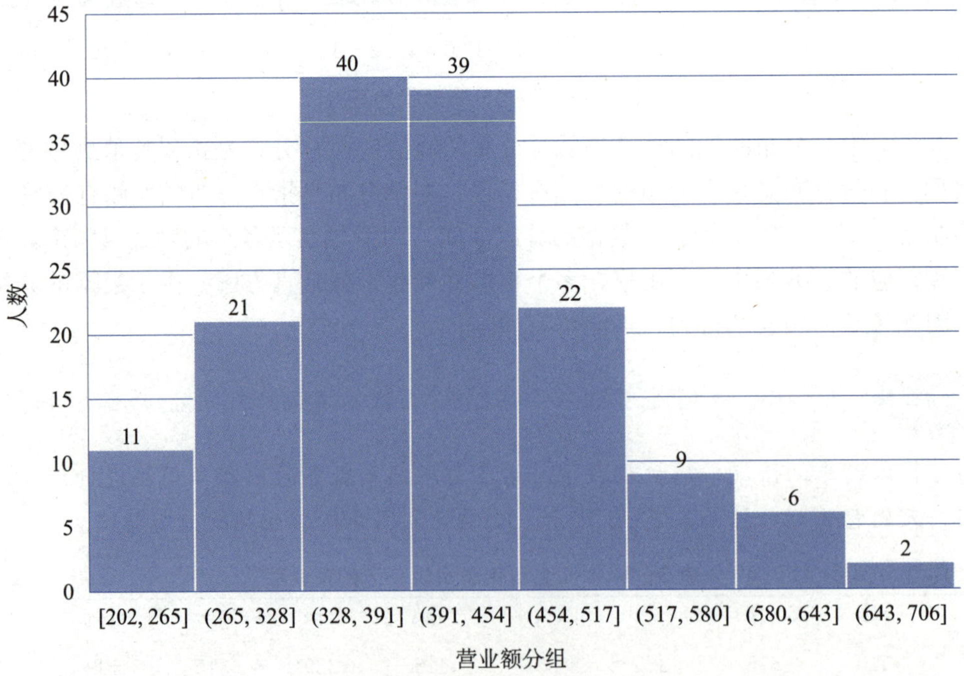

图 3－13　150 名出租车司机某天营业额分布的直方图（默认）

图 3-13 是默认绘制的直方图。x 轴为营业额分组，第一组的 [202，265] 表示该组含数值 202 和 265，即包含下限值和上限值；(265，328] 表示该组不包含下限值 265，但包含上限值 328，其余类推。图 3-13 显示，营业额的分布主要集中在 300～450 元之间，以此为中心向两侧依次减少，基本上呈对称分布，但右边的尾部比左边的尾部稍长一些，表示营业额的分布有一定程度的右偏。

Excel 在绘制本例数据的直方图时，默认将数据分成 8 组，绘制出 8 个箱子（条）。根据需要，可以对直方图进行修改。比如，如果要将数据分成组距为 50 的组，再绘制直方图，可以双击分组标签，在右侧弹出的【设置坐标轴格式】中点击【箱宽度】，在后面输入箱宽度（组距）的值 50。也可以点击【箱数】，在后面输入要分的组数，比如，分成 20 组，等等。将数据分成组距为 50 的组绘制的直方图如图 3-14 所示。

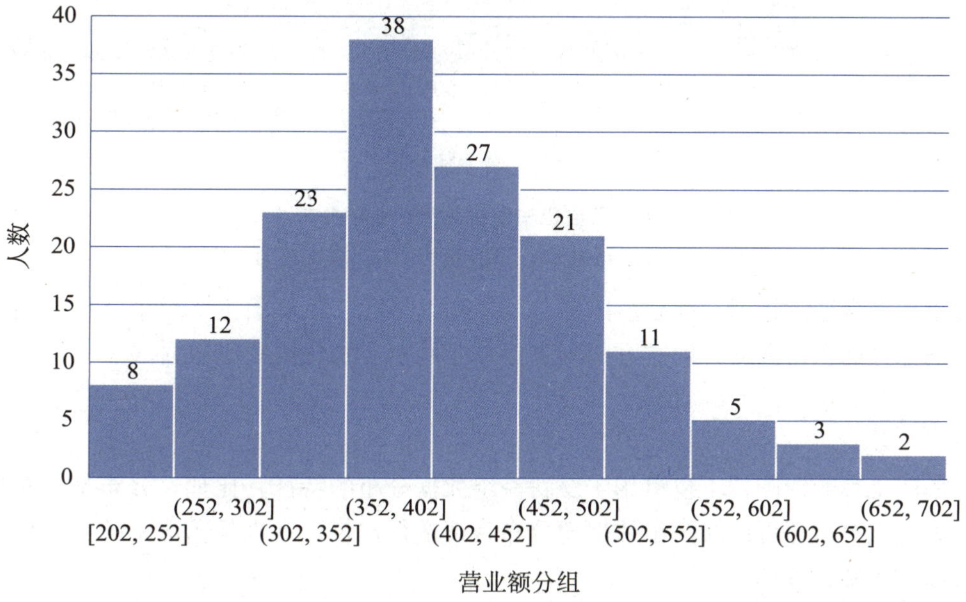

图 3-14　150 名出租车司机某天营业额分布的直方图（组距为 50）

如果数据中有远离其他值的极小值或极大值，按相同的组距或箱数绘制的直方图就会出现空白组。假定例 3-3 的数据中最小值为 80，最大值为 850，这时再按组距为 50 或箱数为 10 绘制的直方图就会出现空白组。为避免出现空白组，在【设置坐标轴格式】中点击【溢出箱】（有极大值时）或【下溢箱】（有极小值时），并输入要截断的组的下限值和上限值即可。比如，在【溢出箱】后输入 700，在【下溢箱】后输入 200，绘制的直方图如图 3-15 所示。

注意：直方图与条形图不同。首先，条形图中的每个矩形表示一个类别，其宽度通常没有意义①，而直方图的宽度则表示各组的组距。其次，由于分组数据具有连续性，直方

① 使用其他软件可以绘制不等宽条形图，此时的宽度是有意义的。Excel 不能绘制不等宽条形图。

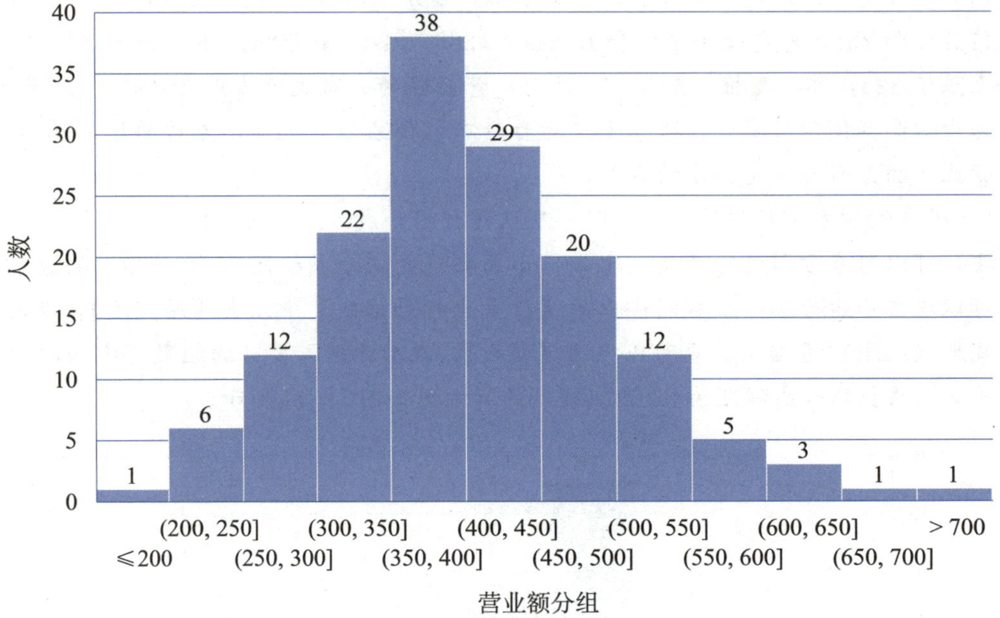

图 3-15　150 名出租车司机某天营业额分布的直方图
（组距为 50，下溢箱为 200，溢出箱为 700）

图的各矩形通常连续排列，而条形图则分开排列。最后，条形图主要用于展示类别数据或具有类别标签的数值数据，而直方图则主要用于展示类别化的数值数据。

2. 箱形图

箱形图也称箱线图，不仅可用于反映一组数据分布的特征，比如，分布是否对称，是否存在离群点等，还可以对多组数据的分布特征进行比较，这也是箱形图的主要用途。绘制箱形图的步骤大致如下。

首先，找出一组数据的**中位数**（median）和两个**四分位数**①（quartile），并画出箱子。中位数是一组数据排序后处在 50%位置上的数值。四分位数是一组数据排序后处在 25%位置和 75%位置上的两个分位数值，分别用 $Q_{25\%}$ 和 $Q_{75\%}$ 表示。$Q_{75\%}-Q_{25\%}$ 称为**四分位差**或**四分位距**（inter quartile range），用 IQR 表示。用两个四分位数画出箱子（四分位差的范围），并画出中位数在箱子中的位置。

其次，计算出内围栏和相邻值，并画出须线。**内围栏**（inner fence）是与 $Q_{25\%}$ 和 $Q_{75\%}$ 的距离等于 1.5 倍四分位差的两个点，其中 $Q_{25\%}-1.5\times$IQR 称为下内围栏，$Q_{75\%}+1.5\times$IQR 称为上内围栏。上下内围栏一般不在箱形图中显示，只是作为确定离群点的界限。②

① 这些统计量将在第 4 章详细介绍。

② 也可以设定 3 倍的四分位差作为围栏，称为**外围栏**（outer fence），其中 $Q_{25\%}-3\times$IQR 称为下外围栏，$Q_{75\%}+3\times$IQR 称为上外围栏。外围栏也不在箱形图中显示。在外围栏之外的数据也称为极值（extrema）。Excel 默认根据内围栏确定相邻值。

然后找出上下内围栏之间的最大值和最小值（即非离群点的最大值和最小值），称为**相邻值**（adjacent value），其中 $Q_{25\%}-1.5\times \mathrm{IQR}$ 范围内的最小值称为下相邻值，$Q_{75\%}+1.5\times \mathrm{IQR}$ 范围内的最大值称为上相邻值。用直线将上下相邻值分别与箱子连接，称为**须线**（whisker）。

最后，找出离群点，并在图中单独标出。**离群点**（outlier）是大于上内围栏或小于下内围栏的数值，也称**外部点**（outside value），在图中用"○"单独标出。

箱形图的一般形式如图 3－16 所示。

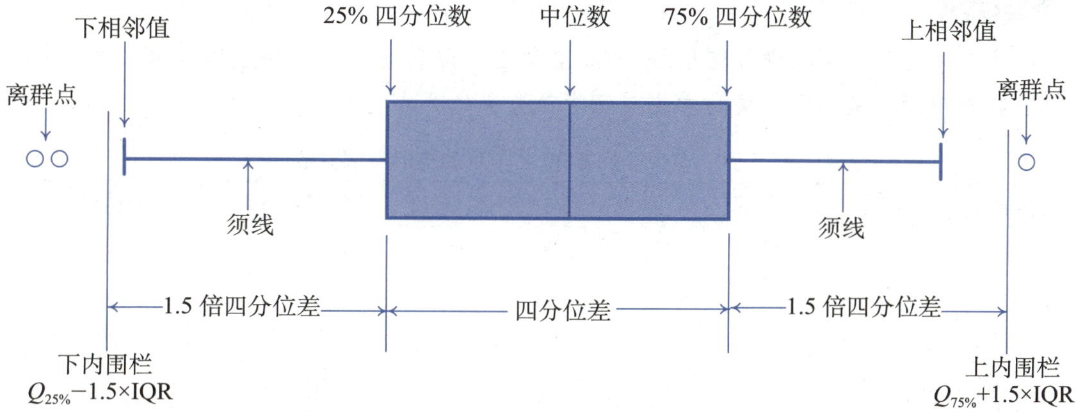

图 3－16 箱形图的示意图

为理解箱形图所展示的数据分布的特征，图 3－17 给出了几种不同分布形状对应的箱形图与其所对应的直方图。

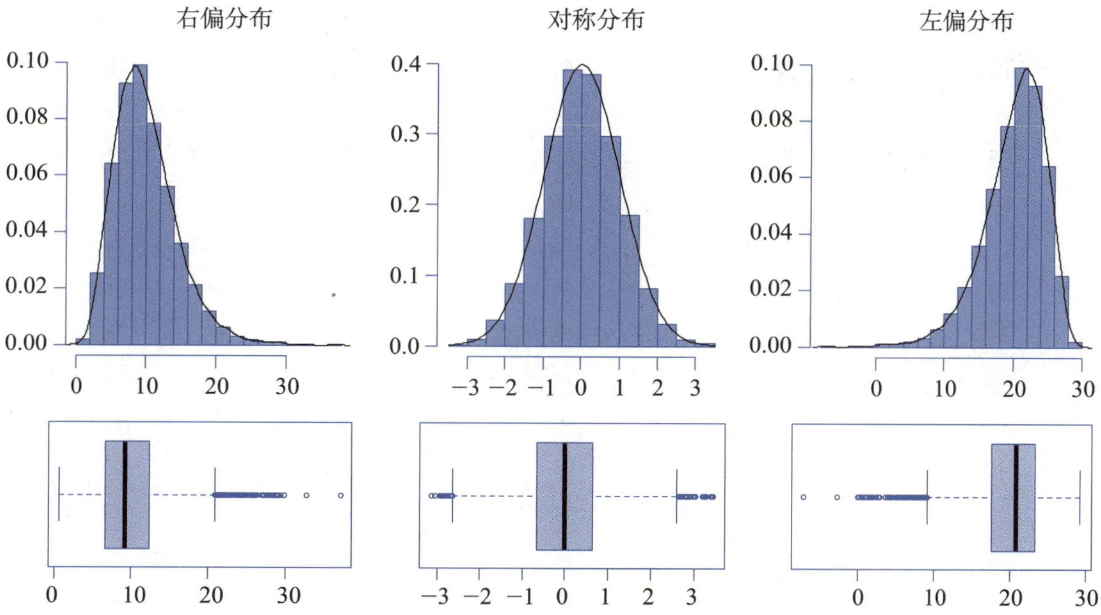

图 3－17 不同分布形状对应的箱形图和直方图

图 3 - 17 显示，数据对称分布时，中位数在箱子中间，上下相邻值到箱子的距离相等，离群点在上下内围栏外的分布也大致相同。数据右偏分布时，中位数更靠近 $Q_{25\%}$（下四分位数）的位置，下相邻值到箱子的距离比上相邻值到箱子的距离短，离群点多数在上内围栏之外。数据左偏分布时，中位数更靠近 $Q_{75\%}$（上四分位数）的位置，下相邻值到箱子的距离比上相邻值到箱子的距离长，离群点多数在下内围栏之外。

下面通过一个例子说明用 Excel 绘制箱形图的方法。

例 3 - 4

从某大学的 5 个学院中各随机抽取 30 名学生，得到英语考试分数的数据如表 3 - 4 所示。绘制箱形图分析不同学院的学生英语考试分数的分布特征。

表 3 - 4　5 个学院各 30 名学生的英语考试分数

经济学院	法学院	商学院	理学院	统计学院
74	83	90	70	78
77	81	95	73	74
78	71	95	80	86
84	68	91	75	66
85	77	60	60	80
72	71	87	75	91
83	62	84	79	78
92	68	81	69	79
55	75	70	76	85
72	78	92	75	76
76	82	82	64	73
76	78	83	77	91
84	75	90	76	87
78	76	96	78	78
74	74	87	76	86
85	70	88	65	71
79	74	86	81	68
81	79	91	79	74
80	71	85	74	90
58	73	86	66	76
81	79	95	74	80
80	82	82	73	77
87	67	92	80	86

续表

经济学院	法学院	商学院	理学院	统计学院
81	76	78	76	75
74	77	85	67	79
85	76	93	83	72
69	75	86	72	89
77	66	78	73	84
81	76	92	70	69
79	69	83	90	84

解 用 Excel 绘制箱形图时，先将光标放在任意数据单元格，然后点击【插入】→【插入统计图表】，选择【箱形图】，即可绘制出箱形图。根据需要再对图形做必要的修改，比如，选择不同的箱形图式样、更改坐标轴刻度、添加坐标轴标题、添加箱形图的频数标签等，如图 3-18 所示。

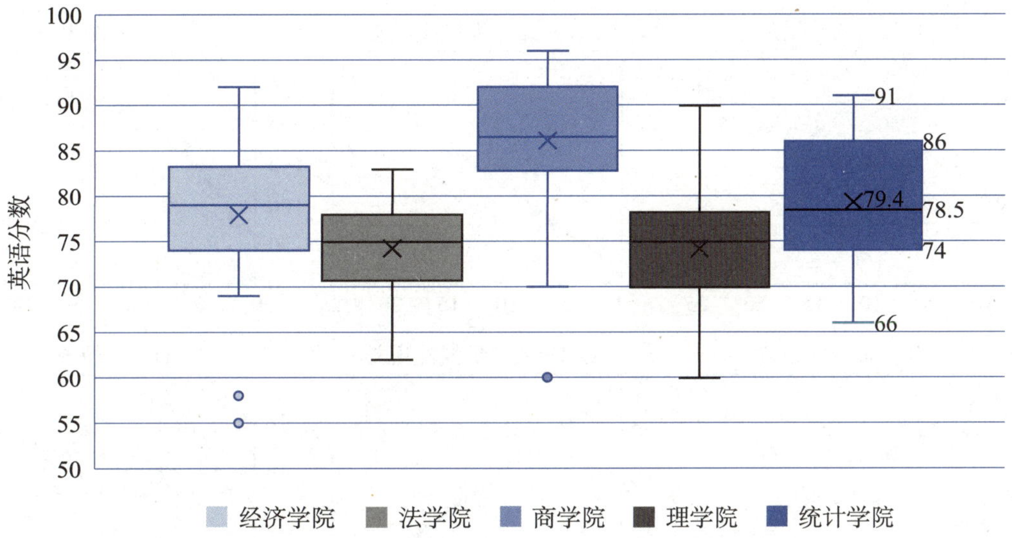

图 3-18　5 个学院各 30 名学生英语考试分数的箱形图

图 3-18 中，在统计学院的箱形图中添加了数据标签，其中显示了中位数（78.5）、25%位置上的分位数（74）、75%位置上的分位数（86）、上相邻值（91）、下相邻值（66），在“×”位置上显示的是平均数（79.4）。

图 3-18 显示，英语分数的整体水平（中位数或平均数）最高的是商学院，其次是经济学院和统计学院（二者差异不大），较低的是法学院和理学院（二者差异不大）。从分布形状看，除统计学院外，其他 4 个学院的平均数都低于中位数，表示英语分数的分布呈现一定的左偏，其中，经济学院的箱形图中出现了 2 个离群点，商学院出现了 1 个离群点（通过添加数据标签可观察其结果），统计学院分数的分布则大致对称。

3.2.2 展示变量间关系

如果要展示两个数值变量之间的关系，可以使用散点图；如果要展示 3 个数值变量之间的关系，可以使用气泡图。

1. 散点图

散点图（scatter diagram）将两个变量对应的各观测点画在二维坐标系中，并利用各观测点的分布来展示两个变量间的关系。设两个变量分别为 x 和 y，每对观测值（x_i，y_i）在二维坐标系中用一个点表示，n 对观测值形成的 n 个点的图就称为散点图。利用散点图可以观察两个变量间是否存在关系，如果存在关系，则可以观察关系的形态以及强度等。

具有线性关系的两个变量的散点图大致在一条直线周围随机分布，其分布的形状通常为一个椭圆，其形状越扁平，表示线性关系越强。为了理解变量之间的关系，图 3-19 展示了不同形态的散点图。

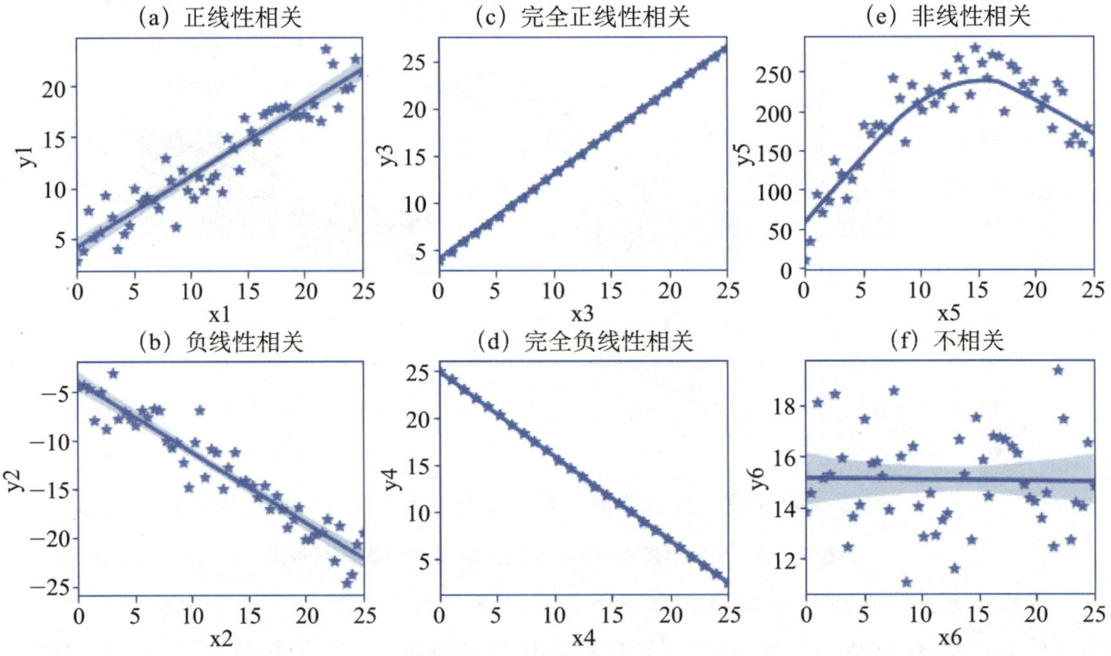

图 3-19 不同形态的散点图

图 3-19（a）和图 3-19（b）是典型的线性相关关系形态，两个变量的观测点随机分布在一条直线周围。图 3-19（a）显示一个变量的数值增加时，另一个变量的数值也随之增加，称为正线性相关。图 3-19（b）显示一个变量的数值增加时，另一个变量的数值随之减少，因而称为负线性相关。图 3-19（c）和图 3-19（d）显示两个变量的观测点完全落在直线上，称为完全线性相关（这实际上就是函数关系），其中图 3-19（c）为完全正

线性相关，图 3－19（d）为完全负线性相关。图 3－19（e）显示两个变量之间存在非线性相关关系。图 3－19（f）的观测点随机分布在一个水平带之内，无任何规律，表示变量之间不相关。

下面通过一个例子说明散点图的绘制方法。

例 3－5

表 3－5 是 2022 年 31 个省、自治区、直辖市（不含港澳台）的人均地区生产总值（按当年价格计算）、社会消费品零售总额和地方财政一般预算支出。绘制散点图并观察它们之间的关系。

表 3－5　2022 年 31 个省、自治区、直辖市的人均地区生产总值、社会消费品零售总额和地方财政一般预算支出

地区	人均地区生产总值（元）	社会消费品零售总额（亿元）	地方财政一般预算支出（亿元）
北京	190 313	13 794.2	7 469.15
天津	119 235	3 572.0	2 740.07
河北	56 995	13 720.1	9 336.45
山西	73 675	7 562.7	5 872.65
内蒙古	96 474	4 971.4	5 885.11
辽宁	68 775	9 526.2	6 252.99
吉林	55 347	3 807.7	4 044.01
黑龙江	51 096	5 210.0	5 451.99
上海	179 907	16 442.1	9 393.16
江苏	144 390	42 752.1	14 903.19
浙江	118 496	30 467.2	12 017.70
安徽	73 603	21 518.4	8 378.89
福建	126 829	21 050.1	5 702.93
江西	70 923	12 853.5	7 288.34
山东	86 003	33 236.2	12 131.54
河南	62 106	24 407.4	10 644.64
湖北	92 059	22 164.8	8 626.03
湖南	73 598	19 050.7	9 005.25
广东	101 905	44 882.9	18 509.93
广西	52 164	8 539.1	5 893.89
海南	66 602	2 268.4	2 095.52
重庆	90 663	13 926.1	4 892.78
四川	67 777	24 104.6	11 914.67

续表

地区	人均地区生产总值（元）	社会消费品零售总额（亿元）	地方财政一般预算支出（亿元）
贵州	52 321	8 507.1	5 849.17
云南	61 716	10 838.8	6 699.74
西藏	58 438	726.5	2 593.80
陕西	82 864	10 401.6	6 766.34
甘肃	44 968	3 922.2	4 263.45
青海	60 724	842.1	1 975.07
宁夏	69 781	1 338.4	1 583.50
新疆	68 552	3 240.5	6 857.30

资料来源：国家统计局网站，www.stats.gov.cn.

解 如果想观察 3 个变量两两之间的关系，可以分别绘制 3 个散点图。这里只绘制人均地区生产总值与社会消费品零售总额、社会消费品零售总额与地方财政一般预算支出的两个散点图。

在 Excel 工作表中单击【插入】→【插入散点图或气泡图】，选择【散点图】，即可绘制散点图，如图 3－20 和图 3－21 所示。

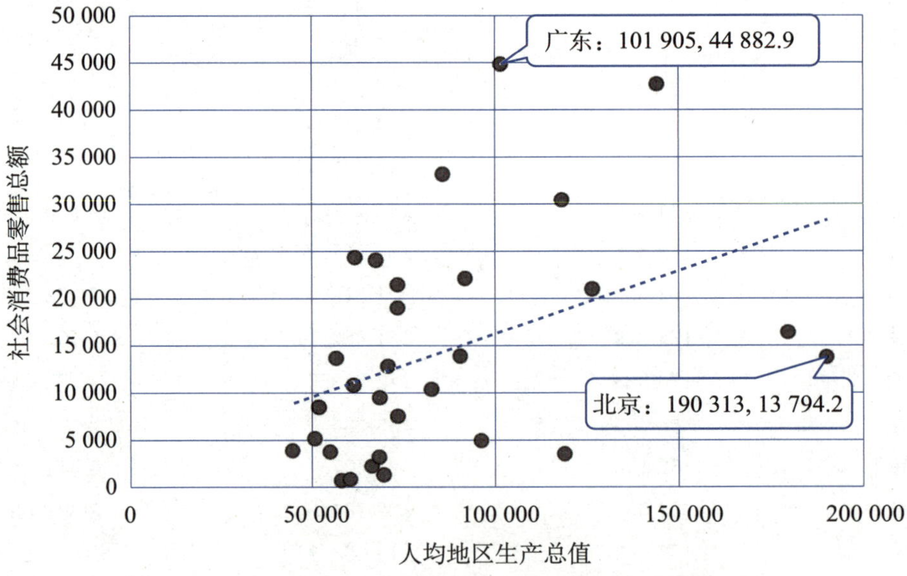

图 3－20 人均地区生产总值与社会消费品零售总额的散点图

图 3－20 显示，随着人均地区生产总值的增加，社会消费品零售总额也在一定程度上增加，表明二者之间具有一定的线性相关关系，但不是很强。比如，北京的人均地区生产总值最高，但社会消费品零售总额则相对较低，而广东的社会消费品零售总额最高，但人均地区生产总值则相对较低。

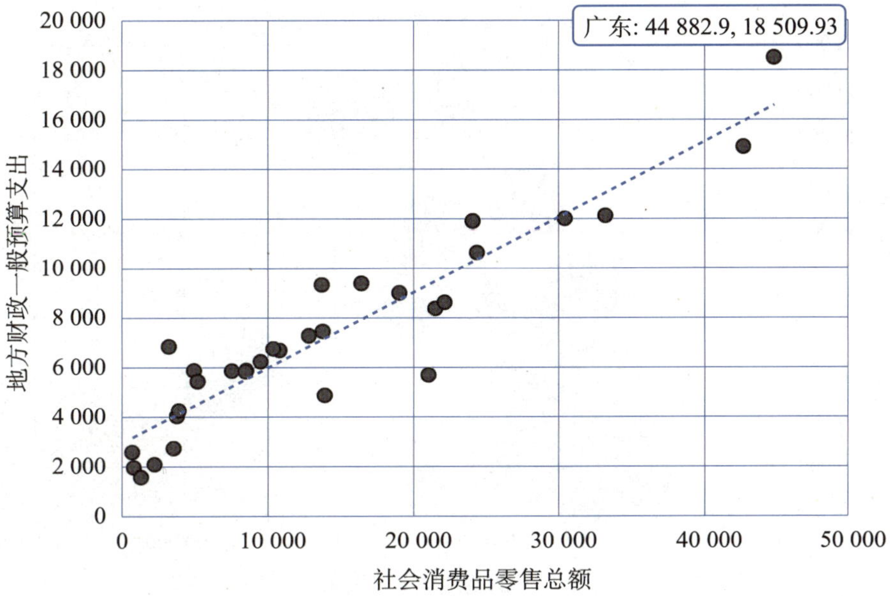

图 3-21 社会消费品零售总额与地方财政一般预算支出的散点图

图 3-21 显示，各观测点紧密围绕直线分布，表示社会消费品零售总额与地方财政一般预算支出之间具有较强的线性相关关系。

2. 气泡图

普通散点图只能展示两个变量之间的关系。对于 3 个变量之间的关系，除了可以绘制三维散点图外，还可以绘制**气泡图**（bubble chart），它可以看作散点图的一个变种。在气泡图中，第 3 个变量的数值用气泡的大小表示。

在 Excel 工作表中单击【插入】→【插入散点图或气泡图】，选择【气泡图】，即可绘制气泡图。根据例 3-5 的数据绘制的气泡图如图 3-22 所示。

图 3-22 显示，人均地区生产总值与社会消费品零售总额之间具有一定的线性相关关系，气泡的大小表示地方财政一般预算支出，可以看出，随着人均地区生产总值和社会消费品零售总额的增加，各气泡也随之变大，表示地方财政一般预算支出与人均地区生产总值和社会消费品零售总额之间也具有一定的线性相关关系。

3.2.3 展示样本相似性

假定一个集团公司在 10 个地区有销售分公司，每个分公司都有销售人员数、销售额、销售利润、所在地区的人口数、当地的人均收入等数据。如果想知道 10 个分公司在上述几个变量上的差异或相似程度，该用什么图形进行展示呢？这里涉及 10 个样本的 5 个变量，显然无法用二维坐标系进行图示。利用雷达图和平行坐标图则可以比较 10 个分公司在各变量取值上的相似性。

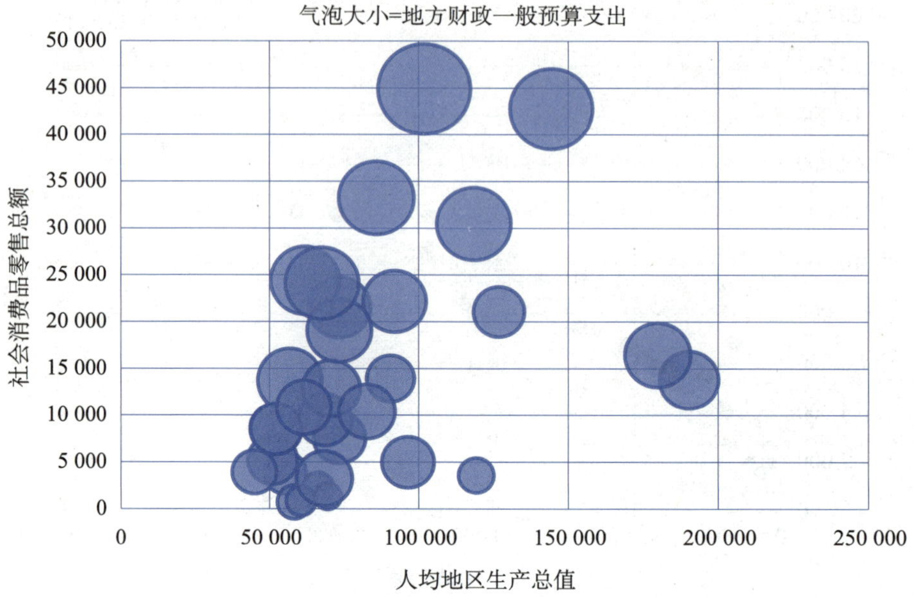

图 3-22　人均地区生产总值、社会消费品零售总额和地方财政一般预算支出的气泡图

1. 雷达图

从一个点出发，用每条射线代表一个变量，多个变量的数据点连接成线，即围成一个区域，多个样本围成多个区域，就是**雷达图**（radar chart）。利用雷达图可以研究多个样本之间的相似程度。

例 3-6

表 3-6 是 2022 年北京、天津、上海和重庆的居民人均消费支出数据。绘制雷达图，比较不同地区各项人均消费支出的特点和相似性。

表 3-6　2022 年北京、天津、上海和重庆的居民人均消费支出　　单位：元

支出项目	北京	天津	上海	重庆
食品烟酒	9 223.2	9 313.1	12 653.0	8 599.9
衣着	1 860.8	1 630.4	1 716.7	1 698.0
居住	17 170.3	7 468.1	17 073.5	4 782.7
生活用品及服务	2 193.3	1 789.0	2 128.0	1 656.6
交通通信	4 129.3	3 888.6	4 529.2	3 078.2
教育文化娱乐	3 008.0	2 546.0	3 099.6	2 585.0
医疗保健	3 981.5	3 555.5	3 616.5	2 350.5
其他用品及服务	1 116.8	1 132.9	1 229.0	620.2

资料来源：国家统计局网站，www.stats.gov.cn.

解 在 Excel 工作表中单击【插入】→【插入雷达图】，即可绘制雷达图。为比较各地区消费支出的相似性，需要用 x 轴表示支出项目，y 轴表示支出金额，绘制的雷达图如图 3－23 所示。

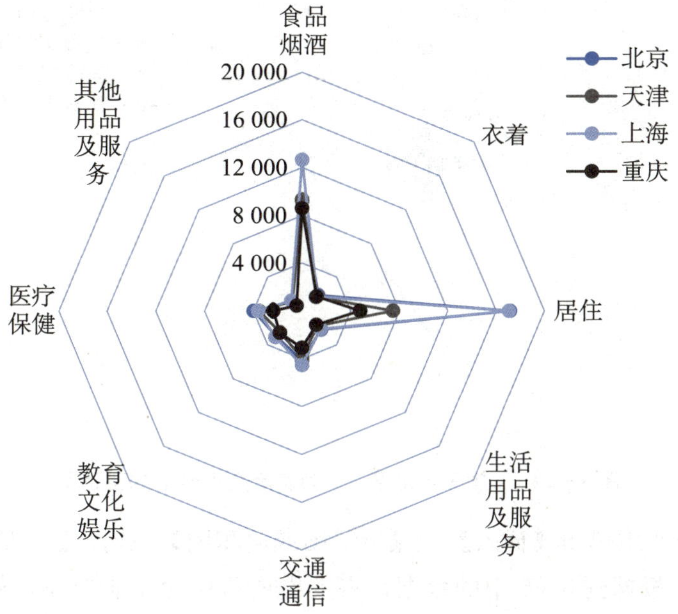

图 3－23　2022 年北京、天津、上海和重庆居民人均消费支出的雷达图

图 3－23 用于比较不同地区在各项人均消费支出上的相似性。由该图可以得到以下几点结论：首先，4 个地区的各项人均消费支出中，居住支出相对较多，尤其是北京和上海的居住支出明显高于天津和重庆；食品烟酒支出次之，其他商品及服务支出最少。其次，上海的各项消费支出较高，其次是北京、天津和重庆。雷达图所围成的形状十分相似，说明 4 个地区的消费结构十分相似。

为分析各消费支出项目在不同地区的相似性，可以用 x 轴表示地区，y 轴表示支出金额，绘制的雷达图如图 3－24 所示。

图 3－24 显示，从雷达图围成的形状看，除居住支出外，其他几项支出在地区的构成上十分相似。

2. 平行坐标图

平行坐标图（parallel coordinate plot）也称多线图或**轮廓图**（outline plot），它用 x 轴表示各变量，用 y 轴表示变量的数值（x 轴和 y 轴可以互换），将同一样本在不同变量上的观测值用折线连接起来。观察平行坐标图中各折线的形状及其排列方式，可以比较各样本在多个变量上取值的相似性及差异。我们首先看下面的例子。

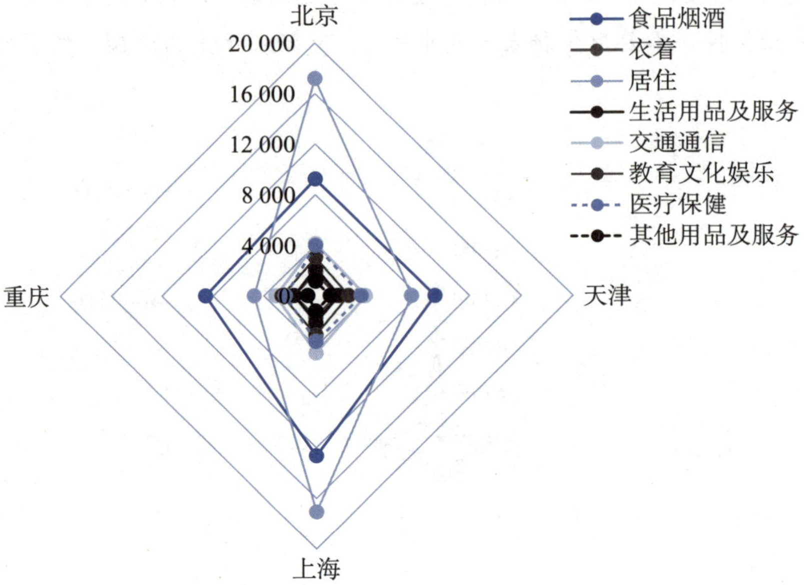

图 3-24　*x* 轴表示地区、*y* 轴表示支出金额的雷达图

在 Excel 工作表中单击【插入】→【折线图或面积图】，选择【二维折线图】，即可绘制轮廓图。例如，根据例 3-6 中的数据，将支出项目作为 x 轴绘制的轮廓图如图 3-25 所示，将各地区作为 x 轴的轮廓图如图 3-26 所示。

图 3-25 和图 3-26 显示的结论与相应的雷达图一致，即除居住支出外，4 个地区的各项消费支出结构十分相似，而各项支出在不同地区的构成也十分相似。

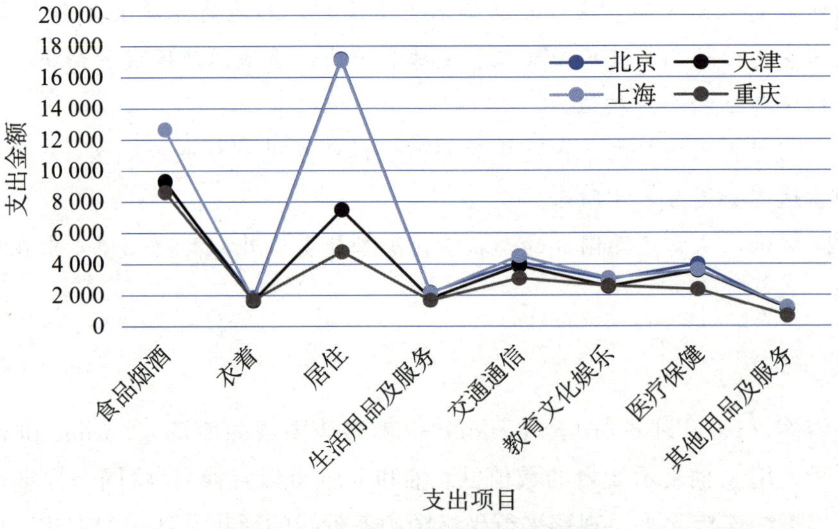

图 3-25　*x* 轴为支出项目的轮廓图

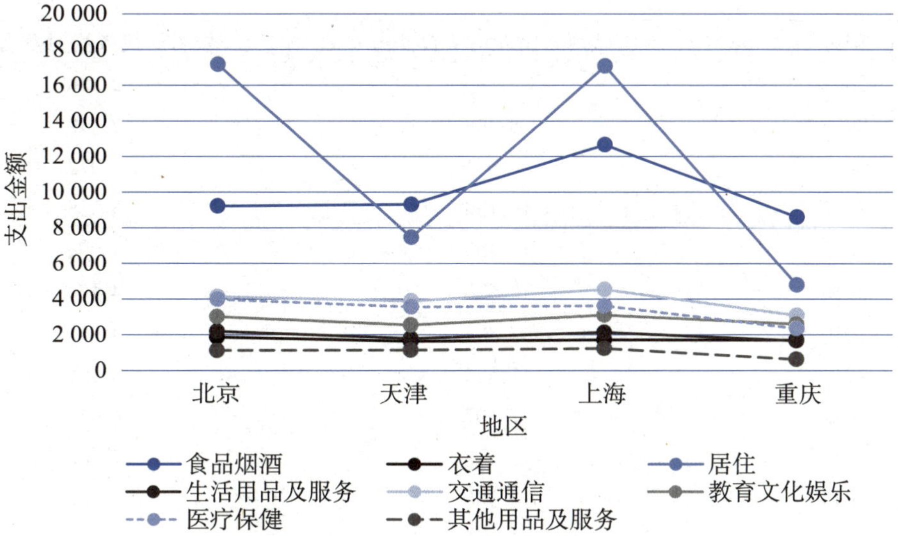

图 3-26　x 轴为地区的轮廓图

3.3 时间序列可视化

时间序列是一种常见的数据形式，它是在不同时间点上记录的一组数据，如各年份的国内生产总值数据、各月份的居民消费价格指数数据、一年中各交易日的股票价格指数收盘数据等。通过可视化，可以观察时间序列的变化模式和特征。时间序列的可视化图形有多种，其中最基本的是**折线图**（line chart）和**面积图**（area graph）。

3.3.1 折线图

折线图是描述时间序列最基本的图形，主要用于观察和分析时间序列随时间变化的形态和模式。折线图的 x 轴是时间，y 轴是变量的观测值。

例 3-7

2000—2023 年我国城镇居民和农村居民人均消费支出如表 3-7 所示。绘制折线图分析居民消费水平的变化特征。

表 3-7　2000—2023 年我国城镇居民和农村居民人均消费支出　　单位：元

年份	城镇居民人均消费支出	农村居民人均消费支出
2000	5 027	1 714
2001	5 350	1 803
2002	6 089	1 917
2003	6 587	2 050

续表

年份	城镇居民人均消费支出	农村居民人均消费支出
2004	7 280	2 326
2005	8 068	2 749
2006	8 851	3 072
2007	10 196	3 536
2008	11 489	4 054
2009	12 558	4 464
2010	13 821	4 945
2011	15 554	5 892
2012	17 107	6 667
2013	18 488	7 485
2014	19 968	8 383
2015	21 392	9 223
2016	23 079	10 130
2017	24 445	10 955
2018	26 112	12 124
2019	28 063	13 328
2020	27 007	13 713
2021	30 307	15 916
2022	30 391	16 632
2023	32 994	18 175

解 在 Excel 工作表中单击【插入】→【插入折线图或面积图】，选择【二维折线图】，即可绘制折线图，如图 3 - 27 所示。

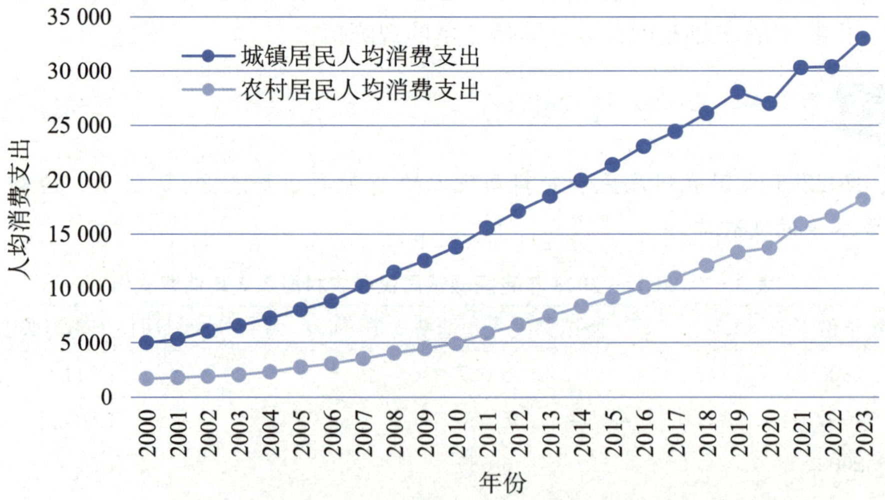

图 3 - 27　2000—2023 年我国城镇居民和农村居民人均消费支出的折线图

图 3 - 27 显示，除 2020 年略有下降外，无论是城镇居民还是农村居民，人均消费支出都有逐年增长的趋势，而城镇居民人均消费支出各年均高于农村居民，而且，随着时间的推移二者的差距有进一步扩大的趋势。

3.3.2　面积图

面积图是在折线图的基础上绘制的，它将折线与 x 轴之间的区域用颜色填充，填充的区域即为面积。面积图不仅美观，而且能更好地展示时间序列变化的特征和模式。将多个时间序列绘制在一幅图中时，序列数不宜太多，否则图形之间会相互遮盖，看起来会很乱。当序列较多时，可以将每个序列单独绘制成一幅图。

在 Excel 工作表中单击【插入】→【插入折线图或面积图】，选择【二维面积图】，即可绘制面积图。以例 3 - 7 中的数据为例，绘制的面积图如图 3 - 28 所示。

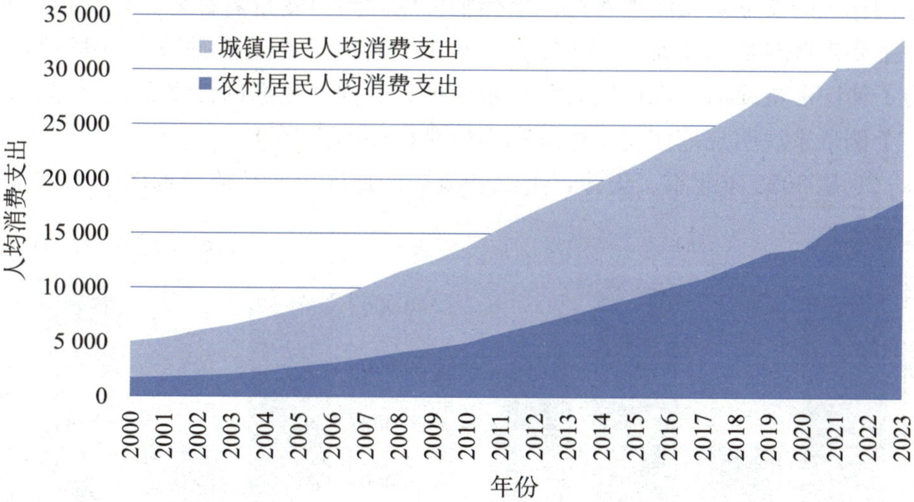

图 3 - 28　2000—2023 年我国城镇居民和农村居民人均消费支出的面积图

图 3 - 28 中的面积大小与相应的数据大小成正比。

3.4　可视化的注意事项

图形是展示数据的有效方式。在日常生活中，阅读网络文献和报纸杂志、看电视时都能看到各种各样的图形，学术论文和其他出版物中也经常用图形来展示数据或数据的分析结果。显然，看图形要比看枯燥的数字更有趣，也更容易理解。一幅精心设计的图形可以有效地把数据呈现出来，让人更容易理解数据，但设计和使用不当也会造成别人对数据的疑惑和误解。图形应尽可能简洁合理，以能够清晰地展示数据、合理地表达分析目的为依据。在可视化过程中，规范使用图形也十分必要。图形设计既要追求美观，也应避免一切不必要的修饰，过分修饰往往会使人注意图形本身，而掩盖了图形所要表达的信息。本节主要介绍可视化分析中应注意的一些基本事项。

3.4.1 图形标题

标题（title）是图形中不可或缺的重要元素，没有标题的图形是不可取的。图形标题包括主标题、副标题、坐标轴标题（标签）、图例标题等。主标题是指一幅图的总标题，它主要用于注释图形的内容，一般包括图中数据所属的时间（when）、地点（where）和内容（what）3 个要素。阅读一幅图时，只看主标题就应大概知道图形要表达的信息，比如，“2022 年北京市的地区生产总值”就包含了时间（2022 年）、地点（北京市）和内容（地区生产总值）3 个要素，缺少其中的任何一个要素都可能让人产生疑惑。此外，使用多幅图时，主标题还应包括必要的图形编号。主标题可以放在图的上方，也可放在图的下方。

坐标轴标题也称坐标轴标签，用于说明坐标轴代表的变量名称，以便于阅读和理解，没有坐标轴标题的图形是无法理解的。坐标轴标题除给出变量名称外，还应给出数据的计量单位（主要是针对数值变量）。如果在上下文中给出了原始数据及其计量单位的信息，那么，为了使图形更简洁，也可以省略计量单位，否则，数据的计量单位就是必需的。下面通过一个例子来说明规范使用主标题和坐标轴标题的必要性。

图 3－29 是 2022 年北京、天津、上海和重庆的地区生产总值条形图。

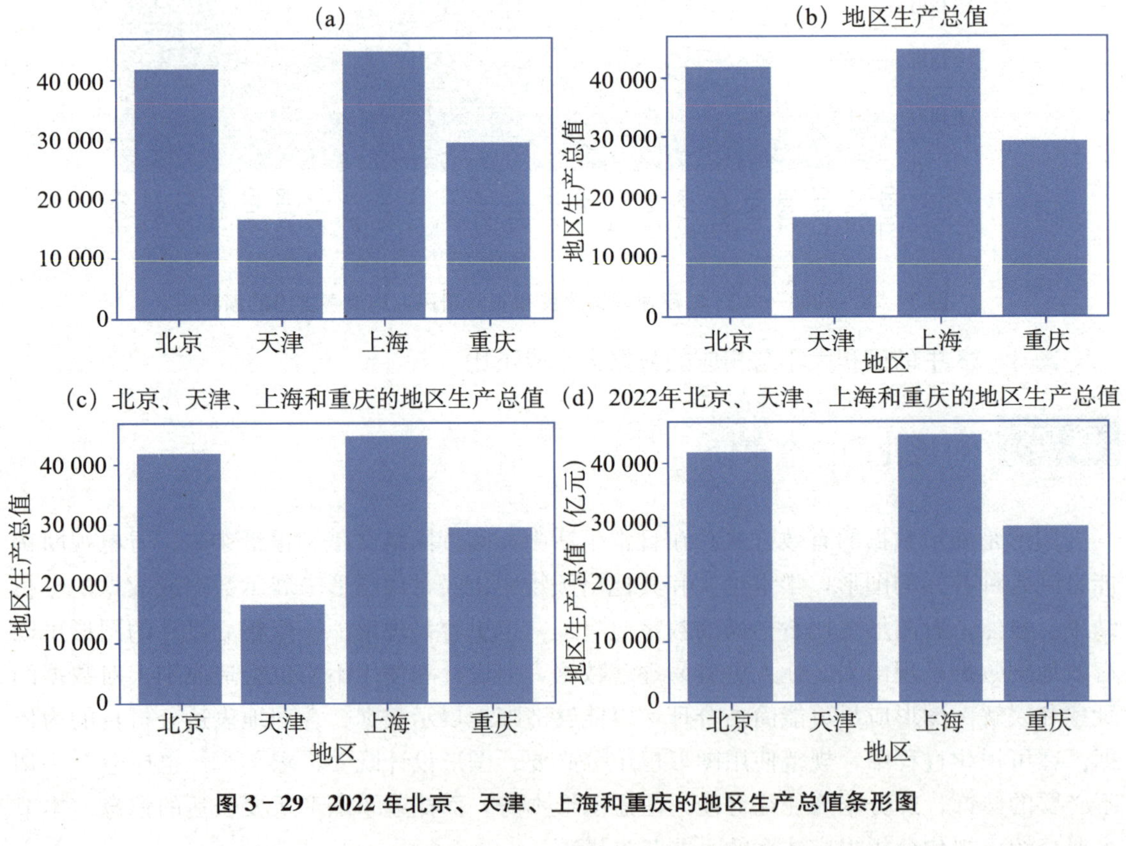

图 3－29　2022 年北京、天津、上海和重庆的地区生产总值条形图

图 3－29（a）有两个问题：一是主标题只有编号，没有内容；二是没有坐标轴标题。虽然表示类别的 x 轴没有标题时读者也可以看懂，但 y 轴标题必须有，否则就不知道这幅图表达的是什么了。

图 3－29（b）也有两个问题：一是主标题没有给出时间和地点信息，不知道是哪个地区的地区生产总值，也不知道是什么时间的地区生产总值；二是 y 轴标题没有计量单位，无法理解数据的含义。

图 3－29（c）同样有两个问题：一是主标题只给出了地区信息，但没给出时间信息，不知道是什么时间的地区生产总值；二是 y 轴标题没有计量单位，同样难以理解。

图 3－29（d）是一幅完整的规范图形。主标题给出了时间、地点和内容信息，y 轴标题给出了计量单位，这样的图形就很容易理解。

3.4.2 坐标轴刻度起点

可视化中最常用的坐标轴标尺（刻度）是线性标尺，有时也会使用非线性标尺（如对数标尺）。如果使用线性标尺的坐标轴绘图，数轴的数值起点应从 0 开始，尤其是绘制条形图时，数轴的刻度必须从 0 开始，否则可能会放大数值间的差异，导致视觉差异和理解错误。但有些图形的数轴刻度不一定从 0 开始，比如，时间序列折线图和面积图等，如果序列的波动范围较小，从 0 开始则不宜观测序列的波动。

图 3－30 是某地区 2023 年 1—12 月居民消费价格指数（上年同月＝100）的折线图，其中图 3－30（a）的 y 轴刻度起点是 0，图 3－30（b）的 y 轴刻度起点是 90，图 3－30（c）的 y 轴刻度起点是 99。

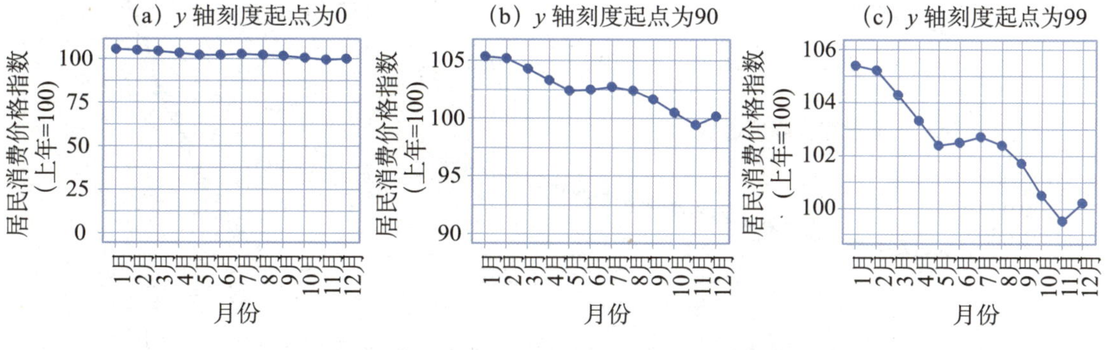

图 3－30 某地区 2023 年 1—12 月居民消费价格指数的折线图

图 3－30（a）的 y 轴刻度起点是 0，居民消费价格指数的波动看起来很小。图 3－30（b）的 y 轴刻度起点是 90，结果显示居民消费价格指数的下降幅度看上去更合理。图 3－30（c）的 y 轴刻度起点是 99，结果显示居民消费价格指数的下降幅度看上去很大。坐标轴数值的起点不同，会造成完全不同的视觉误差，这可能会造成误导。因此，在时间序列可视化中，确定适当的坐标轴起点是十分必要的，这要根据数据的特点和分析的需要灵活掌握，不能教条。

在可视化分析中，合理确定坐标轴刻度起点是非常必要的。当数据的波动范围较小时，坐标轴刻度起点太小会压缩数据的波动幅度，而坐标轴刻度起点太大则会放大数据的波动幅度，这都可能导致对图形的视觉误差。在使用统计软件绘制折线图时，系统会自动设置坐标轴刻度起点，如果不能满足分析的需要，则可以自行设置坐标轴刻度起点，但不能为达到某种目的而刻意为之。如果坐标轴刻度起点不合理，就可能会误导别人对数据的理解。

3.4.3 图形比例

在直角坐标系中绘制的二维图形是一个矩形（有些图形也可以画成正方形，如散点图），如果把 x 轴定义为宽度（width）、y 轴定义为高度（height），图形宽度和高度的比例大致为 10∶7 或 4∶3。从视觉效果上看，这样的图形比例能够更合理地展示数据，也易于对图形进行解读。过宽或过高的图形都有可能歪曲数据，给人留下错误的印象。

图 3-31 是 2000—2023 年我国发电量的折线图。

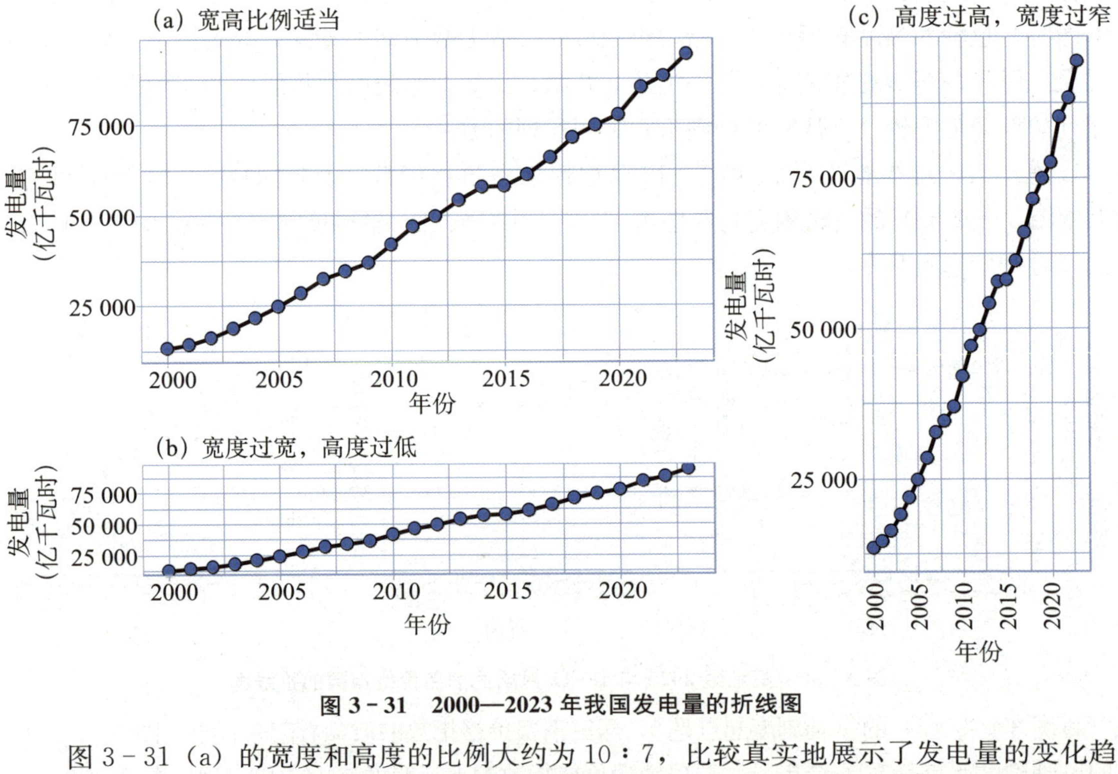

图 3-31 2000—2023 年我国发电量的折线图

图 3-31（a）的宽度和高度的比例大约为 10∶7，比较真实地展示了发电量的变化趋势。图 3-31（b）的宽度和高度不成比例，宽度过宽，高度过低，这样的图形容易压缩数据的变动，看起来似乎发电量的上升趋势不够明显。图 3-31（c）的宽度和高度同样不成比例，高度过高，宽度过窄，这样的图形容易放大数据的波动，看起来似乎上升趋势过于陡峭。

思维导图：数据类型与图表展示方法

下面的思维导图展示了本章的内容框架。

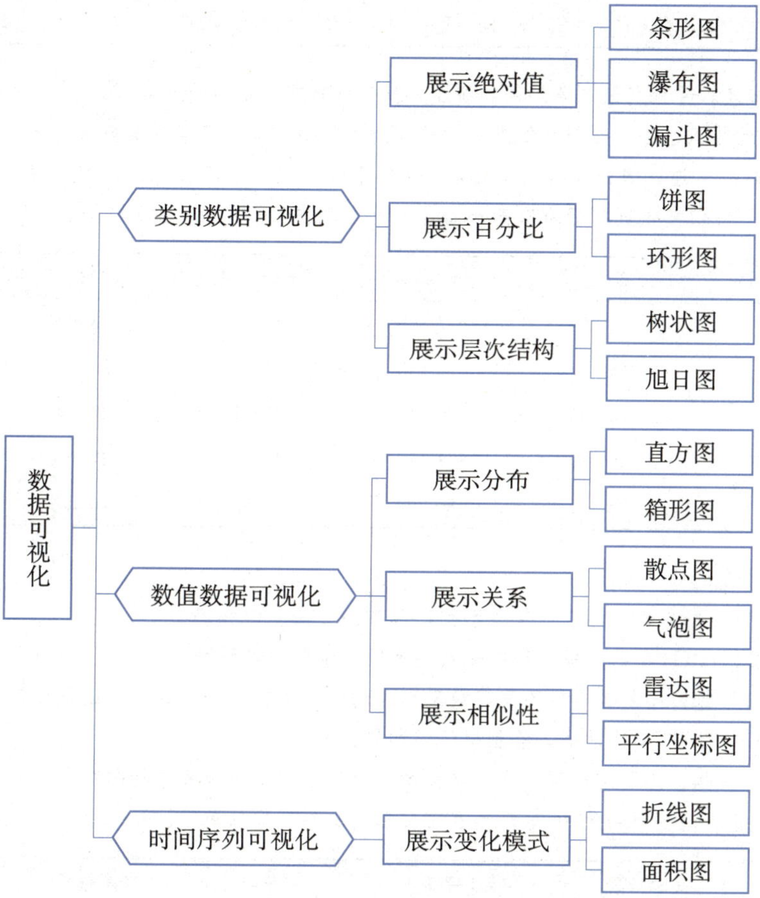

习题

3.1　为评价电信行业售后服务的质量，随机抽取由 100 个家庭构成的一个样本。服务质量的等级分别表示为：A. 好；B. 较好；C. 一般；D. 较差；E. 差。调查结果如下表所示。

B	E	C	C	A	D	C	B	A	E
D	A	C	B	C	D	E	C	E	E
A	D	B	C	C	A	E	D	C	B
B	A	C	D	E	A	B	D	D	C
C	B	C	E	D	B	C	C	B	C

续表

D	A	C	B	C	D	E	C	E	B
B	E	C	C	A	D	C	B	A	E
B	A	C	D	E	A	B	D	D	C
A	D	B	C	C	A	E	D	C	B
C	B	C	E	D	B	C	C	B	C

制作频数分布表，并分别绘制条形图和饼图，反映评价等级的分布和构成。

3.2 根据人均收入水平，按照从低到高的顺序排列，将所有被调查的家庭分为五等份，收入处于最低 20%的家庭为低收入组，依此类推，依次为中等偏下收入组、中等收入组、中等偏上收入组、高收入组。下表是 2019—2023 年不同等级家庭的居民人均可支配收入（单位：元）。

家庭等级	2019 年	2020 年	2021 年	2022 年	2023 年
低收入组	7 380	7 869	8 333	8 601	9 215
中等偏下收入组	15 777	16 443	18 446	19 303	20 442
中等收入组	25 035	26 249	29 053	30 598	32 195
中等偏上收入组	39 230	41 172	44 949	47 397	50 220
高收入组	76 401	80 294	85 836	90 116	95 055

绘制以下图形并进行分析：

(1) 根据 2023 年的数据，绘制简单条形图、瀑布图、漏斗图和饼图。

(2) 根据 2019—2023 年的数据，绘制簇状条形图、堆积条形图和环形图。

(3) 根据全部数据，绘制各年份不同等级家庭人均可支配收入构成的百分比条形图。

(4) 根据 2019—2023 年的数据，绘制树状图和旭日图。

(5) 根据全部数据，绘制雷达图和平行坐标图，比较不同年份消费结构的特点。

3.3 下面是随机调查得到的 40 名学生及其父母的身高数据（单位：cm）。

子女身高	父亲身高	母亲身高	子女身高	父亲身高	母亲身高
171	166	158	155	165	157
174	171	158	161	182	165
177	179	168	166	166	156
178	174	160	170	178	160
180	173	162	158	173	160
181	170	160	160	170	165
159	168	153	160	171	150
169	168	153	162	167	158
170	170	167	165	175	160
170	170	160	168	172	162

续表

子女身高	父亲身高	母亲身高	子女身高	父亲身高	母亲身高
175	172	160	170	168	163
175	175	165	153	163	152
178	174	160	156	168	155
173	170	160	158	174	155
181	178	165	160	170	162
164	175	161	162	170	158
167	163	166	163	173	160
168	168	155	165	172	161
170	170	160	166	181	158
170	172	158	170	180	165

（1）绘制子女身高的直方图，分析其分布特征。

（2）绘制子女身高、父亲身高和母亲身高的箱形图，分析其分布特征。

（3）分别绘制子女身高与父亲身高和母亲身高的散点图，说明它们之间的关系。

（4）以气泡大小代表子女身高绘制气泡图，分析子女身高与父亲身高和母亲身高的关系。

第 4 章 数据的描述统计量

问题与思考

- 如果用一个值代表一个地区的收入水平，你是用平均数还是用中位数？
- “双十一”每个人网购金额的标准差是 500 元，平时是 400 元，你认为是“双十一”网购金额的差异大，还是平时网购金额的差异大？
- 假定你们班的统计学平均考试分数是 80 分，标准差是 5 分，而你的考试分数是 90 分，你的考试分数与平均数有几个标准差的差距？
- 你可以手工计算 30 人的平均上网时间，但你能手工计算 300 万人的平均上网时间吗？

利用图表可以对数据分布的形状和特征有一个大致了解，但要更详细地分析数据的特征，还需要用相应的统计量进行描述。数据分布的特征可以从三个方面进行描述：一是数据的水平，反映全部数据的数值大小；二是数据的差异，反映各数据间的离散程度；三是分布的形状，反映数据分布的偏度和峰度。本章主要介绍描述样本特征的统计量的计算方法、特点及其应用场合。

4.1 描述水平的统计量

数据的水平是指其取值的大小。描述数据水平的样本统计量主要有平均数、分位数和众数等。

4.1.1 平均数

平均数（mean）也称均值，它是一组数据相加后除以数据的个数得到的结果。样本平均数是度量数据水平的常用统计量，在参数估计和假设检验中经常用到。

设一组样本数据为x_1，x_2，…，x_n，样本量（样本数据的个数）为 n，则样本平均数用 $\bar{x}$（读作 x-bar）表示，计算公式为①：

$$\bar{x}=\frac{x_1+x_2+\cdots+x_n}{n}=\frac{\sum_{i=1}^{n}x_i}{n} \tag{4.1}$$

用式（4.1）计算的样本平均数也称为**简单平均数**（simple mean）。

例 4－1

随机抽取 20 个年龄在 18～25 周岁之间的成年人，得到的身高数据如表 4－1 所示。计算这 20 个人的平均身高。

表 4－1　20 个人的身高数据　　单位：cm

176	165	182	174	177
170	178	174	176	169
176	165	185	175	170
180	164	179	162	173

解　根据式（4.1）有：

① 如果有总体的全部数据x_1，x_2，…，x_N，总体平均数用 μ 表示，其计算公式为：

$$\mu=\frac{x_1+x_2+\cdots+x_N}{N}=\frac{\sum_{i=1}^{N}x_i}{N}$$

$$\bar{x}=\frac{176+165+\cdots+162+173}{20}=\frac{3\ 470}{20}=173.5$$

样本平均数的计算可以由 Excel 的【AVERAGE】函数来完成，操作步骤如文本框 4－1 所示。

文本框 4－1　用 Excel 计算样本平均数

★ 用【AVERAGE】函数计算样本平均数

第 1 步：将光标放在任意空白单元格。然后点击【公式】，再点击【插入函数】。

第 2 步：从【选择类别】中选择【统计】，并在【选择函数】中点击【AVERAGE】，单击【确定】。

第 3 步：在【Number1】中输入要计算平均数的数据区域，然后单击【确定】。

如果样本数据被分成 k 组，各组的组中值（一个组中的中间值，是组的下限值与上限值的平均数）分别用 m_1，m_2，…，m_k 表示，各组的频数分别用 f_1，f_2，…，f_k 表示，则样本平均数的计算公式为：

$$\bar{x}=\frac{m_1f_1+m_2f_2+\cdots+m_kf_k}{f_1+f_2+\cdots+f_k}=\frac{\sum_{i=1}^{k}m_if_i}{n} \tag{4.2}$$

用式（4.2）计算的样本平均数也称为**加权平均数**（weighted mean）。①

例 4－2

沿用第 2 章例 2－6。根据表 2－10 的分组数据，计算销售额的平均数。

解 计算过程见表 4－2。

表 4－2　某电商平台 120 天销售额的加权平均数计算表

销售额分组	组中值（m_i）	天数（f_i）	m_if_i
170～180	175	2	350
180～190	185	4	740
190～200	195	7	1 365
200～210	205	17	3 485
210～220	215	27	5 805

① 如果总体数据被分成 k 组，各组的组中值分别用 M_1，M_2，…，M_k 表示，各组数据出现的频数分别用 F_1，F_2，…，F_k 表示，则总体加权平均数的计算公式为：

$$\mu=\frac{M_1F_1+M_2F_2+\cdots+M_kF_k}{F_1+F_2+\cdots+F_k}=\frac{\sum_{i=1}^{k}M_iF_i}{N}$$

续表

销售额分组	组中值（m_i）	天数（f_i）	$m_i f_i$
220～230	225	20	4 500
230～240	235	16	3 760
240～250	245	13	3 185
250～260	255	7	1 785
260～270	265	4	1 060
270～280	275	2	550
280～290	285	1	285
合计	—	120	26 870

根据式（4.2）得：

$$\bar{x}=\frac{\sum_{i=1}^{k} m_i f_i}{n}=\frac{26\ 870}{120}=223.92$$

4.1.2　分位数

一组数据从小到大排序后，可以找出排在某个位置的数值，并用该数值代表数据水平的高低。这些位置上的数值就是相应的**分位数**（quantile），其中有中位数、四分位数、百分位数等。

1. 中位数

中位数（median）是一组数据排序后处在中间位置的数值，用 M_e 表示。它用一个点将全部数据等分成两部分，每部分包含 50%的数据，一部分数据比中位数大，另一部分数据比中位数小。中位数是用中间位置上的值代表数据的水平，其特点是不受极端值的影响，在研究收入分配时很有用。

计算中位数时，要先将 n 个数据从小到大排序，然后确定中位数的位置，最后确定中位数的具体数值。如果位置是整数值，中位数就是该位置所对应的数值；如果位置是整数加 0.5 的数值，中位数就是该位置两侧值的平均值。

设一组数据 x_1，x_2，…，x_n 从小到大排序后为 $x_{(1)}$，$x_{(2)}$，…，$x_{(n)}$，则中位数就是 $(n+1)/2$ 位置上的值。计算公式为：

$$M_e=\begin{cases} x_{\left(\frac{n+1}{2}\right)}, & n\text{ 为奇数} \\ \frac{1}{2}\left(x_{\left(\frac{n}{2}\right)}+x_{\left(\frac{n}{2}+1\right)}\right), & n\text{ 为偶数} \end{cases} \tag{4.3}$$

例 4-3

沿用例 4-1。计算 20 个人身高的中位数。

解 首先，将 20 个人的身高数据排序，结果如下。

162	164	165	165	169	170	170	173	174	174
175	176	176	176	177	178	179	180	182	185

然后，确定中位数的位置：$(20+1)\div 2=10.5$。中位数是排序后的第 10.5 位置上的数值，即中位数在第 10 个数值（174）和第 11 个数值（175）中间（0.5）的位置上。

最后，计算中位数：$(174+175)/2=174.5$。

中位数的计算可以由 Excel 的【MEDIAN】函数来完成，操作步骤如文本框 4－2 所示。

文本框 4－2 用 Excel 计算中位数

★ **用【MEDIAN】函数计算中位数**

第 1 步：将光标放在任意空白单元格。然后点击【公式】，再点击【插入函数】。

第 2 步：从【选择类别】中选择【统计】，并在【选择函数】中点击【MEDIAN】，单击【确定】。

第 3 步：在【Number1】中输入要计算中位数的数据区域，然后单击【确定】。

2. 四分位数

四分位数（quartile）是一组数据排序后处于 25%和 75%位置的数值。它用 3 个点将全部数据等分为 4 部分，其中每部分包含 25%的数据。很显然，中间的四分位数就是中位数，因此通常所说的四分位数是指处在 25%位置和 75%位置的两个数值。

与中位数的计算方法类似，计算四分位数时，首先将数据排序，然后确定四分位数所在的位置，该位置上的数值就是四分位数。与中位数不同的是，四分位数位置的确定方法有多种①，每种方法得到的结果可能会有一定差异，但差异不会很大（一般相差不会超过一个位次）。由于不同软件使用的计算方法可能不一样，因此，对同一组数据用不同软件得到的四分位数结果也可能会有差异，但不会影响分析的结论。

设 25%位置上的四分位数为 $Q_{25\%}$，75%位置上的四分位数为 $Q_{75\%}$，Excel 计算四分位数位置的公式为：

$$Q_{25\%}\text{ 位置}=\frac{n+3}{4},\ Q_{75\%}\text{ 位置}=\frac{3n+1}{4} \tag{4.4}$$

如果位置是整数，四分位数就是该位置对应的数值；如果位置是整数加 0.5，则四分位数取该位置两侧数值的平均数；如果位置是整数加 0.25 或 0.75，则四分位数等于该位置前面的数值加上按比例分摊的位置两侧数值的差值。

① SPSS 软件使用的四分位数位置的计算公式为：$Q_{25\%}=\frac{n+1}{4}$，$Q_{75\%}=\frac{3(n+1)}{4}$。

例 4－4

沿用例 4－1。计算 20 个人身高的四分位数。

解 先将 20 个数据从小到大排序，然后计算出四分位数的位置：

$$Q_{25\%}\text{ 位置}=\frac{20+3}{4}=5.75,\quad Q_{75\%}\text{ 位置}=\frac{3\times 20+1}{4}=15.25$$

$Q_{25\%}$ 在第 5 个数值（169）和第 6 个数值（170）之间 0.75 的位置上，因此，$Q_{25\%}=169+0.75\times(170-169)=169.75$。

$Q_{75\%}$ 在第 15 个数值（177）和第 16 个数值（178）之间 0.25 的位置上，因此，$Q_{75\%}=177+0.25\times(178-177)=177.25$。

由于在 $Q_{25\%}$ 和 $Q_{75\%}$ 之间大约包含了 50%的数据，就上面 20 个人的身高而言，可以说大约有一半人的身高在 169.75cm 和 177.25cm 之间。

四分位数的计算可以由 Excel 的【QUARTILE. INC】函数来完成，该函数可以计算一组数据的四分位数、中位数、最小值和最大值。操作步骤如文本框 4－3 所示。

文本框 4－3　用 Excel 计算四分位数

★ 用【QUARTILE. INC】函数计算四分位数

第 1 步：将光标放在任意空白单元格。然后点击【公式】，再点击【插入函数】。

第 2 步：从【选择类别】中选择【统计】，并在【选择函数】中点击【QUARTILE. INC】，单击【确定】。

第 3 步：在【Array】中输入要计算中位数的数据区域，在【Quart】后输入相应的数字以决定函数返回哪一个数值。

Quart 等于 0，返回最小值。

Quart 等于 1，返回第 1 个四分位数，即 25%位置上的四分位数。

Quart 等于 2，返回中位数。

Quart 等于 3，返回第 3 个四分位数，即 75%位置上的四分位数。

Quart 等于 4，返回最大值。

然后单击【确定】，即得到相应的分位数值。

注：使用函数【QUARTILE. EXC】也可以计算四分位数，但函数的参数不包含 0 和 1，因此不返回最小值和最大值。

3. 百分位数

百分位数（percentile）是用 99 个点将数据分成 100 等份，处于各分位点的数值就是百分位数。百分位数提供了各项数据在最小值和最大值之间分布的信息。

与四分位数类似，百分位数也有多种算法，每种算法的结果不尽相同，但差异不会很大。设 $P_{i\%}$ 为第 i 个百分位数，Excel 给出的第 i 个百分位数的位置公式为：

$$P_{i\%}\text{ 位置} = \frac{i}{100} \times (n-1) \tag{4.5}$$

如果位置是整数，百分位数就是该位置对应的数值；如果位置不是整数，百分位数等于该位置前面的数值加上按比例分摊的位置两侧数值的差值。显然，中位数就是第 50 个百分位数$P_{50\%}$，$Q_{25\%}$ 和 $Q_{75\%}$ 就是第 25 个百分位数 $P_{25\%}$ 和第 75 个百分位数 $P_{75\%}$。

例 4-5

沿用例 4-1。计算 20 个人身高的第 5 个和第 90 个百分位数。

解 先对 20 个数据从小到大进行排序，然后计算出百分位数的位置。根据式（4.5），第 5 个百分位数的位置为：

$$P_{5\%}\text{ 位置} = \frac{5}{100} \times (20-1) = 0.95$$

Excel 将排序后第 1 个数值的位置设定为 0，最后一个数值的位置设定为 1。因此，第 5 个百分位数在第 1 个值（162）和第 2 个值（164）之间 0.95 的位置上，从而 $P_{5\%} = 162 + 0.95 \times (164-162) = 163.9$。

第 90 个百分位数的位置为：

$$P_{90\%}\text{ 位置} = \frac{90}{100} \times (20-1) = 17.1$$

因此，第 90 个百分位数在第 18 个值（180）和第 19 个值（182）之间 0.1 的位置上，从而 $P_{5\%} = 180 + 0.1 \times (182-180) = 180.2$。

使用 Excel 中的【PERCENTILE. INC】函数可以计算任意一个百分位数。该函数的格式为 PERCENTILE. INC(array,k)，其中 array 为计算百分位数的数组或数据区域，k 为第 k 个百分数的值，取值在 0～1 之间，包含 0 和 1。操作步骤如文本框 4-4 所示。

文本框 4-4 用 Excel 计算百分位数

★ 用【PERCENTILE. INC】函数计算百分位数

第 1 步：将光标放在任意空白单元格。然后点击【公式】，再点击【插入函数】。

第 2 步：从【选择类别】中选择【统计】，并在【选择函数】中点击【PERCENTILE. INC】，单击【确定】。

第 3 步：在【Array】中输入要计算百分位数的数组或数据区域，在【K】中输入相应的数字以决定函数返回哪一个数值。K 为 0～1 之间的百分点值，包含 0 和 1。例如，K=0 返回最小值，K=1 返回最大值。K=0.01 返回第 1 个百分位数；K=0.25 返回 25%位置上的四分位数（第 1 个四分位数）；K=0.5 返回中位数；K=0.75 返回 75%位置上的四分位数（第 3 个四分位数）；等等。单击【确定】，即得到相应的分位数值。

4.1.3　众数

除平均数、中位数、四分位数和百分位数外，有时也会用众数作为数据水平的度量。**众数**（mode）是一组数据中出现频数最多的数值，用 M_o 表示。一般情况下，只有在数据量较大时众数才有意义。从分布的角度看，众数是一组数据分布的峰值点所对应的数值。如果数据的分布没有明显的峰值，众数可能不存在；如果有两个或多个峰值，也可以有两个或多个众数。

例 4-6

沿用例 4-1。计算 20 个人身高的众数。

解 利用 Excel 中的【MODE. SNGL】函数可以计算一组数据的众数，操作步骤如文本框 4-5 所示。

文本框 4-5　用 Excel 计算众数

★ 用【MODE. SNGL】函数计算众数

第 1 步：将光标放在任意空白单元格。然后点击【公式】，再点击【插入函数】。

第 2 步：从【选择类别】中选择【统计】，并在【选择函数】中点击【MODE. SNGL】，单击【确定】。

第 3 步：在【Number1】中输入要计算中位数的数据区域，然后单击【确定】。

按文本框 4-5 的步骤得到的众数为 176。

平均数、分位数和众数是描述数据水平的几个主要统计量，在实际应用中，用哪个统计量来代表一组数据的水平，取决于数据的分布特征。平均数易被多数人理解和接受，实际中用得也较多，但其缺点是易受极端值的影响。当数据对称分布或偏度不是很大时，应选择使用平均数。对于分布偏度较大的数据，平均数的代表性较差。由于中位数和众数不受极端值的影响，因此，当数据分布的偏度较大时，可以考虑选择中位数或众数，这时它们的代表性要比平均数好。

4.2　描述差异的统计量

假定有甲、乙两个地区，甲地区的人均年收入为 30 000 元，乙地区的人均年收入为 25 000 元。你如何评价这两个地区的收入状况？如果人均年收入的多少代表了该地区的生活水平，你能否认为甲地区所有人的平均生活水平均高于乙地区？要回答这些问题，首先需要弄清楚这里的平均收入是否能代表大多数人的收入水平。如果甲地区有少数几个富翁，而大多数人的收入都很低，那么虽然平均收入很高，但多数人生活水平仍然很低。相反，如果乙地区多数人的收入水平都在 25 000 元左右，那么虽然平均收入看上去不如甲地区多，但多数人的生活水平却比甲地区高，原因是甲地区的收入离散程度大于乙地区。这个例子表明，仅仅知道数据取值的大小是远远不够的，还必须考虑数据之间的差异有多大。数据之间的差异就是数据的离散程度。数据的离散程度越大，各描述统计量对该组数据的代表性就越差；离散程度越小，其代表性就越好。

描述样本数据离散程度的统计量主要有极差、四分位差、方差和标准差以及度量相对离散程度的离散系数等。

4.2.1 极差和四分位差

1. 极差

极差（range）是一组数据的最大值与最小值之差，也称全距，用 R 表示。对于一组数据 x_i，$i=1$，2，…，n，其极差的计算公式为：

$$R = \max(x_i) - \min(x_i) \tag{4.6}$$

例如，根据例 4－1 中的数据，计算得到 20 个人身高的极差为 $R=185-162=23$。由于极差只是利用了一组数据两端的信息，因此它容易受极端值的影响，不能全面反映数据的差异状况。虽然极差在实际中很少单独使用，但它总是作为分析数据离散程度的一个参考值。

2. 四分位差

四分位差（interquartile range）是一组数据 75%位置上的四分位数与 25%位置上的四分位数之差，也称四分位距，用 IQR 表示。四分位差的计算公式为：

$$\text{IQR} = Q_{75\%} - Q_{25\%} \tag{4.7}$$

四分位差反映了中间 50%数据的离散程度；其数值越小，说明中间的数据越集中，数值越大，说明中间的数据越分散。四分位差不受极值的影响。此外，由于中位数处于数据的中间位置，因此，四分位差的大小在一定程度上也说明了中位数对一组数据的代表程度。

例如，根据例 4－4 计算 20 个人身高的四分位数，得 $\text{IQR}=177.25-169.75=7.5$。

4.2.2 方差和标准差

如果考虑每个数据 x_i 与其平均数 $\bar{x}$ 之间的差异（离差），以此作为一组数据离散程度的度量，结果就要比极差和四分位差更为全面和准确。这就需要求出每个数据 x_i 与其平均数 $\bar{x}$ 离差的平均数。但由于 $(x_i-\bar{x})$ 之和等于 0，需要进行一定的处理。一种方法是将离差取绝对值，求和后再平均，这一结果称为**平均差**（mean deviation）或称**平均绝对离差**（mean absolute deviation）；另一种方法是将离差平方后再求平均数，这一结果称为**方差**（variance）。方差开方后的结果称为**标准差**（standard deviation）。方差（或标准差）是实际中应用最广泛的度量数据离散程度的统计量。

设样本方差为 s^2，根据原始数据计算样本方差的公式为：

$$s^2=\frac{\sum_{i=1}^{n}(x_i-\bar{x})^2}{n-1} \tag{4.8}$$

样本标准差的计算公式为：

$$s=\sqrt{\frac{\sum_{i=1}^{n}(x_i-\bar{x})^2}{n-1}} \tag{4.9}$$

如果原始数据被分成 k 组，各组的组中值分别为 m_1，m_2，…，m_k，各组的频数分别为 f_1，f_2，…，f_k，则加权样本方差的计算公式为①：

$$s^2=\frac{\sum_{i=1}^{k}(m_i-\bar{x})^2 f_i}{n-1} \tag{4.10}$$

加权样本标准差的计算公式为：

$$s=\sqrt{\frac{\sum_{i=1}^{k}(m_i-\bar{x})^2 f_i}{n-1}} \tag{4.11}$$

与方差不同的是，标准差具有量纲，它与原始数据的计量单位相同，其实际意义要比方差清楚。因此，在对实际问题进行分析时多用标准差。

例 4-7

沿用例 4-1。计算 20 个人身高的方差和标准差。

解　根据式（4.8），得方差为：

$$s^2=\frac{(176-173.5)^2+(165-173.5)^2+\cdots+(173-173.5)^2}{20-1}=39.105\,26$$

根据式（4.9），得标准差为：$\sqrt{39.105\,26}=6.253\,42$。

使用 Excel 的【VAR. S】函数可以计算一组样本数据的方差，使用【STDEV. S】函数可以计算样本标准差。操作步骤如文本框 4-6 所示。

---

① 对于总体的 N 个数据，总体方差（population variance）用 σ^2 表示，计算公式为 $\sigma^2=\frac{\sum_{i=1}^{N}(x_i-\mu)^2}{N}$。对于分组数据，如果总体数据被分成 k 组，各组的组中值分别为 M_1，M_2，…，M_k，各组的频数分别为 f_1，f_2，…，f_k，则总体加权方差的计算公式为 $\sigma^2=\frac{\sum_{i=1}^{k}(M_i-\mu)^2 f_i}{N}$。开平方后即得到总体的加权标准差。注意：总体方差通常不可知，都是用样本方差 s^2 来推断的。

文本框 4-6　用 Excel 计算样本方差和标准差

★ 用【VAR.S】函数和【STDEV.S】函数计算样本方差和标准差

第 1 步：将光标放在任意空白单元格。然后点击【公式】，再点击【插入函数】。

第 2 步：从【选择类别】中选择【统计】，并在【选择函数】中点击【VAR.S】，单击【确定】。

第 3 步：在【Number1】中输入要计算方差的数据区域，然后单击【确定】，即可得到样本方差（计算标准差时选择【STDEV.S】函数即可）。

注：计算总体方差的函数为【VAR.P】，计算总体标准差的函数为【STDEV.P】。

例 4-8

沿用第 2 章例 2-6。根据表 2-10 中的分组数据，计算销售额的标准差。

解 计算过程见表 4-3。

表 4-3　某电商平台 120 天销售额加权标准差计算表

营业额分组（万元）	组中值（m_i）	天数（f_i）	$(m_i-\bar{x})^2$	$(m_i-\bar{x})^2 f_i$
170～180	175	2	2 393.166 4	4 786.332 8
180～190	185	4	1 514.766 4	6 059.065 6
190～200	195	7	836.366 4	5 854.564 8
200～210	205	17	357.966 4	6 085.428 8
210～220	215	27	79.566 4	2148.292 8
220～230	225	20	1.166 4	23.328 0
230～240	235	16	122.766 4	1 964.262 4
240～250	245	13	444.366 4	5 776.763 2
250～260	255	7	965.966 4	6 761.764 8
260～270	265	4	1 687.566 4	6 750.265 6
270～280	275	2	2 609.166 4	5 218.332 8
280～290	285	1	3 730.766 4	3 730.766 4
合计	—	120	—	55 159.168 0

根据式（4.11），得

$$s=\sqrt{\frac{\sum_{i=1}^{k}(m_i-\bar{x})^2 f_i}{n-1}}=\sqrt{\frac{55\ 159.168\ 0}{120-1}}=21.53$$

4.2.3　离散系数

标准差是反映数据离散程度的绝对值，其数值的大小受原始数据取值大小的影响，数据的观测值越大，标准差的值通常也就越大。此外，标准差与原始数据的计量单位相同，采用不同单位计量的数据，其标准差的值也就不同。因此，对于不同组别的数据，如果原始数据的观测值相差较大或计量单位不同，就不能用标准差直接比较其离散程度，这时需要计算离散系数。

离散系数（coefficient of variation，CV）也称变异系数，它是一组数据的标准差与其相应的平均数之比。由于离散系数消除了数据取值大小和计量单位对标准差的影响，因此可以反映一组数据的相对离散程度。其计算公式为：

$$\mathrm{CV}=\frac{s}{\bar{x}} \tag{4.12}$$

离散系数主要用于比较不同样本数据的离散程度。离散系数大说明数据的相对离散程度也大，离散系数小说明数据的相对离散程度也小。①

例 4-9

为分析不同行业上市公司每股收益的差异，在互联网行业和机械制造行业各随机抽取 10 家上市公司，得到某年度的每股收益数据如表 4-4 所示。比较两类上市公司每股收益的离散程度。

表 4-4　不同行业上市公司的每股收益　　单位：元

互联网公司	机械制造公司
0.32	0.68
0.47	0.43
0.89	0.28
0.97	0.03
0.87	0.42
1.09	0.24
0.73	0.66
0.96	0.29
0.96	0.02
0.63	0.59

解 根据表 4-4 的数据，得到的计算结果如表 4-5 所示。

表 4-5　不同行业上市公司每股收益的平均数、标准差和离散系数

统计量	互联网公司	机械制造公司
平均数	0.789	0.364

① 当平均数接近 0 时，离散系数的值趋于无穷大，此时必须慎重解释。

续表

统计量	互联网公司	机械制造公司
标准差	0.247 002	0.236 606
离散系数	0.313 057	0.650 015

表 4-5 的结果显示，虽然互联网公司每股收益的标准差大于机械制造公司，但离散系数却小于机械制造公司，表明互联网公司每股收益的离散程度小于机械制造公司。

4.2.4 标准分数

有了平均数和标准差之后，可以计算一组数据中每个数值的**标准分数**（standard score）。它是某个数据与其平均数的离差除以标准差后的值。设样本数据中数值 x_i 的标准分数为 z_i，则有：

$$z_i = \frac{x_i - \bar{x}}{s} \tag{4.13}$$

标准分数可以度量每个数值在该组数据中的相对位置，并且可以用它来判断一组数据是否有离群点。比如，全班的平均考试成绩为 80 分，标准差为 10 分，而你的考试成绩 90 分距离平均成绩有多远？显然是 1 个标准差的距离，这里的“1”就是你的考试成绩的标准分数。标准分数指的是某个数据与平均数相比相差多少个标准差。

将一组数据化为标准分数的过程称为数据的标准化。式（4.13）也就是统计上常用的标准化公式，在对多个具有不同量纲的变量进行处理时，常常需要对各变量的数据进行标准化处理，也就是把一组数据转化成平均数为 0、标准差为 1 的新数据。实际上，标准分数只是对原始数据进行了线性变换，它并没有改变某个数值在该组数据中的位置，也没有改变该组数据分布的形状。

例 4-10

沿用例 4-1。计算 20 个人身高的标准分数。

解 根据前面的计算结果，$\bar{x} = 173.5$，$s = 6.253\ 42$。以第 1 个人的标准分数为例，由式（4.13），得

$$z_1 = \frac{176 - 173.5}{6.253\ 42} = 0.399\ 8$$

使用 Excel 的【STANDARDIZE】函数可计算标准分数，操作步骤如文本框 4-7 所示。

文本框 4-7　用 Excel 计算标准分数

★ 用【STANDARDIZE】函数计算标准分数

第 1 步：将光标放在任意空白单元格。然后点击【公式】，再点击【插入函数】。

第 2 步：从【选择类别】中选择【统计】，并在【选择函数】中点击【STANDARDIZE】，单击【确定】。

第 3 步：在【X】中输入要计算标准分数的原始数据（最好是点击原始数据所在的单元格，以便复制得到多个数据的标准分数）；在【Mean】中输入该组数据的平均数；在【Standard_dev】中输入该组数据的标准差。单击【确定】，即可得到该数据的标准分数（要得到多个数据的标准分数，向下复制该单元格即可）。界面如下图所示。

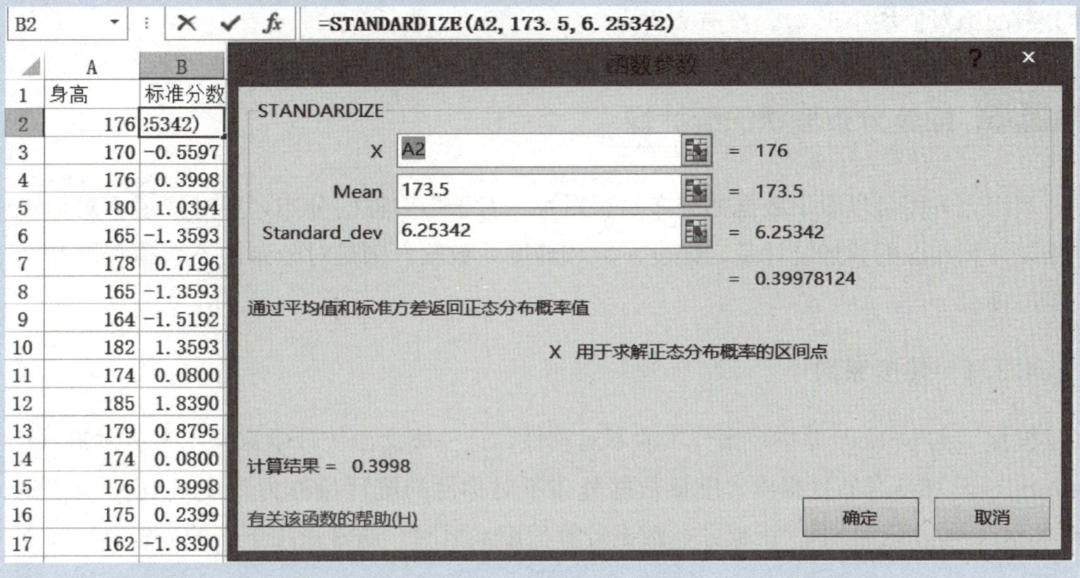

按上述步骤得到的标准分数如表 4-6 所示。

表 4-6　20 个人身高的标准分数

身高	标准分数	身高	标准分数
176	0.399 8	185	1.839 0
170	−0.559 7	179	0.879 5
176	0.399 8	174	0.080 0
180	1.039 4	176	0.399 8
165	−1.359 3	175	0.239 9
178	0.719 6	162	−1.839 0
165	−1.359 3	177	0.559 7
164	−1.519 2	169	−0.719 6
182	1.359 3	170	−0.559 7
174	0.080 0	173	−0.080 0

表 4-6 显示，第 1 个人的身高比平均身高高 0.399 8 个标准差，第 2 个人的身高比平均身高低 0.559 7 个标准差，其余的含义类似。

根据标准分数，可以判断一组数据中是否存在离群点。经验表明：当一组数据对称分布时，约有 68%的数据在平均数加减 1 个标准差的范围之内；约有 95%的数据在平均数加减 2 个标准差的范围之内；约有 99%的数据在平均数加减 3 个标准差的范围之内。可以想象，一组数据中低于或高于平均数 3 个标准差的数值是很少的，也就是说，在平均数加减 3 个标准差的范围内几乎包含了全部数据，而在 3 个标准差之外的数据在统计上也称为离群点。例如，由表 4-6 可知，20 个人的身高都在平均数加减 3 个标准差的范围内（标准分数的绝对值均小于 3），没有离群点。

4.3 描述分布形状的统计量

利用直方图可以看出数据的分布是否对称。对于不对称的分布，要想知道不对称程度则需要计算相应的描述统计量。偏度系数和峰度系数就分别是对分布的不对称程度和峰值高低的度量。

4.3.1 偏度系数

偏度（skewness）是指数据分布的不对称性，这一概念由统计学家卡尔·皮尔逊（Karl Pearson）于 1895 年首次提出。度量数据分布不对称性的统计量称为**偏度系数**（coefficient of skewness），记为 SK。根据原始数据计算偏度系数时，通常采用下面的公式：

$$\mathrm{SK}=\frac{n}{(n-1)(n-2)}\sum_{i=1}^{n}\left(\frac{x_i-\bar{x}}{s}\right)^3 \tag{4.14}$$

当数据对称分布时，偏度系数等于 0。偏度系数越接近 0，偏斜程度就越小，就越接近对称分布。如果偏度系数明显异于 0，则表示分布是非对称的。若偏度系数大于 1 或小于 -1，则视为严重偏斜；若偏度系数在 0.5～1 或 -1～-0.5 之间，则视为中等偏斜；若偏度系数小于 0.5 或大于 -0.5，则视为轻微偏斜。其中负值表示左偏分布（在分布的左侧有长尾），正值表示右偏分布（在分布的右侧有长尾）。

4.3.2 峰度系数

峰度（kurtosis）是指数据分布峰值的高低，这一概念由统计学家卡尔·皮尔逊于 1905 年首次提出。度量一组数据分布峰值高低的统计量称为**峰度系数**（coefficient of kurtosis），记作 K。根据原始数据计算峰度系数时，通常采用下面的公式：

$$K=\frac{n(n+1)}{(n-1)(n-2)(n-3)}\sum_{i=1}^{n}\left(\frac{x_i-\bar{x}}{s}\right)^4-\frac{3(n-1)^2}{(n-2)(n-3)} \tag{4.15}$$

峰度通常是与标准正态分布相比较而言的。由于标准正态分布的峰度系数为 0，当 $K>0$ 时为尖峰分布，数据分布的峰值比标准正态分布高，数据相对集中；当 $K<0$ 时为扁平分布，数据分布的峰值比标准正态分布低，数据相对分散。

例 4 - 11

沿用例 4 - 1。计算 20 个人身高的偏度系数和峰度系数。

解 计算偏度系数的 Excel 函数是【SKEW】，计算峰度系数的 Excel 函数是【KURT】，操作步骤如文本框 4 - 8 所示。

文本框 4 - 8　用 Excel 计算偏度系数和峰度系数

★ 用【SKEW】函数和【KURT】函数计算偏度系数和峰度系数

第 1 步：将光标放在任意空白单元格。然后点击【公式】，再点击【插入函数】。

第 2 步：从【选择类别】中选择【统计】，并在【选择函数】中点击【SKEW】，单击【确定】。

第 3 步：在【Number1】中输入要计算偏度系数的数据区域，然后单击【确定】，即可得到样本数据的偏度系数（计算峰度系数时选择【KURT】函数即可）。

按上述步骤得到的偏度系数 SK＝－0.244 64，峰度系数 $K = -0.568\ 89$。结果表明，20 个人身高的分布为轻微的左偏分布，分布的峰值比标准正态分布低。

4.4 Excel【数据分析】工具的应用

上面介绍的各描述统计量除了可以用 Excel 的统计函数计算外，也可以使用【数据分析】工具一次输出多个统计量的计算结果，以便进行综合性描述分析。

例 4 - 12

沿用例 4 - 9。计算上市公司的每股收益的各描述统计量，并进行综合分析。

解 使用 Excel【数据分析】工具计算描述统计量的步骤如文本框 4 - 9 所示。

文本框 4 - 9　用 Excel 的【数据分析】工具计算描述统计量

★ 用【数据分析】工具计算描述统计量

第 1 步：将光标放在任意空白单元格。然后点击【数据】→【数据分析】，从【分析工具】中选择【描述统计】，单击【确定】。

第 2 步：在【输入区域】中输入原始数据所在的区域；在【输出选项】部分选择结果的输出位置；选择【汇总统计】（其他选项可根据需要选择），界面如下图所示。

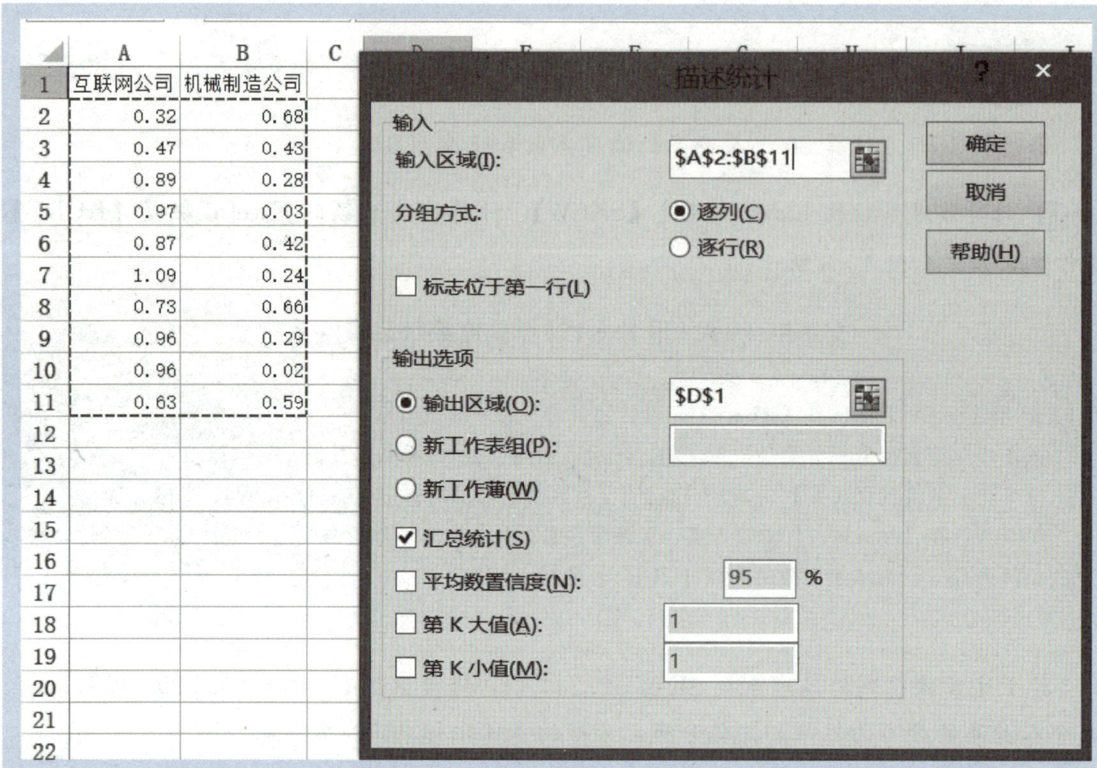

单击【确定】即可得到结果。

按上述步骤得到的结果如表 4-7 所示。

表 4-7　不同行业上市公司的描述统计量

互联网公司	统计量	机械制造公司	统计量
平均	0.789	平均	0.364
标准误差	0.078 109	标准误差	0.074 821
中位数	0.88	中位数	0.355
众数	0.96	众数	#N/A
标准差	0.247 002	标准差	0.236 606
方差	0.061 01	方差	0.055 982
峰度	−0.203 82	峰度	−1.062 72
偏度	−0.876 36	偏度	−0.119 29
区域（极差）	0.77	区域（极差）	0.66
最小值	0.32	最小值	0.02
最大值	1.09	最大值	0.68
求和	7.89	求和	3.64
观测数	10	观测数	10

表 4-7 中给出了描述数据水平的平均数、中位数和众数（符号 #N/A 表示该组数据不存在众数），描述数据差异的标准差、方差和极差（输出结果显示为“区域”），描述数据分布形状的峰度系数和偏度系数等。从平均数和中位数看，互联网类上市公司的每股平均收益远高于机械制造类上市公司。虽然从标准差看互联网类上市公司大于机械制造类上市公司，但从离散系数（互联网类上市公司为 0.313 057，机械制造类上市公司为 0.650 015）看，互联网类上市公司每股收益的离散程度小于机械制造类上市公司。从数据分布的形状看，两类上市公司的偏度系数均为负值，呈现左偏分布，而且互联网类上市公司每股收益的偏斜程度大于机械制造类上市公司。从分布的峰值看，两类上市公司每股收益的峰值均低于标准正态分布，即呈现扁平状态。

思维导图：数据分布特征与描述统计量

下面的思维导图展示了本章的内容框架。

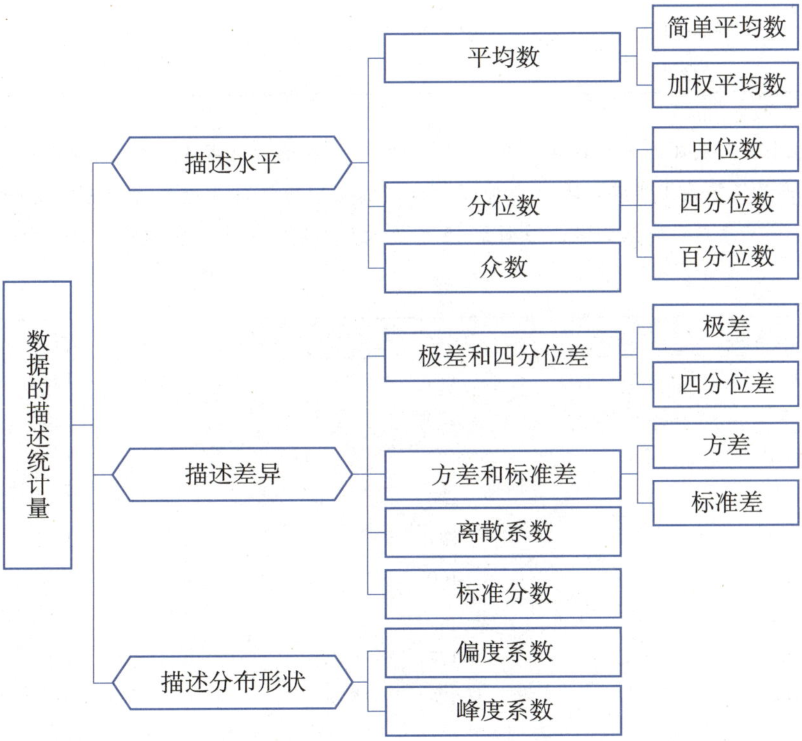

习题

4.1　一家物流公司 6 月份每天的货物配送量（单位：万件）数据如下。

18.4	23.3	27.3	25.9	24.1	27.1	23.0	24.0	27.3	30.4
27.5	22.2	24.8	22.9	22.9	22.5	20.1	22.7	22.0	25.0
25.0	31.1	26.2	22.4	23.8	29.3	25.9	29.1	25.2	22.7

计算以下统计量，并进行分析。

(1) 平均数、中位数、四分位数、第 80 个百分位数和众数。

(2) 极差、四分位差、方差和标准差。

(3) 偏度系数和峰度系数。

(4) 标准分数。

4.2 在某地区随机抽取 120 家企业，按季度利润额进行分组后结果如下。

按利润额分组（万元）	企业数（家）
300 以下	19
300～400	30
400～500	42
500～600	18
600 以上	11
合计	120

计算 120 家企业利润额的平均数和标准差（注：第一组和最后一组的组距按相邻组计算）。

4.3 一种产品需要人工组装，现有 3 种可供选择的组装方法。为检验哪种方法更好，随机抽取 15 个工人，让他们分别用 3 种方法组装。下面是 15 个工人分别用 3 种方法在相同的时间内组装的产品数量（单位：个）。

方法 A	方法 B	方法 C
164	129	125
167	130	126
168	129	126
165	130	127
170	131	126
165	130	128
164	129	127
168	127	126
164	128	127
162	128	127
163	127	125
166	128	126
167	128	116
166	125	126
165	132	125

计算有关的描述统计量来评价组装方法的优劣。

4.4　在 2008 年 8 月 16 日举行的第 29 届北京奥运会男子 25 米手枪速射决赛中，进入决赛的 6 名运动员最后 20 枪的决赛成绩如下。

亚历山大・彼得里夫利	拉尔夫・许曼	克里斯蒂安・赖茨	列昂尼德・叶基莫夫	基思・桑德森	罗曼・邦达鲁克
10.1	8.4	9.9	8.8	9.7	9.8
8.4	9.6	10.7	10.7	10.5	9.2
10.3	10.2	9.0	9.7	9.0	10.3
10.2	10.8	10.5	9.6	9.6	7.2
10.4	10.5	10.3	10.0	9.0	9.9
9.6	10.3	10.6	10.2	9.9	10.5
10.1	9.8	10.0	10.1	9.2	10.4
10.0	10.9	7.9	10.2	9.7	10.9
9.9	10.3	10.7	9.4	9.9	10.5
10.2	10.0	10.4	10.3	8.1	10.3
10.8	9.5	9.5	10.4	9.3	10.2
10.0	10.2	9.9	9.8	10.1	10.0
10.3	10.7	10.1	8.9	10.5	9.8
10.5	10.1	9.9	10.0	10.2	9.2
9.6	10.3	10.3	10.0	10.0	8.3
9.8	9.7	9.0	9.1	9.9	9.0
10.4	9.3	9.8	9.5	9.5	9.4
10.3	10.3	10.8	9.8	9.7	9.8
9.1	10.0	10.3	10.7	9.9	10.4
10.2	9.6	10.7	10.0	9.9	9.6

计算有关的描述统计量，对 6 名运动员进行综合评价。

第5章 概率分布

问题与思考

- 如果天气预报说明天降雨的概率是60%，你上班会带雨伞吗？
- 某城市的小汽车是摇号配售，如果你参加一个周期的摇号，结果只有两种可能：摇中、没摇中。摇中或没摇中的概率分布是什么？
- 你认为全校学生的月生活费支出数据的分布大概是什么形状？
- 从一个班级的50名学生中随机抽取10名组成一个样本，能抽取多少个这样的样本？

你可能关心某个地区所有家庭的平均收入是多少，但你不可能去调查每个家庭的收入，而只能抽取一部分家庭作为样本，获得样本家庭的收入数据，然后用样本家庭的平均收入来推断全部家庭的平均收入。当然，你也可能推断所有家庭收入的方差是多少，低收入家庭的比例是多少。这就是抽样推断问题。那么，做出这种推断的依据是什么？怎样才能让别人信服推断结果呢？这就必须知道用于推断的样本统计量（如样本均值 $\bar{x}$ 、样本比例 p 、样本方差 s^2 等）是如何分布的。为理解统计量概率分布的含义，首先介绍概率和随机变量的概念以及一些经典的概率分布。

5.1 概率与随机变量

5.1.1 什么是概率

当你购买彩票时，希望自己中大奖，但能否中奖是不确定的。当你投资股票时，预期得到较高的收益率，但你不可能确切地知道收益率。在现实生活中，有很多这类事情，能否成功具有不确定性。比如，明天降雨的可能性有多大？你购买一只股票明天上涨的可能性有多大？等等。这种对事件发生可能性大小的度量就是概率（probability）。

概率是介于 0 和 1 之间（含 0 和 1）的一个值。比如，天气预报说，明天降雨的概率是 80%，这里的 80%就是对降雨这一事件发生的可能性大小的一种数值度量。

获得一个事件发生的概率有几种途径。如果事件是等可能发生的，可以通过重复试验来获得。当试验的次数很多时，事件 A 发生的概率 $P(A)$ 可以由所观察到的事件 A 发生的频率 p 来逼近。假定在相同条件下，重复进行 n 次试验，事件 A 发生了 m 次，则事件 A 发生的概率可表示为：

$$P(A)=\frac{\text{事件 } A \text{ 发生的次数}}{\text{重复试验次数}}=\frac{m}{n}=p \tag{5.1}$$

比值 m/n 越大表示事件 A 发生得越频繁，也就意味着在一次试验中事件 A 发生的可能性（即概率）越大。事实上，随着试验次数 n 的增大，比值 m/n 将围绕某一频率 p 上下波动，并且其波动的幅度将随着试验次数 n 的增大而减小，进而趋于稳定，这个稳定的频率 p 就是事件 A 的概率。比如，抛一枚硬币，观察其出现的是正面还是反面，如果定义事件 A=出现正面，则这一事件发生的概率 $P(A)=1/2$。这里的 $P(A)=1/2$ 并不意味着抛多次硬币恰好有一半结果正面朝上，而是指在连续多次抛掷中，可以认为出现正面的次数接近一半。比值 1/2 是对抛一次硬币观察到正面朝上的可能性的度量。注意：抛掷完成后，其结果就是一个数据，要么是正面，要么是反面，不存在概率问题了。

尽管可以将事件的概率设想成大量重复试验中该事件出现次数的比例，但有些试验是不能重复的。比如，投资 100 万元开设一家餐馆，那么这家餐馆将生存 5 年的概率就是一个未知的值，而且不可能重复试验以把这个概率估计出来，这个事件发生的概率是一个常数，但却不知道。不过，可以用已经生存了 5 年的类似餐馆所占的比例作为所求概率的一个近似值。在现实生活中，有很多事情都是依据它发生的可能性大小做出决策的。比如，根据自己的判断，明天这只股票上涨的可能性为 80%，这就是一个主观概率。主观概率往往是基于个人所掌握的信息、所具有的某种知识等得出的。

5.1.2 随机变量及其概括性度量

现实生活中，有时需要研究一项试验结果的某些取值。比如，抽查 50 个产品，观察其中的次品数 X；国庆长假一个旅游景点的游客人数 X；等等。这里，X 取哪些值以及 X 取某些值的概率，事先都是不知道的。但是，如果知道了一个随机变量的概率分布模型，就很容易确定一系列事件发生的概率。

1. 什么是随机变量

在很多领域，研究工作主要依赖于某些样本数据，而这些样本数据通常由某个变量的一个或多个观测值组成。比如，调查 100 个消费者，考察他们对饮料的偏好，并记录下喜欢某一特定品牌饮料的人数 X；调查一座写字楼，记录下每平方米的出租价格 X；等等。这样的一些观察也就是统计上所说的试验。由于记录某次试验结果时事先并不知道 X 取哪个值，因此称 X 为**随机变量**（random variable）。

随机变量是用数值来描述特定试验一切可能出现的结果，它的取值事先不能确定，具有随机性。例如抛一枚硬币，其结果就是一个随机变量 X，因为在抛掷之前并不知道出现的是正面还是反面，若用数值 1 表示正面朝上，0 表示反面朝上，则 X 可能取 0，也可能取 1。

有些随机变量只能取有限个值，称为**离散型随机变量**（discrete random variable）。有些则可以取一个或多个区间中的任何值，称为**连续型随机变量**（continuous random variable）。将随机变量的取值设想为数轴上的点，每次试验结果对应一个点。如果一个随机变量仅限于取数轴上有限个孤立的点，它就是离散型的；如果一个随机变量是在数轴上的一个或多个区间内取任意值，它就是连续型的。比如，在由 100 个消费者组成的样本中，喜欢某一特定品牌饮料的人数 X 只能取 0，1，2，…，100 这些数值之一；检查 50 件产品，合格品数 X 的取值可能为 0，1，2，3，…，50；一家餐馆营业一天的顾客人数 X 的取值可能为 0，1，2，3，…。这里的 X 只能取有限的数值，所以称 X 为离散型随机变量。相反，每平方米写字楼的出租价格 X 在理论上可以取大于 0 的无穷多个数值中的任何一个；检测某产品的使用寿命，产品的使用时长 X 的取值可以为 $X \geqslant 0$；某电话用户每次通话时长 X 的取值可以为 $X > 0$。这些都是连续型随机变量。

2. 随机变量的概括性度量

与第 4 章介绍的平均数和方差类似，对于随机变量也可以用类似的量来描述其水平和离散程度。描述随机变量平均取值的统计量称为**期望值**（expected value），而描述其离散程度的统计量称为方差。它们是对随机变量的概括性度量。

离散型随机变量 X 的期望值是 X 所有可能的取值 x_i（$i=1, 2, \cdots$）与其相应概率 p_i（$i=1, 2, \cdots$）的乘积之和，用 μ 或 $E(X)$ 表示，即

$$\mu = E(X) = \sum_i x_i p_i \tag{5.2}$$

离散型随机变量 X 的方差等于 $(x_i-\mu)^2$ 与其相应概率 p_i 的乘积之和，用 σ^2 或 $D(X)$ 表示，即

$$\sigma^2 = D(X) = \sum_i (x_i-\mu)^2 p_i \tag{5.3}$$

随机变量 X 的标准差等于其方差的平方根，用 σ 或 $\sqrt{D(X)}$ 表示。

例 5－1

一家电脑配件供应商声称，它所提供的每 100 个配件中出现次品的个数 X 及相应的概率如表 5－1 所示。求该供应商配件次品数的期望值和标准差。

表 5－1　每 100 个配件中的次品数及概率分布

次品数（$X=x_i$）	0	1	2	3
概率（p_i）	0.75	0.12	0.08	0.05

解 根据表 5－1 中的数据，得

$$\mu = E(X) = \sum_i x_i p_i = 0\times 0.75 + 1\times 0.12 + 2\times 0.08 + 3\times 0.05 = 0.43$$

$$\begin{aligned}\sigma^2 = D(X) &= \sum_i (x_i-\mu)^2 p_i \\ &= (0-0.43)^2\times 0.75 + (1-0.43)^2\times 0.12 \\ &\quad + (2-0.43)^2\times 0.08 + (3-0.43)^2\times 0.05 \\ &= 0.705\,1\end{aligned}$$

相应的标准差 $\sigma = 0.839\,7$。

对于概率密度函数为 $f(x)$ 的连续型随机变量，期望值为：

$$\mu = E(X) = \int_{-\infty}^{+\infty} x f(x)\mathrm{d}x \tag{5.4}$$

方差为：

$$\sigma^2 = D(X) = \int_{-\infty}^{+\infty} (x-\mu)^2 f(x)\mathrm{d}x \tag{5.5}$$

5.2 随机变量的概率分布

随机变量能取哪些值，取这些值的概率有多大，这就是随机变量的**概率分布**（probability distribution）。要计算某一事件发生的概率，就必须知道随机变量分布的概率。常用的离散型概率分布有**二项分布**（binomial distribution）、**泊松分布**（Poisson distribution）

和**超几何分布**（hypergeometric distribution）等，连续型概率分布有**正态分布**（normal distribution）、**均匀分布**（uniform distribution）和**指数分布**（exponential distribution）等。本章主要介绍后面会用到的二项分布和正态分布。

5.2.1 二项分布

离散型随机变量 X 只取有限个可能的值 x_1，x_2，…，而且是以确定的概率取这些值，即 $P(X=x_i)=p_i$（$i=1$，2，…）。因此，可以列出 X 的所有可能取值 x_1，x_2，…，以及取每个值的概率 p_1，p_2，…，这就是离散型随机变量的概率分布。离散型随机变量的概率分布可以用下面的表格形式表示，见表 5-2。

表 5-2　离散型随机变量的概率分布

$X=x_i$	x_1	x_2	x_3	…
$P(X=x_i)=p_i$	p_1	p_2	p_3	…

离散型概率分布具有如下性质：(1) $p_i \geqslant 0$；(2) $\sum_i p_i = 1$（$i=1$，2，…）。如果知道一个离散型随机变量的概率分布，并能用一定的公式表达出来，就能根据这一分布计算出随机变量任意一个取值的概率。

二项分布是建立在伯努利试验基础上的。n 重伯努利试验满足下列条件：

(1) 一次试验只有两个可能的结果，即“成功”和“失败”。这里的“成功”是指感兴趣的某种特征。比如，产品分为“合格品”与“不合格品”，如果对“合格品”感兴趣，则“成功”就表示“合格品”。

(2) 一次试验“成功”的概率为 p，“失败”的概率为 $q=1-p$，而且概率 p 对每次试验都是相同的。

(3) 试验是相互独立的，且可以重复进行 n 次。

在 n 次试验中，“成功”的次数对应一个离散型随机变量 X。这样，在 n 次伯努利试验中，出现“成功”的次数的概率分布就是二项分布，记为 $X \sim B(n, p)$。n 次试验中成功次数为 x 的概率可表示为：

$$P(X=x)=C_n^x p^x q^{n-x},\ x=0,\ 1,\ 2,\ \cdots,\ n \tag{5.6}$$

二项分布的期望值和方差分别为：

$$\mu=E(X)=np,\ \sigma^2=D(X)=npq \tag{5.7}$$

例 5-2

已知一批产品的次品率为 4%，从中有放回地抽取 5 个。求 5 个产品中：(1) 没有次品的概率；(2) 恰好有 1 个次品的概率；(3) 有 3 个以下次品的概率。

解 抽取一个产品相当于一次试验，因此 $n=5$。由于是有放回地抽取，所以每次试验是独立的，每次抽取的次品率都是 4%。设 X 为抽取的次品数，显然 $X \sim B(n, p)$。根据式（5.6）有：

（1）$P(X=0)=C_5^0(0.04)^0(1-0.04)^{5-0}=0.815\ 373$

（2）$P(X=1)=C_5^1(0.04)^1(1-0.04)^{5-1}=0.169\ 869$

（3）$P(X<3)=P(X=0)+P(X=1)+P(X=2)$

$$=C_5^0(0.04)^0(1-0.04)^{5-0}+C_5^1(0.04)^1(1-0.04)^{5-1}+C_5^2(0.04)^2(1-0.04)^{5-2}$$

$$=0.815\ 373+0.169\ 869+0.014\ 156=0.999\ 398$$

当试验次数 n 偏大时，计算随机变量取不同值的概率会很烦琐，然而使用 Excel 中的【BINOM. DIST】函数很容易计算二项分布的概率，语法为：BINOM. DIST(number_s, trials, probability_s, cumulative)。操作步骤如文本框 5-1 所示。

文本框 5-1　用 Excel 计算二项分布的概率

★ 用【BINOM. DIST】函数计算二项分布的概率

第 1 步：将光标放在任意空白单元格。然后点击【公式】，再点击【插入函数】。

第 2 步：从【选择类别】中选择【统计】，并在【选择函数】中点击【BINOM. DIST】，单击【确定】。

第 3 步：在【Number_s】中输入试验成功次数。在【Trials】中输入试验总次数。在【Probability_s】中输入每次试验的成功概率。在【Cumulative】中输入 0（或 FALSE），表示计算成功次数恰好等于指定数值的概率；输入 1（或 TRUE）表示计算成功次数小于或等于指定数值的累积概率。单击【确定】。比如，计算 $x=0$ 的概率，界面如下图所示。

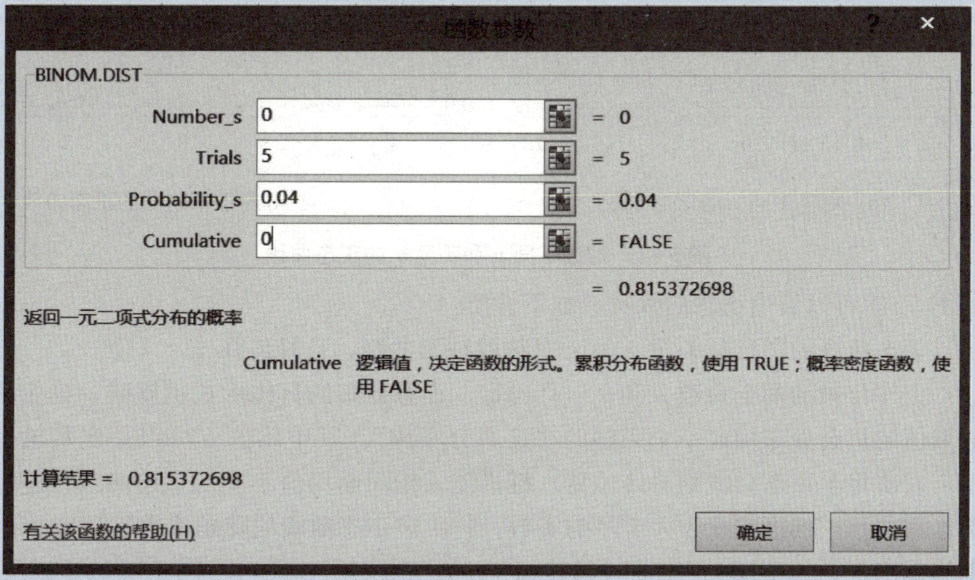

注：熟练的读者可以直接在 Excel 工作表的任意单元格中输入“=BINOM. DIST(0,5,0.04,0)”，得到相同结果。

5.2.2 正态分布

正态分布最初是由高斯（Carl Friedrich Gauss）作为描述误差相对频数分布的模型提出来的，因此又称高斯分布。在现实生活中，有许多现象都可以由正态分布来描述，甚至当一个连续总体的分布未知时，我们总尝试假设该总体服从正态分布来进行分析。其他分布（如二项分布）概率的计算也可以利用正态分布来近似，而且由正态分布还可以推导出其他重要的统计分布，如 χ^2 分布、t 分布、F 分布等。

如果随机变量 X 的概率密度函数为：

$$f(x)=\frac{1}{\sqrt{2\pi\sigma^2}}\mathrm{e}^{-\frac{1}{2\sigma^2}(x-\mu)^2},-\infty<x<+\infty \tag{5.8}$$

则称 X 为正态随机变量，或称 X 服从参数为 μ、σ^2 的正态分布，记作 $X\sim N(\mu,\sigma^2)$。

式（5.8）中 μ 是正态随机变量 X 的均值，它可以是任意实数；σ^2 是 X 的方差，且 $\sigma>0$；$\pi\approx3.1415926$，$\mathrm{e}\approx2.71828$。

不同的 μ 值和不同的 σ 值对应不同的正态分布，其概率密度函数所对应的曲线如图 5-1 所示。

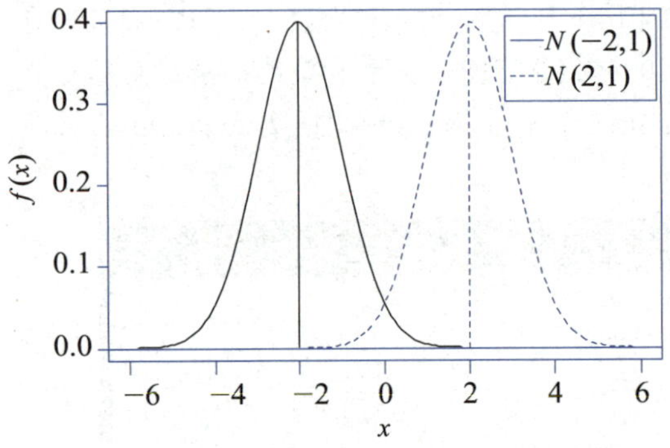

(a) 对应不同 μ 的正态曲线

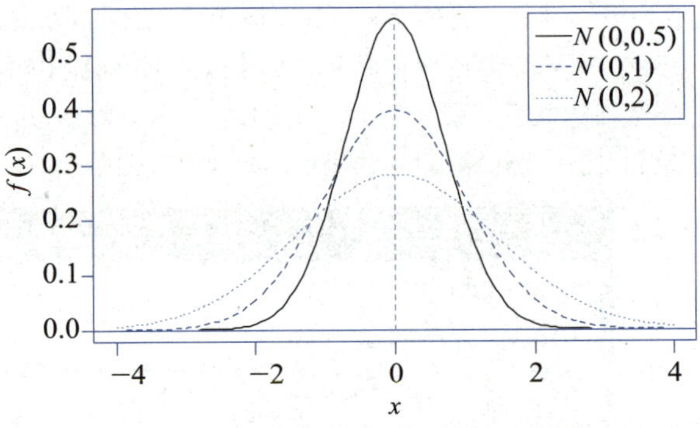

(b) 对应于不同 σ 的正态曲线

图 5-1 对应不同 μ 和不同 σ 的正态曲线

从图 5-1 可以看出正态曲线具有如下性质：

（1）正态曲线的图形是关于 $x=\mu$ 对称的钟形曲线，且峰值在 $x=\mu$ 处。

（2）正态分布的两个参数 μ 和 σ 一旦确定，正态分布的具体形式也就唯一确定了，不同参数取值的正态分布构成一个完整的"正态分布族"。其中均值 μ 可以是实数轴上的任意数值，它决定了正态曲线的具体位置，标准差 σ 相同而均值不同的正态曲线在坐标轴上体现为水平位移。标准差 σ 为大于零的实数，它决定正态曲线的陡峭或扁平程度。σ 越大，正态曲线越扁平；σ 越小，正态曲线越陡峭。

（3）当 X 的取值朝横轴左右两个方向无限延伸时，正态曲线的左右两个尾端也无限渐近横轴，但理论上永远不会与之相交。

（4）正态随机变量在特定区间上取值的概率由正态曲线下的面积给出，而且其曲线下的总面积等于 1。

经验法则总结了正态分布在一些常用区间上的概率值，其图形如图 5－2 所示。

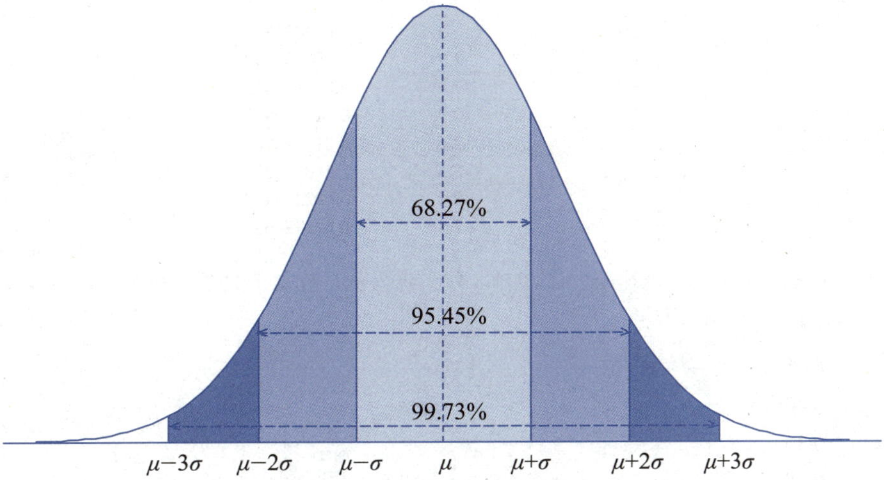

图 5－2　常用区间的正态概率值

图 5－2 表明，正态随机变量落入其均值左右各 1 个标准差范围内的概率为 68.27%，落入其均值左右各 2 个标准差范围内的概率为 95.45%，落入其均值左右各 3 个标准差范围内的概率为 99.73%。

由于正态分布是一个分布族，对于任一服从正态分布的随机变量，通过 $z=(x-\mu)/\sigma$ 标准化后的新随机变量服从均值为 0、标准差为 1 的**标准正态分布**（standard normal distribution），记为 $Z\sim N(0,1)$ 。

标准正态分布的概率密度函数用 $\varphi(x)$ 表示，有：

$$\varphi(x)=\frac{1}{\sqrt{2\pi}}\mathrm{e}^{-\frac{1}{2}x^2}, -\infty<x<+\infty \tag{5.9}$$

用 Excel 可以绘制标准正态分布概率密度函数曲线。首先，根据正态分布函数【NORM. DIST】给出绘图所需的数据，然后绘图。具体的操作步骤如文本框 5－2 所示。

文本框 5－2　绘制标准正态分布概率密度函数曲线

★ 用【NORM. DIST】函数绘制标准正态分布概率密度函数曲线

第 1 步：在工作表的第 1 列 A3：A63 输入一个等差数列，初始值为－3，步长为 0.1，终值为 3，作为标准正态变量的值。

第 2 步：在单元格 B1 中输入标准正态变量的均值 0，在单元格 D1 输入标准正态变量的标准差 1。

第 3 步：在单元格 B3 中输入公式“＝A3＊＄D＄1＋＄B＄1”，并将其复制到 B4：B63 区域，作为未作标准化变换的正态变量的值。

第 4 步：在单元格 C3 中输入公式“＝NORM. DIST(B3，＄B＄1，＄D＄1,0)”，并将其复制到 C4：C63 区域，作为与 B4：B63 区域正态变量的值相对应的正态分布概率密度函数的结果。准备好的数据如下图所示。

	A	B	C	D	E
1	均值=	0	标准差=	1	
2	z		x		
3	-3	-3	0.004431848		
4	-2.9	-2.9	0.005952532		
5	-2.8	-2.8	0.007915452		
6	-2.7	-2.7	0.010420935		
7	-2.6	-2.6	0.013582969		
8	-2.5	-2.5	0.0175283		
9	-2.4	-2.4	0.02239453		
10	-2.3	-2.3	0.028327038		

第 5 步：将 B3：B63 作为横坐标、C3：C63 作为纵坐标，绘制折线图，即可得到标准正态分布概率密度函数曲线如下。

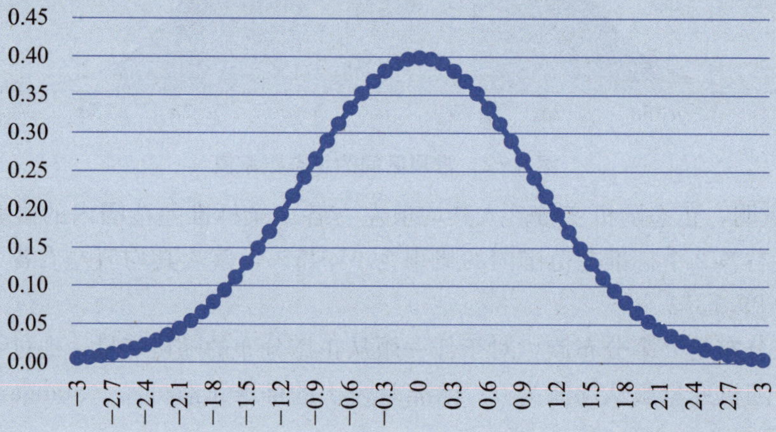

例 5-3

计算正态分布的概率及给定累积概率时正态分布的分位数值。

(1) 已知 $X \sim N(50, 10^2)$，计算 $P(X \geqslant 80)$ 和 $P(20 \leqslant X \leqslant 30)$。

(2) 已知 $Z \sim N(0, 1)$，计算 $P(Z \leqslant -2)$ 和 $P(Z \geqslant 1.5)$。

(3) 已知 $Z \sim N(0, 1)$，计算累积概率为 0.025 时，标准正态分布函数的分位数值 $z_{0.025}$；计算累积概率为 0.95 时，标准正态分布函数的分位数值 $z_{0.95}$。

解 使用 Excel 的【NORM. DIST】函数可以计算一般正态分布的概率，语法为 NORM. DIST(x,mean,standard_dev,cumulative)；使用【NORM. S. DIST】函数可以计算标准正态分布的概率，语法为 NORM. S. DIST(z,cumulative)；使用【NORM. S. INV】函数可以计算累积概率为 α 时标准正态分布的分位数值 z，语法为 NORM. S. INV(probability)。操作步骤如文本框 5-3 所示。

文本框 5-3　用 Excel 计算正态分布的概率和分位数值

★ 用【NORM. DIST】函数计算一般正态分布概率

第 1 步：将光标放在任意空白单元格。然后点击【公式】，再点击【插入函数】。

第 2 步：从【选择类别】中选择【统计】，并在【选择函数】中点击【NORM. DIST】，单击【确定】。

第 3 步：在出现的对话框中，在【X】中输入正态分布函数计算的区间点（即 X 值），在【Mean】中输入正态分布的均值 μ，在【Standard_dev】中输入正态分布的标准差 σ，在【Cumulative】中输入 1（或 TRUE）表示计算事件出现次数小于或等于指定数值的累积概率。单击【确定】。

注：熟练的读者可以直接在 Excel 工作表的任意单元格中输入“=NORM. DIST(x,mean,standard_dev,cumulative)”，并输入相应的参数得到相同结果。

★ 用【NORM. S. DIST】函数计算标准正态分布概率

第 1 步：将光标放在任意空白单元格。然后点击【公式】，再点击【插入函数】。

第 2 步：从【选择类别】中选择【统计】，并在【选择函数】中点击【NORM. S. DIST】，单击【确定】。

第 3 步：在出现的对话框中，在【Z】中输入标准正态随机变量 Z 的值，在【cumulative】中输入 1（或 TRUE）。单击【确定】。

★ 用【NORM. S. INV】函数计算累积概率为 α 时标准正态分布的分位数值 z

第 1 步：将光标放在任意空白单元格。然后点击【公式】，再点击【插入函数】。

第 2 步：从【选择类别】中选择【统计】，并在【选择函数】中点击【NORM. S. INV】，单击【确定】。

第 3 步：在出现的对话框中，在【Probability】中输入给定的概率值。单击【确定】。

按文本框 5-3 的步骤可得：

(1) $P(X\geqslant 80)=1-P(X<80)=1-\text{NORM. DIST}(80,50,10,1)=0.001\,35$

$$
\begin{aligned}
P(20\leqslant X\leqslant 30)&=P(X\leqslant 30)-P(X<20)\\
&=\text{NORM. DIST}(30,50,10,1)-\text{NORM. DIST}(20,50,10,1)\\
&=0.021\,40
\end{aligned}
$$

(2) $P(Z\leqslant -2)=\text{NORM. S. DIST}(-2,1)=0.022\,75$

$P(Z\geqslant 1.5)=1-P(Z<1.5)=1-\text{NORM. S. DIST}(1.5,1)=0.066\,807$

(3) $z_{0.025}=\text{NORM. S. INV}(0.025)=-1.959\,96$

$z_{0.95}=\text{NORM. S. INV}(0.95)=1.644\,854$

5.2.3　χ^2 分布、t 分布和 F 分布

在实际问题中，有时为了分析的需要，统计学家会构造出某些新的随机变量。比如，样本方差除以总体方差得到一个随机变量 χ^2，样本均值标准化后形成一个随机变量 t，两个样本方差之比形成一个随机变量 F，等等。这些随机变量用 χ^2、t 和 F 来命名是因为它

们分别服从统计中的 χ^2 分布、t 分布和 F 分布。这些分布都是由正态分布推导而来的，它们在推断统计中具有独特的地位和作用。

1. χ^2 分布

χ^2 **分布**（chi-square distribution）最初是由阿贝（Abbe）于 1863 年提出的，后来由海尔墨特（Hermert）和卡尔·皮尔逊分别于 1875 年和 1900 年推导出来。

n 个独立标准正态随机变量平方和的分布称为具有 n 个自由度的 χ^2 分布，记为 $\chi^2(n)$。设 Z 为标准正态随机变量，令 $X=Z^2$，则 X 服从自由度为 1 的 χ^2 分布，即 $X\sim\chi^2(1)$。一般地，对于 n 个独立标准正态随机变量 Z_1^2，Z_2^2，…，Z_n^2，随机变量 $X=\sum_{i=1}^{n}Z_i^2$ 的分布为具有 n 个自由度的 χ^2 分布，记为 $X\sim\chi^2(n)$。

$\chi^2(n)$ 分布的形状取决于其自由度 n 的大小，通常为不对称右偏分布，但随着自由度的增大逐渐趋于对称，如图 5-3 所示。

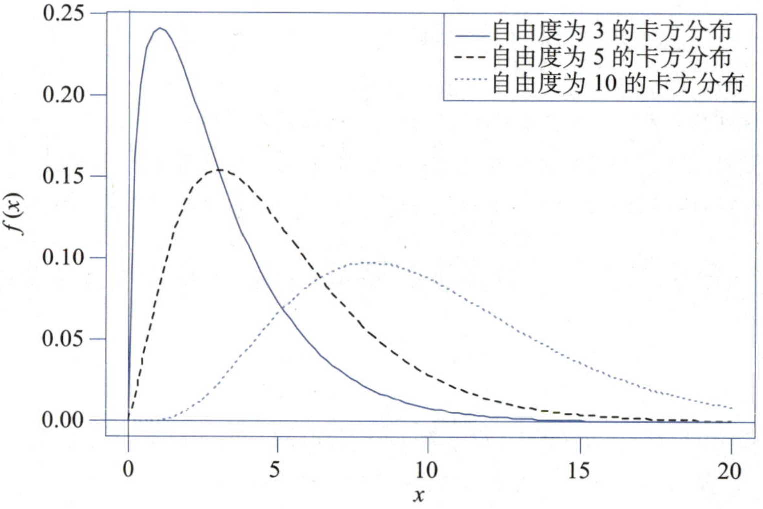

图 5-3　不同自由度的 χ^2 分布

χ^2 分布的概率即为曲线下的面积。使用 Excel 函数可以计算 χ^2 分布的概率和分位数值。由于 Excel 函数的操作步骤大同小异，与上述正态分布类似，限于篇幅不再列出详细步骤，只给出函数的语法和参数的含义，如表 5-3 所示。

表 5-3　χ^2 分布函数的参数含义及返回结果

函数	语法	参数的含义	返回结果
CHISQ. DIST	CHISQ. DIST(x, deg_freedom, cumulative)	x 为 χ^2 值，deg_freedom 为自由度，cumulative 为逻辑值，累积分布函数使用 TRUE 或 1，概率密度函数使用 FALSE 或 0	左尾概率

续表

函数	语法	参数的含义	返回结果
CHISQ. DIST. RT	CHISQ. DIST. RT (x,deg_freedom)	同上	右尾概率
CHISQ. INV	CHISQ. INV(probability, deg_freedom)	probability 为 χ^2 分布的累积概率	左尾 χ^2 值
CHISQ. INV. RT	CHISQ. INV. RT (probability,deg_freedom)	同上	右尾 χ^2 值

例 5-4

计算：(1) 自由度为 15，χ^2 值小于 10 的概率；(2) 自由度为 25，χ^2 值大于 30 的概率；(3) 自由度为 10，累积概率为 0.05 时 χ^2 分布左尾的 χ^2 值；(4) 自由度为 10，右尾概率为 0.025 时 χ^2 分布右尾的 χ^2 值。

解 (1) 由【CHISQ. DIST】函数得：CHISQ. DIST(10,15,1)=0.180 26。

(2) 由【CHISQ. DIST. RT】函数得：CHISQ. DIST. RT(30,25)=0.224 289。

(3) 由【CHISQ. INV】函数得：CHISQ. INV. RT(0.05,10)=3.940 299。

(4) 由【CHISQ. INV. RT】函数得：CHISQ. INV. RT(0.025,10)=20.483 18。

右尾概率为 α 的右尾 χ^2 值显然等于累积概率为 $1-\alpha$ 的左尾 χ^2 值，即CHISQ. INV. RT(α,deg_freedom)=CHISQ. INV($1-\alpha$,deg_freedom)。假定计算自由度为 10，右尾概率 $\alpha=0.05$ 时的右尾 χ^2 值，CHISQ. INV. RT(0.05,10)=CHISQ. INV(0.95,10)=18.307 04。

2. t 分布

t 分布（t distribution）的提出者是威廉·戈塞特（William Gosset），由于他经常用笔名“student”发表文章，用 t 表示样本均值经标准化后的新随机变量，因此称为 t 分布，也称为学生 t 分布（student's t distribution）。

设随机变量 $Z\sim N(0,1)$，$X\sim\chi^2(n)$，且 Z 与 X 相互独立，则称 $T=\dfrac{Z}{\sqrt{X/n}}$ 服从自由度为 n 的 t 分布，记为 $T\sim t(n)$。

t 分布是一种类似于标准正态分布的对称分布，但它的分布曲线通常要比标准正态分布曲线平坦且分散。一个特定的 t 分布依赖于称为自由度的参数。随着自由度的增大，t 分布也逐渐趋于标准正态分布，如图 5-4 所示。

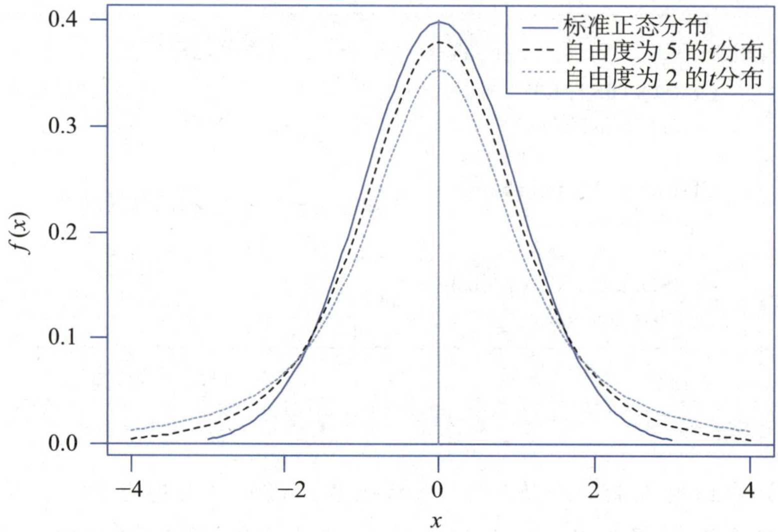

图 5-4　不同自由度的 t 分布与标准正态分布的比较

当正态总体标准差未知时，在小样本条件下对总体均值的估计和检验要用到 t 分布。t 分布的概率即为曲线下的面积。使用 Excel 函数可以计算 t 分布的概率和分位数值。该函数的语法及其参数的意义如表 5-4 所示。

表 5-4　t 分布函数的参数含义及返回结果

函数	语法	参数的含义	返回结果
T. DIST	T. DIST（x, deg_freedom, cumulative）	x 为 t 值，deg_freedom 为自由度，cumulative 为逻辑值，累积分布函数使用 TRUE 或 1，概率密度函数使用 FALSE 或 0	左尾概率
T. DIST. RT	T. DIST. RT（x, deg_freedom）	同上	右尾概率
T. DIST. 2T	T. DIST. 2T（x, deg_freedom）	同上	双尾概率
T. INV	T. INV（probability, deg_freedom）	probability 为 t 分布的双尾概率	左尾 t 值
T. INV. 2T	T. INV. 2T（probability, deg_freedom）	同上	双尾 t 值

例 5-5

计算：(1) 自由度为 10，t 值小于 −2 的概率；(2) 自由度为 15，t 值大于 3 的概率；(3) 自由度为 12，t 值等于 2.5 的双尾概率；(4) 自由度为 25，t 分布累积概率为 0.025 时的左尾 t 值；(5) 自由度为 20，右尾概率为 0.05 时的双尾 t 值。

解 (1) T. DIST(−2,10,1)=0.036 694

(2) T. DIST. RT(3,15)=0.004 486

(3) T. DIST. 2T(2.5,12)=0.027 915

(4) T. INV(0.025,25)=−2.059 54

(5) T. INV. 2T(0.05,20)=2.085 963

给定累积概率时，t 分布的左尾 t 值与右尾 t 值符号相反，绝对值相等。

3. F 分布

***F* 分布**（F distribution）是为纪念著名统计学家费希尔（R. A. Fisher）而以其姓氏的第一个字母命名的。它是两个 χ^2 分布的比。设 $U\sim\chi^2(n_1)$，$V\sim\chi^2(n_2)$，且 U 和 V 相互独立，则 $F=\dfrac{U/n_1}{V/n_2}$ 服从自由度为 n_1 和 n_2 的 F 分布，记为 $F\sim F(n_1, n_2)$。

F 分布的图形与 χ^2 分布类似，其形状取决于两个自由度，如图 5－5 所示。

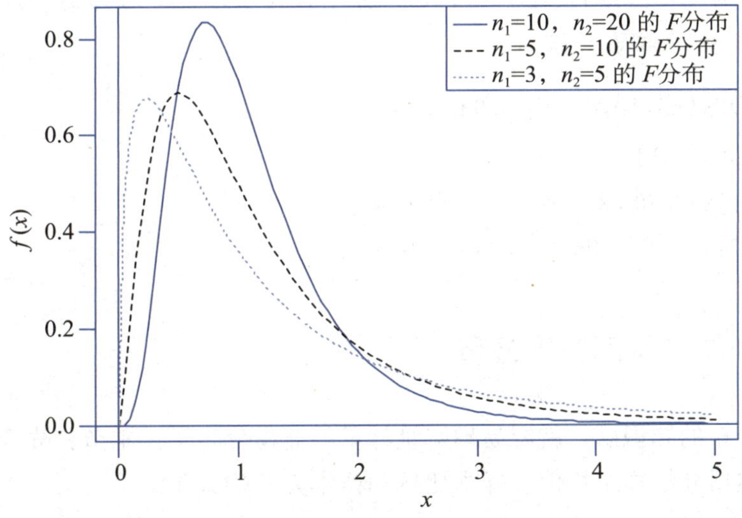

图 5－5 不同自由度的 F 分布

F 分布通常用于比较不同总体的方差是否有显著差异。F 分布的概率即为曲线下的面积。使用 Excel 函数可以计算给定 F 值和自由度 n_1 、n_2 时 F 分布的概率，以及给定概率和自由度 n_1 、n_2 时的 F 值。该函数的语法及其参数的含义如表 5－5 所示。

表 5－5 F 分布函数的参数含义及返回结果

函数	语法	参数的含义	返回结果
F. DIST	F. DIST (x, deg_freedom1, deg_freedom2, cumulative)	x 为 F 值，deg_freedom1 为分子自由度，deg_freedom2 为分母自由度，cumulative 为逻辑值，累积分布函数使用 TRUE 或 1，概率密度函数使用 FALSE 或 0	左尾概率

续表

函数	语法	参数的含义	返回结果
F. DIST. RT	F. DIST. RT(x,deg_freedom1,deg_freedom2)	同上	右尾概率
F. INV	F. INV(probability,deg_freedom1,deg_freedom2)	probability 为 F 分布的累积概率	左尾 F 值
F. INV. RT	F. INV(probability,deg_freedom1,deg_freedom2)	同上	右尾 F 值

例 5－6

计算：(1) 分子自由度为 10，分母自由度为 8，F 值小于 3 的概率；(2) 分子自由度为 18，分母自由度为 15，F 值大于 2.5 的概率；(3) 分子自由度为 25，分母自由度为 20，F 分布累积概率为 0.05 时的左尾 F 值；(4) 分子自由度为 25，分母自由度为 20，F 分布累积概率为 0.05 时的右尾 F 值。

解 (1) F. DIST(3,10,8,1)＝0.933 549

(2) F. DIST. RT(2.5,18,15)＝0.039 45

(3) F. INV(0.05,25,20)＝0.498 139

(4) F. INV. RT(0.05,25,20)＝2.073 92

5.3 样本统计量的概率分布

有了概率分布的知识后，就容易理解统计量的概率分布了。本节首先介绍统计量及其分布的概念，然后介绍样本均值、样本比例和样本方差的分布。

5.3.1 统计量及其分布

1. 参数和统计量

如果想了解某个地区的人均收入状况，由于不可能对每个人进行调查，因而也就无法知道该地区的人均收入。这里“该地区的人均收入”就是所关心的总体**参数**（parameter)，它是对总体特征的某个概括性度量。

参数通常是不知道的，但又是想要了解的总体的某个特征值。如果只研究一个总体，所关心的参数通常有总体均值、总体方差、总体比例等。在统计中，总体参数通常用希腊字母表示。比如，总体均值用 μ 表示，总体方差用 σ^2 表示，总体比例用 π 表示。

总体参数虽然是未知的，但可以利用样本信息来推断。比如，从某地区随机抽取

2 000 个家庭组成一个样本，根据这 2 000 个家庭的平均收入推断该地区所有家庭的平均收入。这里 2 000 个家庭的平均收入就是一个**统计量**（statistic），它是根据样本数据计算的用于推断总体的某个量，是对样本特征的某个概括性度量。显然，统计量的取值会因样本不同而变化，因此是样本的函数，也是一个随机变量。但在抽取一个特定的样本后，统计量的值就可以计算出来。

就一个样本而言，关心的统计量通常有样本均值、样本方差、样本比例等。样本统计量通常用英文字母表示。比如，样本均值用 $\bar{x}$ 表示，样本方差用 s^2 表示，样本比例用 p 表示。

2. 统计量的概率分布

既然统计量是一个随机变量，它就有一定的概率分布。样本统计量的概率分布也称为**抽样分布**（sampling distribution），它是由样本统计量的所有可能取值形成的相对频数分布。但由于现实中不可能将所有可能的样本都抽出来，因此，统计量的概率分布实际上是一种理论分布。

根据统计量来推断总体参数具有某种不确定性，但我们可以给出这种推断的可靠性，而度量这种可靠性的依据正是统计量的概率分布，并且我们确知这种分布的某些性质。因此，统计量的概率分布提供了该统计量长远而稳定的信息，它构成了推断总体参数的理论基础。

5.3.2　样本均值的分布

设总体共有 N 个元素，从中抽取样本量为 n 的随机样本，在有放回抽样条件下，共有 N^n 个可能的样本，在无放回抽样条件下，共有 $C_N^n=\frac{n!}{n!(N-n)!}$ 个可能的样本。将所有可能的样本均值都算出来，由这些样本均值形成的分布就是样本均值的概率分布，或称样本均值的抽样分布。但现实中不可能将所有样本都抽出来，因此，样本均值的概率分布实际上是一种理论分布。当样本量较大时，统计证明它近似服从正态分布。下面通过一个例子说明样本均值的概率分布。

例 5－7

设一个总体含有 5 个元素，取值分别为：$x_1=2$，$x_2=4$，$x_3=6$，$x_4=8$，$x_5=10$。从该总体中采取有放回抽样方法抽取样本量为 $n=2$ 的所有可能样本，写出样本均值 $\bar{x}$ 的概率分布。

解　首先，计算总体的均值和方差如下：

$$\mu=\frac{\sum_{i=1}^{5}x_i}{N}=\frac{30}{5}=6,\ \sigma^2=\frac{\sum_{i=1}^{5}(x_i-\mu)^2}{5}=\frac{40}{5}=8$$

从总体中采取有放回抽样方法抽取容量为 $n=2$ 的随机样本，共有 $5^2=25$ 个可能的样本。计算出每个样本的均值 $\overline{x}_i$ ，结果如表 5-6 所示。

表 5-6　25 个可能的样本及其均值 $\overline{x}_i$

样本序号	样本元素 1	样本元素 2	样本均值
1	2	2	2
2	2	4	3
3	2	6	4
4	2	8	5
5	2	10	6
6	4	2	3
7	4	4	4
8	4	6	5
9	4	8	6
10	4	10	7
11	6	2	4
12	6	4	5
13	6	6	6
14	6	8	7
15	6	10	8
16	8	2	5
17	8	4	6
18	8	6	7
19	8	8	8
20	8	10	9
21	10	2	6
22	10	4	7
23	10	6	8
24	10	8	9
25	10	10	10

每个样本被抽中的概率相同，均为 1/25。设样本均值的均值（期望值）为 $\mu_{\overline{x}}$ ，样本均值的方差为 $\sigma_{\overline{x}}^2$ 。根据表 5-6 中的样本均值得：

$$\mu_{\overline{x}}=\frac{\sum_{i=1}^{25}\overline{x}_i}{25}=6,\ \sigma_{\overline{x}_i}^2=\frac{\sum_{i=1}^{25}(\overline{x}_i-\mu_{\overline{x}})^2}{25}=4$$

与总体均值 μ 和总体方差 σ^2 相比，不难发现

$$\mu_{\bar{x}} = \mu = 6, \sigma_{\bar{x}}^2 = \frac{\sigma^2}{n} = \frac{8}{2} = 4$$

由此可见，样本均值的均值（期望值）等于总体均值，样本均值的方差等于总体方差的 $1/n$。总体分布与样本均值的分布如图 5-6 所示。

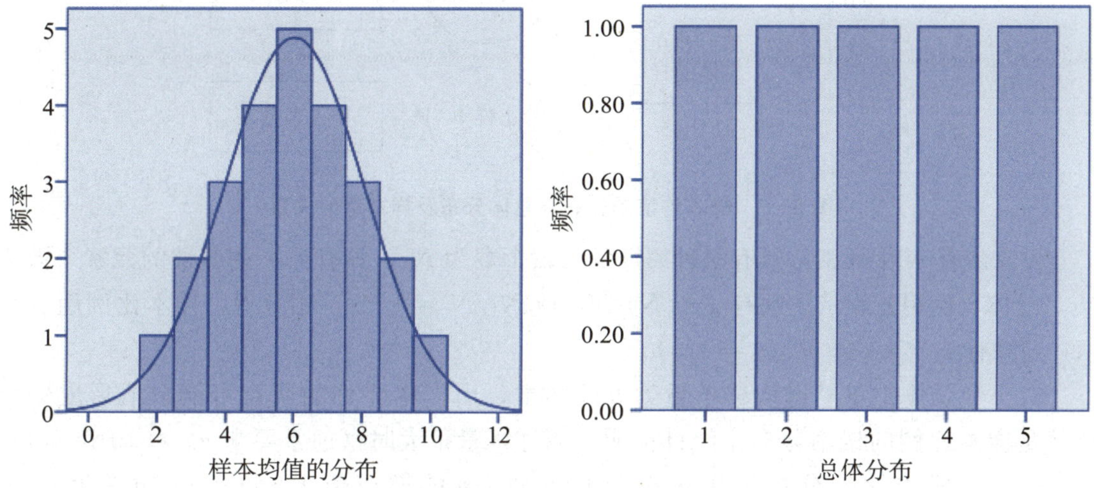

图 5-6 样本均值的分布与总体分布的比较

图 5-6 显示，虽然总体为均匀分布，但样本均值的分布在形状上却近似正态分布。

样本均值的分布与抽样所依据的总体的分布和样本量 n 的大小有关。统计证明，如果总体是正态分布，无论样本量的大小，样本均值的分布都近似服从正态分布。如果总体不是正态分布，随着样本量 n 的增大（通常要求 $n \geqslant 30$），样本均值的概率分布仍趋于正态分布，其分布的期望值为总体均值 μ，方差为总体方差的 $1/n$。这就是统计上著名的**中心极限定理**（central limit theorem）。这一定理可以表述为：从均值为 μ、方差为 σ^2 的总体中，抽取样本量为 n 的所有随机样本，当 n 充分大时（通常要求 $n \geqslant 30$），样本均值的分布近似服从期望值为 μ、方差为 σ^2/n 的正态分布，即 $\bar{x} \sim N(\mu, \sigma^2/n)$。等价地，有 $\frac{\bar{x}-\mu}{\sigma/\sqrt{n}} \sim N(0, 1)$。

如果总体不是正态分布，当 n 为小样本时（通常 $n < 30$），样本均值的分布则不服从正态分布。样本均值的分布与总体分布及样本量的关系可以用图 5-7 来描述。

5.3.3 其他统计量的分布

在统计分析中，许多情形下要进行比例估计。**比例**（proportion）是指总体（或样本）中具有某种属性的个体数与全部个体总数的比值。例如，一个班级的学生按性别分为男、女两类，男生人数与全班总人数之比就是比例，女生人数与全班总人数之比也是比例。再如，产品可分为合格品与不合格品，合格品（或不合格品）数与全部产品总数之比就是比例。

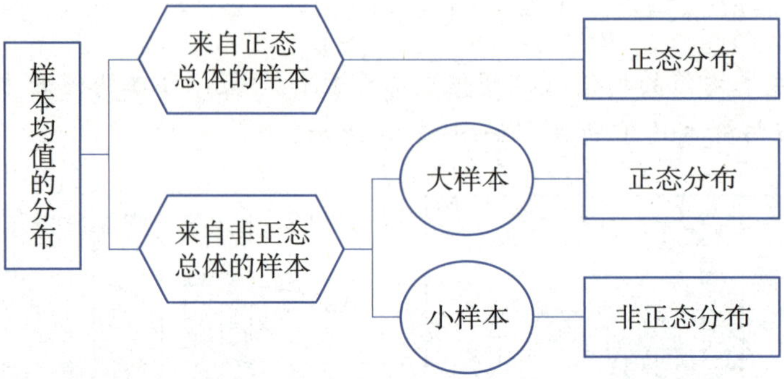

图 5-7　样本均值的分布与总体分布及样本量的关系

设总体有 N 个元素，具有某种属性的元素个数为 N_0，具有另一种属性的元素个数为 N_1，总体比例用 π 表示，则有 $\pi = N_0/N$，或 $N_1/N = 1-\pi$。相应地，样本比例用 p 表示，同样有 $p = n_0/n$，$n_1/n = 1-p$。

从一个总体中重复选取样本量为 n 的样本，由样本比例的所有可能取值形成的分布就是样本比例的概率分布。统计证明，当样本量很大时（通常要求 $np \geqslant 10$ 和 $n(1-p) \geqslant 10$），样本比例分布可用正态分布近似，p 的期望值 $E(p)=\pi$，方差为 $\sigma_p^2 = \dfrac{\pi(1-\pi)}{n}$，即

$$p \sim N\left(\pi,\ \frac{\pi(1-\pi)}{n}\right)$$

等价地，有

$$\frac{p-\pi}{\sqrt{\pi(1-\pi)/n}} \sim N(0,\ 1)$$

样本方差是如何分布的呢？统计证明，对于来自正态总体的简单随机样本，比值 $(n-1)s^2/\sigma^2$ 服从自由度为 $(n-1)$ 的 χ^2 分布，即

$$\frac{(n-1)s^2}{\sigma^2} \sim \chi^2(n-1)$$

如果要估计两个总体的参数，比如，两个总体均值之差 $\mu_1-\mu_2$、两个总体比例之差 $\pi_1-\pi_2$、两个总体方差之比 σ_1^2/σ_2^2，那么，推断这些参数的统计量分别是两个样本均值之差 $\bar{x}_1-\bar{x}_2$、两个样本比例之差 p_1-p_2、两个样本方差之比 s_1^2/s_2^2。这些样本统计量的分布也有所不同。$\bar{x}_1-\bar{x}_2$ 的分布取决于两个总体的分布和两个样本的样本量大小；p_1-p_2 在两个大样本情形下近似服从正态分布；而 s_1^2/s_2^2 则服从 F 分布。

5.3.4　统计量的标准误

统计量的**标准误**（standard error）是指统计量分布的标准差，也称为标准误差。标准误用于衡量样本统计量的离散程度，在参数估计和假设检验中，它是衡量样本统计量与总体参数之间差距的一个重要尺度。样本均值的标准误用 $\sigma_{\bar{x}}$ 或 SE 表示，计算公式为：

$$\sigma_{\bar{x}} = \frac{\sigma}{\sqrt{n}} \tag{5.10}$$

当总体标准差 σ 未知时，可用样本标准差 s 代替，这时计算的标准误也称为**估计标准误**（standard error of estimation）。由于实际应用中，总体 σ 通常是未知的，所计算的标准误实际上都是估计标准误，因此估计标准误就简称标准误（统计软件中得到的都是估计标准误）。

相应地，样本比例的标准误可表示为：

$$\sigma_p = \sqrt{\frac{\pi(1-\pi)}{n}} \tag{5.11}$$

当总体比例的方差 $\pi(1-\pi)$ 未知时，可用样本比例的方差 $p(1-p)$ 代替。

标准误与第 4 章介绍的标准差是两个不同的概念。标准差是根据原始观测值计算的，反映一组原始数据的离散程度；而标准误是根据样本统计量计算的，反映统计量的离散程度。

思维导图：随机变量的概率分布①

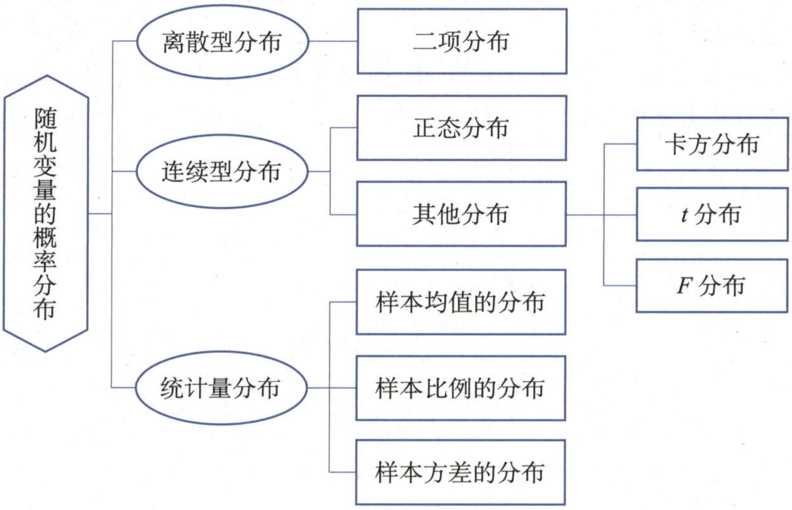

习题

5.1 消费者协会经过调查发现，某品牌空调器有重要缺陷的产品数的概率分布如下：

① 本分类只是针对本章所介绍的几种随机变量的概率分布，统计学中还有很多重要的概率分布。

X	0	1	2	3	4	5	6	7	8	9	10
P	0.041	0.130	0.209	0.223	0.178	0.114	0.061	0.028	0.011	0.004	0.001

根据上表数据分别计算：

(1) 有 2～5 个（包括 2 个与 5 个在内）空调器出现重要缺陷的概率。

(2) 只有不到 2 个空调器出现重要缺陷的概率。

(3) 有超过 5 个空调器出现重要缺陷的概率。

5.2　设 X 是参数为 $n=4$ 和 $p=0.2$ 的二项随机变量。求以下概率：

(1) $P(X=2)$。

(2) $P(X\leqslant 2)$。

5.3　计算以下概率和分位数值：

(1) $X\sim N(500,20^2)$，$P(X\geqslant 510)$，$P(400\leqslant X\leqslant 450)$。

(2) $Z\sim N(0,1)$，$P(0\leqslant Z\leqslant 1.2)$，$P(-0.48\leqslant Z\leqslant 0)$，$P(Z\geqslant 1.2)$。

(3) 标准正态分布累积概率为 0.95 时的分位数值 z。

5.4　计算以下概率和分位数值：

(1) $X\sim t(\mathrm{df})$，df=15，t 值小于-1.5 的概率；df=20，t 值大于 2 的概率；df=30，t 分布右尾概率为 0.05 时的 t 值。

(2) $X\sim\chi^2(\mathrm{df})$，df=8，χ^2 值小于 12 的概率；df=20，χ^2 值大于 18 的概率；df=15，χ^2 分布右尾概率为 0.025 时的分位数值。

(3) $X\sim F(\mathrm{df}_1,\mathrm{df}_2)$，$\mathrm{df}_1=15$，$\mathrm{df}_2=10$，$F$ 值小于 3.5 的概率；$\mathrm{df}_1=12$，$\mathrm{df}_2=8$，F 值大于 3 的概率；$\mathrm{df}_1=20$，$\mathrm{df}_2=16$，F 分布右尾概率为 0.025 时的 F 值。

第6章 参数估计

问题与思考

- 北京同仁堂生产的“六味地黄丸”药品外包装上标示：每瓶装360粒，每100粒重20克。如果每次拿出100粒称重，不一定恰好就是20克。假定你做10次称重试验，能知道每100粒的平均重量范围是多少吗？
- 一家电视台有一档《每周质量报告》节目，会对所关注的某种商品进行检测。在对某种商品的检测中，随机抽取10件产品，发现有两件不合格，由此得出不合格率为20%，你相信这样的质量报告吗？
- 有两个品牌的五号电池，它们的平均使用寿命（单位：小时）差不多，但一个品牌的寿命方差为10，另一个品牌的寿命方差为8，你认为哪个更好？
- 2016年11月的美国总统大选，之前的民意测验大多认为支持希拉里的人数多于支持特朗普的人数，希拉里获胜的可能性超过90%。但竞选结果却是特朗普获胜。你认为民意测验可靠吗？

参数估计是在样本统计量概率分布的基础上，根据样本信息估计所关心的总体参数。本章首先讨论参数估计的原理，然后介绍总体均值、总体比例和总体方差的区间估计方法，最后讨论参数估计中样本量的确定问题。

6.1 参数估计的原理

参数估计（parameter estimation）是用样本统计量估计总体参数。比如，用样本均值 $\bar{x}$ 估计总体均值 μ，用样本比例 p 估计总体比例 π，用样本方差 s^2 估计总体方差 σ^2，等等。如果将总体参数用符号 θ 表示，用于估计参数的统计量用 $\hat{\theta}$ 表示，当用 $\hat{\theta}$ 来估计 θ 时，$\hat{\theta}$ 也称为**估计量**（estimator），而根据一个具体的样本计算出来的估计量的数值称为**估计值**（estimate）。比如，要估计一个地区的家庭年平均收入，从该地区中抽取一个由若干家庭组成的随机样本，这里该地区所有家庭的年平均收入就是参数，用 θ 表示，根据样本计算的平均收入 $\bar{x}$ 就是一个估计量，用 $\hat{\theta}$ 表示，假定计算出来的样本平均收入为 15 000 元，这个 15 000 元就是估计量的具体数值，称为估计值。

6.1.1 点估计与区间估计

参数估计方法有点估计和区间估计两种。

1. 点估计

点估计（point estimate）就是用估计量 $\hat{\theta}$ 的某个取值直接作为总体参数 θ 的估计值。比如，用样本均值 $\bar{x}$ 直接作为总体均值 μ 的估计值，用样本比例 p 直接作为总体比例 π 的估计值，用样本方差 s^2 直接作为总体方差 σ^2 的估计值，等等。假定要估计一个学院学生的平均考试分数，根据抽出的一个随机样本计算的平均分数为 80 分，用 80 分作为全学院平均考试分数的一个估计值，这就是点估计。再比如，要估计一批产品的合格率，根据抽样计算的合格率为 98%，将 98%直接作为这批产品合格率的估计值，这也是一个点估计。

由于样本是随机抽取的，一个具体样本得到的估计值很可能不同于总体参数。点估计的缺陷是无法给出估计的可靠性，也无法说出点估计值与总体参数真实值接近的程度，因为一个点估计量的可靠性是用其抽样分布的标准误来衡量的。因此，我们不能完全依赖于一个点估计值，而应围绕点估计值构造出总体参数的一个区间。

2. 区间估计

假定参数是射击时打在靶上的位置，射击一次（一个点估计）打在靶心环位置上的可能性很小，但打在靶上的可能性就很大。根据打在靶上的这个点画出一个区域，这个区域包含靶心的可能性就很大，区间估计寻找的正是这样的一个区域。

区间估计（interval estimate）是在点估计的基础上给出总体参数估计的一个估计区间，该区间通常是由样本统计量加减**估计误差**（estimate error）得到的。与点估计不同，进行区间估计时，根据样本统计量的抽样分布，可以给出统计量与总体参数的接近程度的一个概率度量。下面以总体均值的区间估计为例来说明区间估计的基本原理。

由样本均值的抽样分布可知，在重复抽样或无限总体抽样的情况下，样本均值的期望值等于总体均值，即 $E(\bar{x})=\mu$，样本均值的标准误为 $\sigma_{\bar{x}}=\sigma/\sqrt{n}$。由此可知，样本均值 $\bar{x}$ 落在总体均值 μ 的两侧各 1 个标准误范围内的概率为 0.682 7；落在总体均值 μ 的两侧各 2 个标准误范围内的概率为 0.954 5；落在总体均值 μ 的两侧各 3 个标准误范围内的概率为 0.997 3。实际上，可以求出样本均值 $\bar{x}$ 落在总体均值 μ 的两侧任何倍数的标准误范围内的概率。比如，样本均值 $\bar{x}$ 落在总体均值 μ 的两侧各 1.65 个标准误、各 1.96 个标准误和各 2.58 个标准误范围内的概率分别约为 90%、95%和 99%。这意味着，约有 90%、95%和 99%的样本均值会落在 μ 的两侧各 1.65 个标准误、1.96 个标准误和 2.58 个标准误范围内。

但实际估计时，情况恰好相反。$\bar{x}$ 是已知的，而 μ 是未知的，也正是将要估计的。由于 $\bar{x}$ 与 μ 的距离是对称的，如果某个 $\bar{x}$ 落在 μ 的两侧各 1.96 个标准误范围内，则 μ 也被包括在以 $\bar{x}$ 为中心的两侧各 1.96 个标准误的范围内。这意味着，约有 95%的样本均值所构造的 1.96 个标准误的区间会包括 μ。举例来说，如果抽取 100 个样本来估计总体均值，由 100 个样本所构造的 100 个区间中，约有 95 个区间包含总体均值，而另外 5 个区间则不包含总体均值。图 6－1 给出了区间估计的示意图。

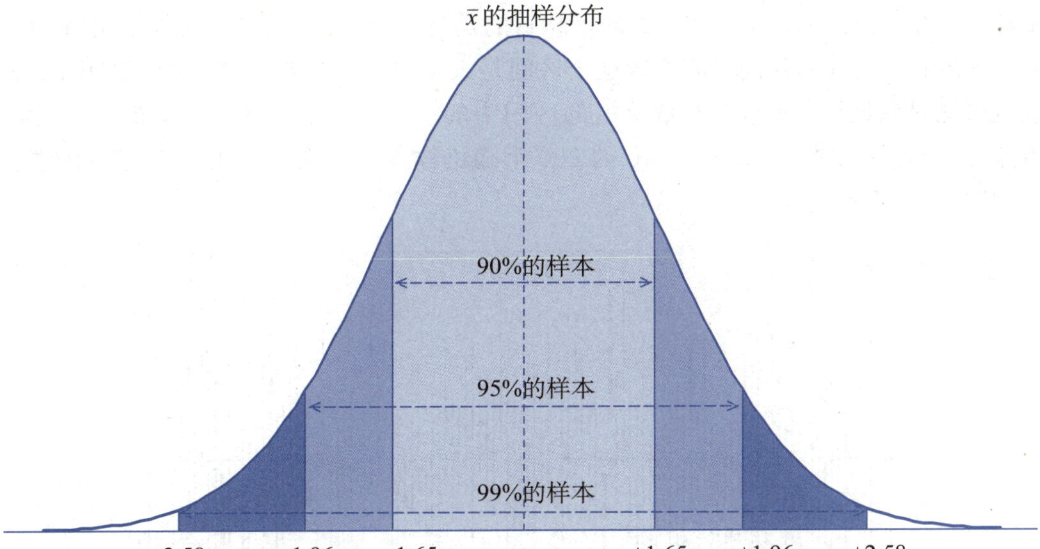

图 6－1　区间估计示意图

在区间估计中，由样本估计量构造出的总体参数在一定置信水平下的估计区间称为**置信区间**（confidence interval），其中区间的最小值称为置信下限，最大值称为置信上限。由于统计学家在某种程度上确信这个区间会包含真正的总体参数，因此将它命名为置信区间。假定抽取 100 个样本构造出 100 个置信区间，这 100 个区间中有 95%的区间包含总体参数的真值，5%未包含，则 95%这个值称为**置信水平**（confidence level）。一般地，如果将构造置信区间的步骤重复多次，置信区间中包含总体参数真值的次数所占的比例就称为置信水平，也称为**置信度**或**置信系数**（confidence coefficient）。统计上，常用的置信水平有 90%、95%和 99%。有关置信区间的概念可用下面的图 6-2 来表示。

图 6-2　置信区间示意图

如果用某种方法构造的所有区间中有 $100(1-\alpha)\%$ 的区间包含总体参数的真值，$100\alpha\%$ 的区间不包含总体参数的真值，那么，用该方法构造的区间称为置信水平为 $100(1-\alpha)\%$ 的置信区间。如果 $\alpha=5\%$，那么 $100(1-\alpha)\%=95\%$ 称为置信水平为 95%的置信区间。

但由于总体参数的真值是固定的，而用样本构造的估计区间是不固定的，因此置信区间是一个随机区间，它会因样本的不同而变化，而且不是所有区间都包含总体参数。在实际估计时，往往只抽取一个样本，此时所构造的是与该样本相联系的一定置信水平（比如 95%）下的置信区间。我们只能希望这个区间是大量包含总体参数真值的区间中的一个，但它也可能是少数几个不包含参数真值的区间中的一个。比如，从一个均值（μ）为 50、标准差为 5 的正态总体中抽取 $n=10$ 的 100 个随机样本，得到 μ 的 100 个 95%的置信区间，如图 6-3 所示。

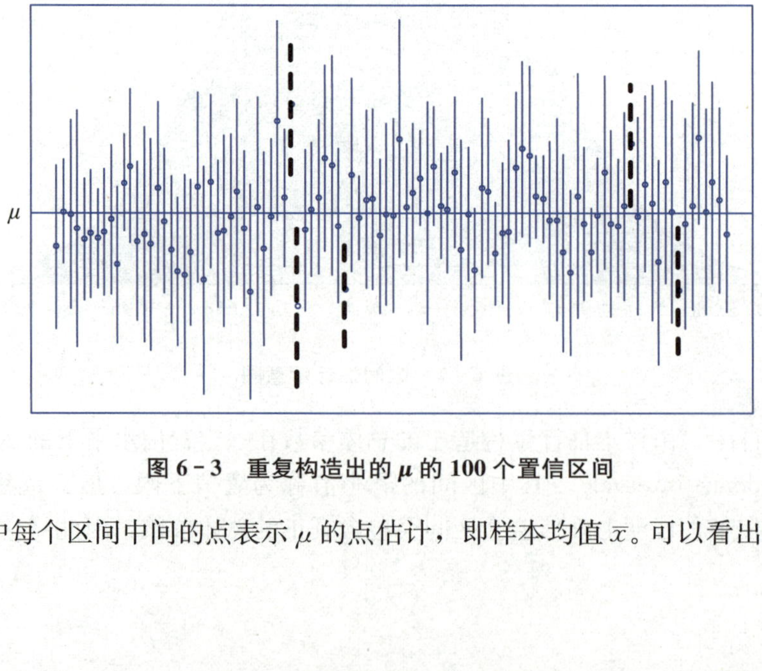

图 6-3　重复构造出的 μ 的 100 个置信区间

图 6-3 中每个区间中间的点表示 μ 的点估计，即样本均值 $\bar{x}$。可以看出 100 个区间中

有 95 个区间包含总体均值，有 5 个区间（用粗虚线表示的置信区间）没有包含总体均值，因此称该区间是置信水平为 95%的置信区间。但需要注意的是，95%的置信区间不是指任意一次抽取的 100 个样本就恰好有 95 个区间包含总体均值，而是指反复抽取的多个样本中包含总体参数的区间的比例。这 100 个置信区间也可能都包含总体均值，也可能有更多区间未包含总体均值。由于实际估计是只抽取一个样本，由该样本所构造的区间是一个常数区间，我们无法知道这个区间是否包含总体参数的真值，因为它可能是包含总体均值的 95 个区间中的一个，也可能是未包含总体均值的 5 个区间中的一个。因此，一个特定的区间总是“绝对包含”或“绝对不包含”参数的真值，不存在“以多大的概率包含总体参数的真值”的问题。置信水平只是告诉我们在多次估计得到的区间中大概有多少个区间包含参数的真值，而不是针对所抽取的这个样本所构建的区间而言的。

从置信水平、样本量和置信区间的关系不难看出，在其他条件不变时，使用一个较大的置信水平会得到一个较宽的置信区间，而使用一个较大的样本则会得到一个较准确（较窄）的区间。换言之，较宽的区间会有更大的可能性包含参数。但在实际应用中，过宽的区间往往没有实际意义。比如，天气预报说“下一年的降雨量是 0～10 000mm”，虽然这很有把握，但有什么意义呢？另外，要求过于准确（过窄）的区间同样不一定有意义，因为过窄的区间虽然看上去很准确，但把握性就会降低，除非无限制地增加样本量，而现实中样本量总是受限的。由此可见，区间估计总是要给结论留些余地。

6.1.2　评价估计量的标准

用于估计总体 θ 的估计量 $\hat{\theta}$ 可以有很多。比如，可以用样本均值作为总体均值的估计量，也可以用样本中位数作为总体均值的估计量，等等。那么，究竟用哪种估计量作为总体参数的估计呢？自然要用估计效果比较好的估计量。什么样的估计量才算是一个好的估计量呢？这就需要有一定的评价标准。统计学家给出了评价估计量的一些标准，主要有以下几个。

1. 无偏性

无偏性（unbiasedness）是指估计量抽样分布的期望值等于被估计的总体参数。设总体参数为 θ，所选择的估计量为 $\hat{\theta}$，如果 $E(\hat{\theta})=\theta$，则称 $\hat{\theta}$ 为 θ 的无偏估计量。图 6－4 给出了估计量无偏和有偏的情形。

由样本均值的抽样分布可知，$E(\bar{x})=\mu$，$E(p)=\pi$，$E(s^2)=\sigma^2$，因此 $\bar{x}$、p、s^2 分别是总体均值 μ、总体比例 π、总体方差 σ^2 的无偏估计量。

2. 有效性

有效性（efficiency）是指估计量的方差大小。一个无偏估计量并不意味着它就非常接近被估计的总体参数，估计量与参数的接近程度是用估计量的方差（或标准误）来度量的。对同一总体参数的多个无偏估计量，方差更小的估计量更有效。假定有两个用于估计

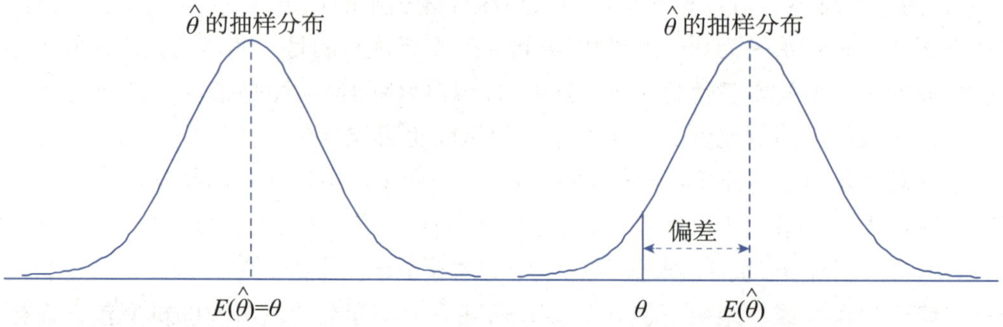

(a) 无偏估计量　　(b) 有偏估计量

图 6-4　估计量无偏和有偏的情形

总体参数的无偏估计量，分别用 $\hat{\theta}_1$ 和 $\hat{\theta}_2$ 表示，它们的方差分别用 $D(\hat{\theta}_1)$ 和 $D(\hat{\theta}_2)$ 表示，如果 $\hat{\theta}_1$ 的方差小于 $\hat{\theta}_2$ 的方差，即 $D(\hat{\theta}_1)<D(\hat{\theta}_2)$，就称 $\hat{\theta}_1$ 是比 $\hat{\theta}_2$ 更有效的估计量。在无偏估计的条件下，估计量的方差越小，估计也就越有效。图 6-5 给出了两个无偏估计量 $\hat{\theta}_1$ 和 $\hat{\theta}_2$ 的抽样分布。可以看到，$\hat{\theta}_1$ 的方差比 $\hat{\theta}_2$ 的方差小，因此 $\hat{\theta}_1$ 的值比 $\hat{\theta}_2$ 的值更接近总体参数，表明 $\hat{\theta}_1$ 是比 $\hat{\theta}_2$ 更有效的估计量。

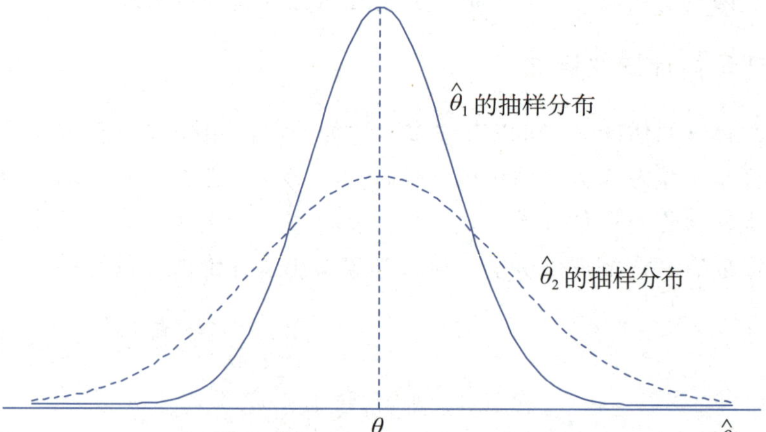

图 6-5　两个无偏估计量的抽样分布

3. 一致性

一致性（consistency）是指随着样本量的无限增大，统计量收敛于所估总体的参数。换言之，大样本给出的估计量更接近总体参数。由于样本均值的标准误 $\sigma_{\bar{x}}=\sigma/\sqrt{n}$ 与样本量大小有关，样本量越大，$\sigma_{\bar{x}}$ 的值就越小。因此可以说，大样本给出的估计量很接近于总体均值 μ。从这个意义上说，样本均值是总体均值的一个一致估计量。对于一致性的意义，也可以用下面的图 6-6 直观地说明。

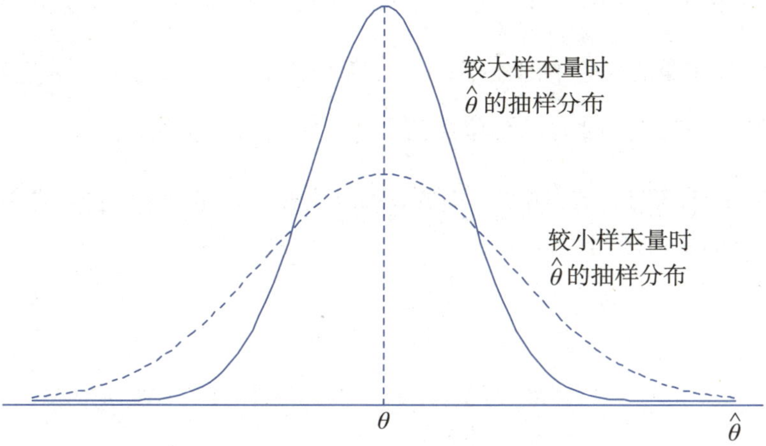

图 6-6　两个不同样本量的抽样分布

6.2 总体均值的区间估计

对总体均值进行区间估计时，需要考虑总体是否为正态分布、总体方差是否已知、用于估计的样本是大样本（$n \geqslant 30$）还是小样本（$n<30$）等几种情况。但不管哪种情况，总体均值的置信区间都是由样本均值加减估计误差得到的。那么，怎样计算估计误差呢？估计误差由两部分组成：一是点估计量的标准误，它取决于样本统计量的抽样分布；二是估计过程中所要求的置信水平为 $1-\alpha$ 时，统计量分布两侧面积各为 $\alpha/2$ 的分位数值，它取决于事先所要求的可靠程度。用 E 表示估计误差，总体均值在 $1-\alpha$ 置信水平下的置信区间可一般性地表示为：

$$\bar{x} \pm E = \bar{x} \pm (\text{分位数值} \times \bar{x} \text{ 的标准误}) \tag{6.1}$$

6.2.1　大样本的估计

在大样本（$n \geqslant 30$）情况下，由中心极限定理可知，样本均值 $\bar{x}$ 近似服从期望值为 μ、方差为 σ^2/n 的正态分布。而样本均值经过标准化后则服从标准正态分布，即 $z=\dfrac{\bar{x}-\mu}{\sigma/\sqrt{n}} \sim N(0, 1)$。若总体标准差 σ 已知，则标准化时使用 σ；若 σ 未知，则用样本标准差 s 代替。因此，可以由正态分布构建总体均值在 $1-\alpha$ 置信水平下的置信区间。

当总体方差 σ^2 已知时，总体均值 μ 在 $1-\alpha$ 置信水平下的置信区间为：

$$\bar{x} \pm z_{\alpha/2}\frac{\sigma}{\sqrt{n}} \tag{6.2}$$

式中，$\bar{x}-z_{\alpha/2}\frac{\sigma}{\sqrt{n}}$ 称为置信下限，$\bar{x}+z_{\alpha/2}\frac{\sigma}{\sqrt{n}}$ 称为置信上限；α 是事先确定的一个概率值，它是总体均值不包含在置信区间中的概率；$1-\alpha$ 称为置信水平，α 称为显著性水平；$z_{\alpha/2}$ 是标准正态分布两侧面积各为 $\alpha/2$ 时的分位数值；$z_{\alpha/2}\frac{\sigma}{\sqrt{n}}$ 是估计误差 E。

当总体方差 σ^2 未知时，式（6.2）中的 σ 可以用样本标准差 s 代替，这时总体均值 μ 在 $1-\alpha$ 置信水平下的置信区间为：

$$\bar{x}\pm z_{\alpha/2}\frac{s}{\sqrt{n}} \tag{6.3}$$

例 6-1

从某批次袋装食品中随机抽取 50 袋进行检测，得到的每袋重量如表 6-1 所示。

表 6-1　50 袋食品的重量数据　　单位：克

489.9	494.5	499.3	499.6	503.1	497.7	499.1	499.6	494.1	500.9
500.3	501.0	494.8	496.6	484.5	501.2	499.6	498.1	504.2	501.7
505.7	500.7	497.1	500.4	501.1	499.8	501.0	500.3	500.8	501.1
509.3	509.3	503.5	507.1	505.8	500.2	494.4	505.0	502.0	496.5
495.0	495.7	501.8	498.4	502.2	502.6	500.8	493.4	508.6	490.6

在如下两种情况下估计该批食品平均重量的 95%的置信区间。

（1）假定总体标准差为 5 克。

（2）假定总体方差未知。

解（1）已知 $\sigma=5$，$n=50$，$1-\alpha=95\%$，$z_{\alpha/2}=1.96$。根据样本数据计算，得 $\bar{x}=499.8$。根据式（6.2），得

$$\bar{x}\pm z_{\alpha/2}\frac{\sigma}{\sqrt{n}}=499.8\pm1.96\times\frac{5}{\sqrt{50}}=499.8\pm1.385\,9$$

即（498.414，501.186），该批食品平均重量的 95%的置信区间为 498.414～501.186 克。

（2）由于总体方差未知，需要用样本方差代替。根据样本数据计算，得 $s=4.83$。根据式（6.3），得

$$\bar{x}\pm z_{\alpha/2}\frac{s}{\sqrt{n}}=499.8\pm1.96\times\frac{4.83}{\sqrt{50}}=499.8\pm1.338\,8$$

即（498.461，501.139），该批食品平均重量的 95%的置信区间为 498.461～501.139 克。

在大样本情形下，估计误差 E 可以由 Excel 的【CONFIDENCE. NORM】函数求得，语法为：CONFIDENCE. NORM(alpha, standard_dev, size)。其中，alpha 为显著性水平，1−alpha 为置信水平；standard_dev 为已知的总体标准差（未知时用样本标准差代替）；

size 为样本量。例如，CONFIDENCE. NORM(0.05,5,50)＝1.385 904。用样本标准差代替时，有 CONFIDENCE. NORM(0.05,4.83,50)＝1.338 783。与手工计算结果相同。

6.2.2 小样本的估计

在小样本（$n<30$）情况下，对总体均值的估计都是建立在总体服从正态分布的假定下。如果正态总体的 σ 已知，样本均值经过标准化后仍然服从标准正态分布，此时可根据正态分布使用式（6.2）建立总体均值的置信区间。如果正态总体的 σ 未知，则用样本标准差 s 代替，这时样本均值经过标准化后服从自由度为 $n-1$ 的 t 分布，即 $t=\dfrac{\bar{x}-\mu}{s/\sqrt{n}}\sim t(n-1)$。因此需要使用 t 分布构建总体均值的置信区间。在 $1-\alpha$ 置信水平下，总体均值的置信区间为：

$$\bar{x}\pm t_{\alpha/2}\frac{s}{\sqrt{n}} \tag{6.4}$$

例 6-2

从某种型号的手机电池中随机抽取 10 块，测得其使用寿命数据如表 6-2 所示。

表 6-2 10 块手机电池的使用寿命数据 单位：小时

10 018	10 638	9 803	10 488	11 192
9 727	9 907	9 234	10 282	9 073

假定电池使用寿命服从正态分布，试在如下两种情况下建立该种型号手机电池平均使用寿命的 95%的置信区间。

(1) 假定总体标准差为 500 小时。

(2) 假定总体标准差未知。

解 (1) 虽然为小样本，但总体标准差已知，因此可按式（6.2）计算置信区间。由 Excel 的【NORM. S. INV】函数得：$z_{\alpha/2}$ = NORM. S. INV(0.975) = 1.959 96。由样本数据计算，得 $\bar{x}=10\ 036.2$。根据式（6.4），得

$$\bar{x}\pm z_{\alpha/2}\frac{\sigma}{\sqrt{n}}=10\ 036.2\pm 1.959\ 96\times\frac{500}{\sqrt{10}}=10\ 036.2\pm 309.897\ 5$$ ①

即（9 726.302，10 346.1），该批手机电池平均使用寿命的 95%的置信区间为 9 726.302～10 346.1 小时。

由 Excel 的【CONFIDENCE. NORM】函数得估计误差 E=CONFIDENCE. NORM(0.05, 500,10)=309.897 5，与手工计算结果一致。

① 该结果根据不含舍入误差的实际数据计算得到。

（2）由于是小样本，且总体标准差未知，因此需要用 t 分布建立置信区间。由 Excel 的函数【T.INV.2T】，得 T.INV.2T(0.05,9)＝2.262 157。由样本数据计算，得 $\bar{x}=10\ 036.2$，$s=641.254\ 6$。根据式（6.4），得

$$\bar{x}\pm t_{\alpha/2}\frac{s}{\sqrt{n}}=10\ 036.2\pm 2.262\ 157\times\frac{641.254\ 6}{\sqrt{10}}=10\ 036.2\pm 458.725\ 9$$

即(9 577.474，10 494.93)，该批手机电池平均使用寿命的 95%的置信区间为 9 577.474～10 494.93 小时。

在小样本情况下，估计误差 E 可以由 Excel 的【CONFIDENCE.T】函数求得，语法为：CONFIDENCE.T(alpha,standard_dev,size)。其中，alpha 为显著性水平，1－alpha 为置信水平；standard_dev 为样本标准差；size 为样本量。例如，对于上述问题（2）有：CONFIDENCE.T(0.05,641.254 6,10)＝458.725 9。与手工计算结果相同。

表 6－3 总结了总体均值区间估计的一些公式。

表 6－3　不同情况下总体均值的区间估计

总体分布	样本量	σ 已知	σ 未知
正态分布	大样本（$n\geqslant 30$）	$\bar{x}\pm z_{\alpha/2}\frac{\sigma}{\sqrt{n}}$	$\bar{x}\pm z_{\alpha/2}\frac{s}{\sqrt{n}}$
	小样本（$n<30$）	$\bar{x}\pm z_{\alpha/2}\frac{\sigma}{\sqrt{n}}$	$\bar{x}\pm t_{\alpha/2}\frac{s}{\sqrt{n}}$
非正态分布	大样本（$n\geqslant 30$）	$\bar{x}\pm z_{\alpha/2}\frac{\sigma}{\sqrt{n}}$	$\bar{x}\pm z_{\alpha/2}\frac{s}{\sqrt{n}}$

6.3 总体比例的区间估计

这里只讨论大样本情况下总体比例的估计问题。[①] 由样本比例 p 的抽样分布可知，当样本量足够大时，比例 p 近似服从期望值为 $E(p)=\pi$、方差为 $\sigma_p^2=\frac{\pi(1-\pi)}{n}$ 的正态分布。而样本比例经标准化后则服从标准正态分布，即 $z=\frac{p-\pi}{\sqrt{\pi(1-\pi)/n}}\sim N(0,1)$。因此，可由正态分布建立总体比例的置信区间。与总体均值的区间估计类似，总体比例的置信区间是由 π 的点估计值 p 加减估计误差得到的。用 E 表示估计误差，π 在 $1-\alpha$ 置信水平下的置信区间可一般地表示为：

① 对于总体比例的估计，判断样本量“足够大”的一般经验法则是：区间 $p\pm 2\sqrt{p(1-p)/2}$ 中不包含 0 或 1，或者要求 $np\geqslant 10$ 和 $n(1-p)\geqslant 10$。

$$p \pm E = p \pm (\text{分位数值} \times p \text{ 的标准误}) \tag{6.5}$$

因此，总体比例 π 在 $1-\alpha$ 置信水平下的置信区间为：

$$p \pm z_{\alpha/2}\sqrt{\frac{p(1-p)}{n}} \tag{6.6}$$

式中，$z_{\alpha/2}$ 是标准正态分布两侧面积各为 $\alpha/2$ 时的 z 值，$z_{\alpha/2}\sqrt{\frac{p(1-p)}{n}}$ 是估计误差 E。

例 6 - 3

某电视频道想要估计观看某档娱乐节目的人群中女性所占的比例，随机抽取 100 名观众，其中 65 人为女性。用 95%的置信水平估计观看该档娱乐节目的人群中女性所占比例的置信区间。

解 由抽样结果计算的样本比例为 $p=65/100=65\%$。由 Excel 中的【NORM. S. INV】函数，得 NORM. S. INV(0. 975)=1. 959 96。根据式（6. 6），得

$$65\% \pm 1.959\,964 \times \sqrt{\frac{65\% \times (1-65\%)}{100}} = 65\% \pm 9.348\,413\%$$

即（55. 65%，74. 35%），观看该档娱乐节目的人群中女性所占比例的 95%的置信区间为 55. 65%～74. 35%。

6.4 总体方差的区间估计

估计总体方差时，首先假定总体服从正态分布。其原理与总体均值和总体比例的区间估计不同，不再是点估计量加减估计误差。因为样本方差的抽样分布服从自由度为 $(n-1)$ 的 χ^2 分布，因此需要用 χ^2 分布构造总体方差的置信区间。由于 χ^2 分布是不对称分布，无法由点估计值加减估计误差得到总体方差的置信区间。

怎样构造总体方差的置信区间呢？若给定置信水平 $1-\alpha$，用 χ^2 分布构造的总体方差 σ^2 的置信区间的原理可用图 6 - 7 表示。

由图 6 - 7 可以看出，建立总体方差 σ^2 的置信区间，也就是要找到一个 χ^2 值，使其满足 $\chi^2_{\alpha/2} \leqslant \chi^2 \leqslant \chi^2_{1-\alpha/2}$，由于 $\frac{(n-1)s^2}{\sigma^2} \sim \chi^2(n-1)$，可用它来代替 χ^2，于是有

$$\chi^2_{\alpha/2} \leqslant \frac{(n-1)s^2}{\sigma^2} \leqslant \chi^2_{1-\alpha/2} \tag{6.7}$$

根据式（6. 7）可推导出总体方差 σ^2 在 $1-\alpha$ 置信水平下的置信区间为：

$$\frac{(n-1)s^2}{\chi^2_{1-\alpha/2}} \leqslant \sigma^2 \leqslant \frac{(n-1)s^2}{\chi^2_{\alpha/2}} \tag{6.8}$$

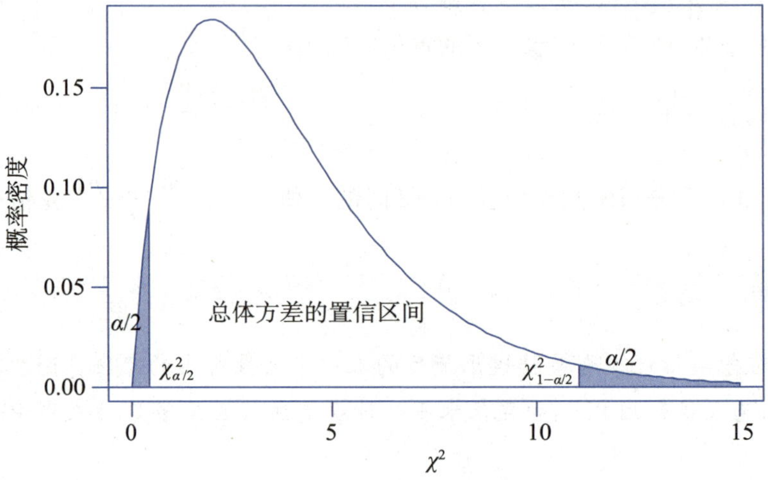

图 6-7　总体方差 1－α 的置信区间

例 6-4

仍沿用例 6-2。以 95%的置信水平建立该种型号手机电池使用寿命方差的置信区间。

解 根据样本数据计算的样本方差为 $s^2=411\ 207.511\ 1$。根据显著性水平 $\alpha=0.05$ 和自由度 $n-1=10-1=9$，由 Excel 中的【CHISQ.INV】函数得 χ^2 分布的左尾临界值 $\chi^2_{\alpha/2}=\chi^2_{0.025}(9)=$ CHISQ.INV(0.025,9) $=2.700\ 389$，右尾临界值 $\chi^2_{0.975}(9)=$ CHISQ.INV.RT(0.025,9)$=19.022\ 77$。

总体方差 σ^2 的置信区间为：

$$\frac{(10-1)\times 411\ 207.511\ 1}{19.022\ 77}\leqslant\sigma^2\leqslant\frac{(10-1)\times 411\ 207.511\ 1}{2.700\ 389}$$

即 $194\ 549.375\ 7\leqslant\sigma^2\leqslant 1\ 370\ 493.997\ 3$。相应地，总体标准差的置信区间则为 $441.077\ 5\leqslant\sigma\leqslant 1\ 170.681\ 0$。

6.5 样本量的确定

在进行参数估计之前，首先应确定一个适当的样本量。究竟应该抽取一个多大的样本来估计总体参数呢？进行估计时，总是希望提高估计的可靠程度。但在一定的样本量下，要提高估计的可靠程度，就需要给出较高的置信水平以扩大置信区间，但相应地，准确性则会下降。如果想要提高估计的准确性，在不降低置信水平的条件下，就需要增加样本量以缩小置信区间，但样本量的增加也会受到许多限制。通常，样本量的确定与可以容忍的置信区间的宽度以及对此区间设置的置信水平有一定关系。因此，如何确定一个适当的样本量，也是参数估计中需要考虑的问题。

6.5.1 估计总体均值时样本量的确定

总体均值的置信区间由样本均值 $\bar{x}$ 和估计误差两部分组成。在重复抽样或无限总体抽样条件下，估计误差为 $E=z_{\alpha/2}\times\frac{\sigma}{\sqrt{n}}$。$z_{\alpha/2}$ 的值和样本量 n 共同确定了估计误差的大小。一旦确定了置信水平 $1-\alpha$，$z_{\alpha/2}$ 的值就确定了。对于给定的 $z_{\alpha/2}$ 值和总体标准差 σ，可以确定任意允许的估计误差所需的样本量。令 E 代表允许的估计误差，可以推导出所需样本量的计算公式如下：

$$n=\frac{z_{\alpha/2}^2\sigma^2}{E^2} \tag{6.9}$$

式中，E 值是使用者在给定的置信水平下可以接受的估计误差。如果能求出 σ 的具体值，就可以用上面的公式计算所需的样本量。如果 σ 的值未知，可以用相同或类似样本的标准差来代替；也可以用试验调查的办法，选择一个初始样本，以该样本的样本标准差作为 σ 的估计值。

从式（6.9）可以看出，样本量与置信水平成正比，在其他条件不变的情况下，置信水平越高，所需的样本量就越大；样本量与总体方差成正比，总体的差异越大，所需的样本量就越大；样本量与估计误差的平方成反比，即允许的估计误差的平方越大，所需的样本量就越小。简言之，要求一个很有把握或精度很高的估计，就需要更大的样本量。

注意：根据式（6.9）计算出的样本量不一定是整数，通常是将样本量取成较大的整数，也就是将小数点后面的数值一律进位成整数，如 24.68 取 25，24.32 也取 25，等等。

例 6-5

拥有工商管理学士学位的大学毕业生月薪的标准差大约为 2 000 元，假定想要估计月薪 95%的置信区间，允许的估计误差不超过 400 元，应抽取多大的样本量？

解 已知 $\sigma=2\ 000$，$E=400$，$z_{\alpha/2}=1.96$。根据式（6.9），得

$$n=\frac{1.96^2\times 2\ 000^2}{400^2}=96.04\approx 97$$

即应抽取 97 人作为样本。

6.5.2 估计总体比例时样本量的确定

与估计总体均值时样本量的确定方法类似，在重复抽样或无限总体抽样条件下，估计总体比例的置信区间的估计误差为 $z_{\alpha/2}\sqrt{\frac{\pi(1-\pi)}{n}}$，$z_{\alpha/2}$ 的值、总体比例 π 和样本量 n 共同确定了估计误差的大小。由于总体比例的值是固定的，因此估计误差由样本量确定，样本量越大，估计误差就越小，估计的精度就越高。因此，对于给定的 $z_{\alpha/2}$ 的值，可以计算出在一定的允许的估计误差条件下所需的样本量。令 E 代表允许的估计误差，可以推导估

计总体比例时所需的样本量，计算公式如下：

$$n=\frac{z_{\alpha/2}^{2}\cdot\pi(1-\pi)}{E^{2}} \tag{6.10}$$

式中，估计误差 E 由使用者事先确定。在大多数情况下，E 的取值一般应小于 0.10。如果能够求出 π 的具体值，就可以用上面的公式计算所需的样本量。如果 π 的值不知道，可以用类似的样本比例来代替，也可以用试验调查的办法，选择一个初始样本，以该样本的比例作为 π 的估计值。当 π 的值无法获知时，通常取使 $\pi(1-\pi)$ 最大的值 0.5。

例 6-6

根据以往的生产统计，某种产品的合格率约为 90%，现要求估计误差不超过 5%，在求 95%的置信区间时，应抽取多少个产品作为样本？

解 已知 $\pi=90\%$，$E=5\%$，$z_{\alpha/2}=1.96$。根据式（6.10），得

$$n=\frac{1.96^{2}\times0.9\times(1-0.9)}{0.05^{2}}=138.3\approx139$$

即应抽取 139 个产品作为样本。

思维导图：参数估计所用的分布

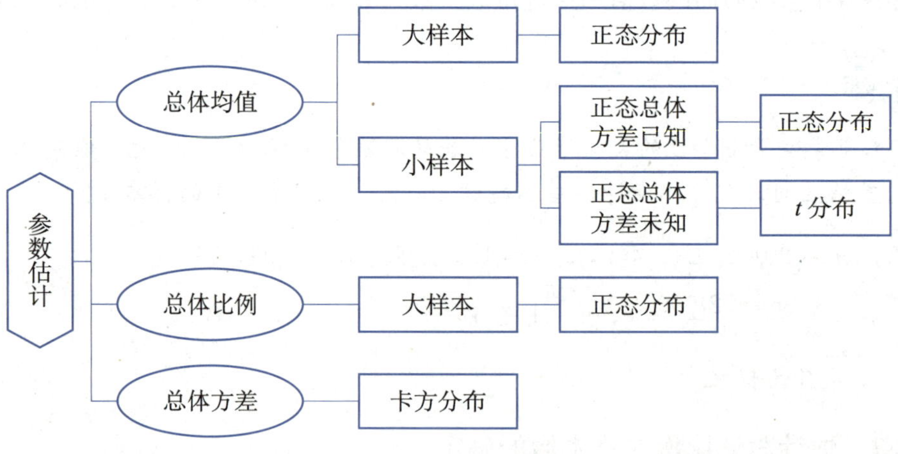

习题

6.1 为调查某城市每天上班乘坐地铁所花费的时间，从乘坐地铁的上班族中随机抽取 50 人，得到他们每天上班乘坐地铁所花费的时间（单位：分钟）数据如下。

53	20	79	43	63
48	66	49	52	88
49	47	97	56	51
69	97	50	48	72
79	68	71	62	31
54	40	46	71	78
73	58	58	46	86
87	53	90	64	64
43	56	77	46	83
62	60	42	53	57

计算乘坐地铁平均花费时间的置信区间：

(1) 假定总体标准差为 20 分钟，置信水平为 95%。

(2) 假定总体标准差未知，置信水平为 90%。

6.2　同一种商品在不同购物网站上的销售价格（单位：元）是不同的。下面是随机抽取的 12 家网站销售的同一种商品的销售价格数据。

107	102	90	106	94	97	96	85	90	102	120	99

计算该商品平均销售价格的置信区间：

(1) 假定总体标准差为 10 元，置信水平为 95%。

(2) 假定总体标准差未知，置信水平为 90%。

(3) 假定想要估计销售价格均值的 95% 的置信区间，允许的估计误差不超过 15 元，应抽取多大的样本量？

6.3　某居民小区共有居民 500 户，小区管理者准备采取一项新的供水设施，想了解居民是否赞成。采取重复抽样方法随机抽取了 50 户，其中有 32 户赞成，18 户反对。

(1) 求总体中赞成新措施的户数比例的置信区间，置信水平为 95%。

(2) 如果小区管理者预计赞成的比例能达到 80%，要求估计误差不超过 10%，应抽取多少户进行调查？

6.4　计算习题 6.2 中销售价格的方差和标准差的 95% 的置信区间。

第 7 章 假设检验

问题与思考

- 330ml 罐装可口可乐的外包装上标示：每 100ml 中钠的含量为 12mg。你相信标签上的说法吗？如果不相信，你会怎么做？
- 一种沙棘汁饮料的外包装上标示：每 100ml 中果汁的含量≥30%。你会如何判断这一说法的真伪？
- 随机抽取 20 人，调查他们对某项公共交通改革措施的看法，结果是 95%的人支持该项改革措施。你相信这样的结果吗？理由是什么？

假设检验是推断统计的另一项重要内容，它与参数估计类似，但角度不同。参数估计是利用样本信息推断未知的总体参数，而假设检验则是先对总体参数提出一个假设值，然后利用样本信息判断这一假设是否成立。本章首先介绍假设检验的基本步骤，然后介绍总体均值、总体比例和总体方差的检验方法。

7.1 假设检验的步骤

假设检验的基本思路是：首先对总体提出某种假设，然后抽取样本获得数据，再根据样本提供的信息判断假设是否成立。

7.1.1 提出假设

假设（hypothesis）是对总体的某种看法。在参数检验中，假设就是对总体参数的具体数值所做的陈述。比如，虽然不知道一批灯泡的平均使用寿命是多少，不知道一批产品的合格率是多少，不知道全校学生月生活费支出的方差是多少，但可以事先提出一个假设值，比如，这批灯泡的平均使用寿命是 8 000 小时，这批产品的合格率是 96%，全校学生月生活费支出的方差是 10 000，等等，这些陈述就是对总体参数提出的假设。

假设检验（hypothesis test）是在对总体提出假设的基础上，利用样本信息判断假设是否成立的统计方法。比如，假设全校学生月生活费支出的均值是 1 500 元，然后从全校学生中抽取一个样本，根据样本信息检验月平均生活费支出是否为 1 500 元，这就是假设检验。

做假设检验时，首先要提出两种假设，即原假设和备择假设。

原假设（null hypothesis）是研究者想收集证据予以推翻的假设，用 H_0 表示。原假设表达的含义通常是指参数没有变化或变量之间没有关系，因此等号“=”总是放在原假设上。以总体均值的检验为例，设参数的假设值为 μ_0，原假设总是写成 $H_0:\mu=\mu_0$，$H_0:\mu\geqslant\mu_0$ 或 $H_0:\mu\leqslant\mu_0$。原假设最初是假设成立的，之后根据样本数据确定是否有足够的证据拒绝原假设。

备择假设（alternative hypothesis）通常是研究者想收集证据予以支持的假设，用 H_1 或 H_a 表示。备择假设所表达的含义通常是总体参数发生了变化或变量之间有某种关系。以总体均值的检验为例，备择假设的形式总是为 $H_1:\mu\neq\mu_0$，$H_1:\mu<\mu_0$ 或 $H_1:\mu>\mu_0$。备择假设通常用于表达研究者自己倾向于支持的看法，然后就是想办法收集证据拒绝原假设，以支持备择假设。

在假设检验中，如果备择假设没有特定的方向，并且含有符号“≠”，这样的假设检验称为**双侧检验**或**双尾检验**（two-tailed test）。如果备择假设具有特定的方向，并且含有符号“>”或“<”，这样的假设检验称为**单侧检验**或**单尾检验**（one-tailed test）。备择假设含有“<”符号的单侧检验称为**左侧检验**，而备择假设含有“>”符号的单侧检验称为**右侧检验**。

下面通过几个例子来说明确定原假设和备择假设的大概思路。

例 7-1

一种零件的标准直径为 50mm，为对生产过程进行控制，质量监测人员定期对一台加工机床进行检查，确定这台机床生产的零件是否符合标准。如果零件的平均直径大于或小于 50mm，表示生产过程不正常，必须进行调整。陈述用来检验生产过程是否正常的原假设和备择假设。

解 设这台机床生产的所有零件平均直径的真值为 μ。若 $\mu=50$，表示生产过程正常，若 $\mu>50$ 或 $\mu<50$，表示生产过程不正常，研究者要检验这两种可能情形中的任何一种。因此，研究者想收集证据予以推翻的假设应该是“生产过程正常”，而想收集证据予以支持的假设是“生产过程不正常”（因为如果研究者事先认为生产过程正常，也就没有必要进行检验了），所以建立的原假设和备择假设应分别为：

$$H_0:\mu=50\text{（生产过程正常）};\ H_1:\mu\neq 50\text{（生产过程不正常）}$$

例 7-2

产品的外包装上都贴有标签，标签上通常标有该产品的性能说明、成分指标等信息。农夫山泉 550ml 瓶装饮用天然水外包装标签上标示：每 100ml 水中钙的含量 $\geqslant 400\mu g$。如果是消费者来做检验，应该提出怎样的原假设和备择假设？如果是生产厂家来做检验，又会提出怎样的原假设和备择假设？

解 设每 100ml 水中钙的含量的均值为 μ。消费者做检验的目的是想寻找证据推翻标签中的说法，即 $\mu\geqslant 400\mu g$（如果对标签中的数值没有质疑，也就没有检验的必要了），而想支持的观点则是标签中的说法不正确，即 $\mu<400\mu g$。因此，提出的原假设和备择假设应分别为：

$$H_0:\mu\geqslant 400\text{（标签中的说法正确）};\ H_1:\mu<400\text{（标签中的说法不正确）}$$

如果是生产厂家做检验，生产者自然是想办法来支持自己的看法，也就是想寻找证据证明标签中的说法是正确的，即 $\mu>400$，而想推翻的则是 $\mu\leqslant 400$，因此会提出与消费者观点不同（方向相反）的原假设和备择假设，即

$$H_0:\mu\leqslant 400\text{（标签中的说法不正确）};\ H_1:\mu>400\text{（标签中的说法正确）}$$

例 7-3

一家研究机构认为，某城市在网上购物的家庭比例超过 80%。为验证这一估计是否正确，该研究机构随机抽取了若干家庭进行检验。试陈述用于检验的原假设和备择假设。

解 设网上购物的家庭的比例真值为 π。显然，研究者想收集证据予以支持的假设是该

城市在网上购物的家庭比例超过 80%。因此建立的原假设和备择假设应分别为：

$$H_0: \pi \leqslant 80\% ; H_1: \pi > 80\%$$

通过上面的例子可以看出，原假设和备择假设是一个完备事件组，而且相互对立。这意味着，在一项检验中，原假设和备择假设必有一个成立，而且只有一个成立。此外，假设的确定带有一定的主观色彩，因为研究者想推翻的假设和研究者想支持的假设最终取决于研究者本人的意向。所以，即使是对同一个问题，由于研究目的不同，也可能提出截然不同的假设。但无论怎样，只要假设的建立符合研究者的最终目的便是合理的。

7.1.2　确定显著性水平

假设检验是根据样本信息做出决策，因此，无论是拒绝还是不拒绝原假设，都有可能犯错误。研究者总是希望能做出正确的决策，但由于决策是建立在样本信息的基础之上，而样本又是随机的，因而就有可能犯错误。

原假设和备择假设不能同时成立，决策的结果要么拒绝原假设，要么不拒绝原假设。决策时总是希望当原假设正确时没有拒绝它，当原假设不正确时拒绝它，但实际上很难保证不犯错误。一种情形是，原假设是正确的却拒绝了它，这时所犯的错误称为**第Ⅰ类错误**（type Ⅰ error），犯第Ⅰ类错误的概率记为 α，因此也称为 **α 错误**。另一种情形是，原假设是错误的却没有拒绝它，这时所犯的错误称为**第Ⅱ类错误**（type Ⅱ error），犯第Ⅱ类错误的概率记为 β，因此也称 **β 错误**。

在假设检验中，只要做出拒绝原假设的决策，就有可能犯第Ⅰ类错误；只要做出不拒绝原假设的决策，就有可能犯第Ⅱ类错误。直观上说，犯这两类错误的概率之间存在这样的关系：在样本量不变的情形下，减小 α 就会使 β 增大，而减小 β 就会使 α 增大，两类错误就像一个跷跷板。人们自然希望犯两类错误的概率都尽可能小，但实际上难以做到。要使 α 和 β 同时减小的唯一办法是增加样本量，但样本量的增加又会受许多因素的限制，所以人们只能在两类错误的发生概率之间进行权衡，以使 α 和 β 控制在能够接受的范围内。一般来说，对于一个固定的样本，如果犯第Ⅰ类错误的代价比犯第Ⅱ类错误的代价高，则将犯第Ⅰ类错误的概率定得低些较为合理；反之，则可以将犯第Ⅰ类错误的概率定得高些。那么，检验先控制哪类错误呢？一般来说，犯哪一类错误的后果更严重，就应该首要控制哪类错误发生的概率。但由于犯第Ⅰ类错误的概率可以由研究者事先控制，而犯第Ⅱ类错误的概率则相对难以计算，因此在假设检验中，人们往往先控制第Ⅰ类错误的发生概率。

假设检验中，犯第Ⅰ类错误的概率也称为**显著性水平**（level of significance），记为 α。它是人们事先确定的犯第Ⅰ类错误概率的最大允许值。显著性水平 α 越小，犯第Ⅰ类错误的可能性自然就越小，但犯第Ⅱ类错误的可能性则随之增大。实际应用中，究竟确定一个多大的显著性水平合适呢？一般情形下，人们认为犯第Ⅰ类错误的后果更严重一些，因此通常会取一个较小的 α 值（一般要求 α 可以取小于或等于 0.1 的任何值）。著名英国统计学家费希尔在他的研究中把小概率的标准定为 0.05，所以人们通常选择显著性水平为 0.05

或比 0.05 更小的概率，当然也可以取其他值。实际中常用的显著性水平有 $\alpha=0.01$、$\alpha=0.05$、$\alpha=0.1$ 等。

7.1.3 做出决策

提出具体的假设之后，研究者需要提供可靠的证据来支持他所关注的备择假设。在上面的例 7-2 中，如果你想证实产品标签上的说法不属实，即检验假设为 $H_0:\mu\geqslant 400$，$H_1:\mu<400$，抽取一个样本得到的样本均值为 390μg，你是否拒绝原假设呢？如果样本均值是 410μg，你是否就不拒绝原假设呢？做出拒绝或不拒绝原假设的依据是什么？传统检验中，决策依据的是样本统计量；现代检验中，人们直接根据样本数据算出犯第Ⅰ类错误的概率，即所谓的 **P 值**（P-value）。检验时做出决策的依据是：原假设成立时小概率事件不应发生，如果小概率事件发生了，就应当拒绝原假设。统计上，通常把 $P\leqslant 0.1$ 的值统称为小概率。

1. 用统计量决策（传统做法）

传统决策方法是首先根据样本数据计算出用于决策的**检验统计量**（test statistic）。比如要检验总体均值，我们自然会想到要用样本均值作为判断标准。但样本均值 $\bar{x}$ 是总体均值 μ 的一个点估计量，它并不能直接作为判断的依据，只有将其标准化后，才能用于度量它与原假设的参数值之间的差异程度。对于总体均值和总体比例的检验，在原假设 H_0 为真的条件下，根据点估计量的抽样分布可以得到**标准化检验统计量**（standardized test statistic）：

$$\text{标准化检验统计量}=\frac{\text{点估计值}-\text{假设值}}{\text{点估计量的标准误}} \tag{7.1}$$

标准化检验统计量反映了点估计值（比如样本均值）与假设的总体参数（比如假设的总体均值）相比相差多少个标准误。虽然检验统计量是一个随机变量，随样本观测结果的不同而变化，但只要已知一组特定的样本观测结果，检验统计量的值也就唯一确定了。

有了检验统计量就可以建立决策准则。根据事先设定的显著性水平 α，可以在统计量的分布上找到相应的**临界值**（critical value）。由显著性水平和相应的临界值围成的一个区域称为**拒绝域**（rejection region）。如果统计量的值落在拒绝域内就拒绝原假设，否则就不拒绝原假设。拒绝域的大小与设定的显著性水平有关。当样本量固定时，拒绝域随 α 的减小而减小。显著性水平、拒绝域和临界值的关系可用图 7-1 来表示。

根据图 7-1 可以得出利用统计量做检验时的决策准则：

（1）双侧检验：|统计量|>临界值，拒绝原假设。

（2）左侧检验：统计量的值<临界值，拒绝原假设。

（3）右侧检验：统计量的值>临界值，拒绝原假设。

介绍传统的统计量决策方法只是帮助理解假设检验的原理，但不推荐使用。

2. 用 P 值决策（现代做法）

统计量检验是根据事先确定的显著性水平 α 围成的拒绝域做出决策，不论检验统计量

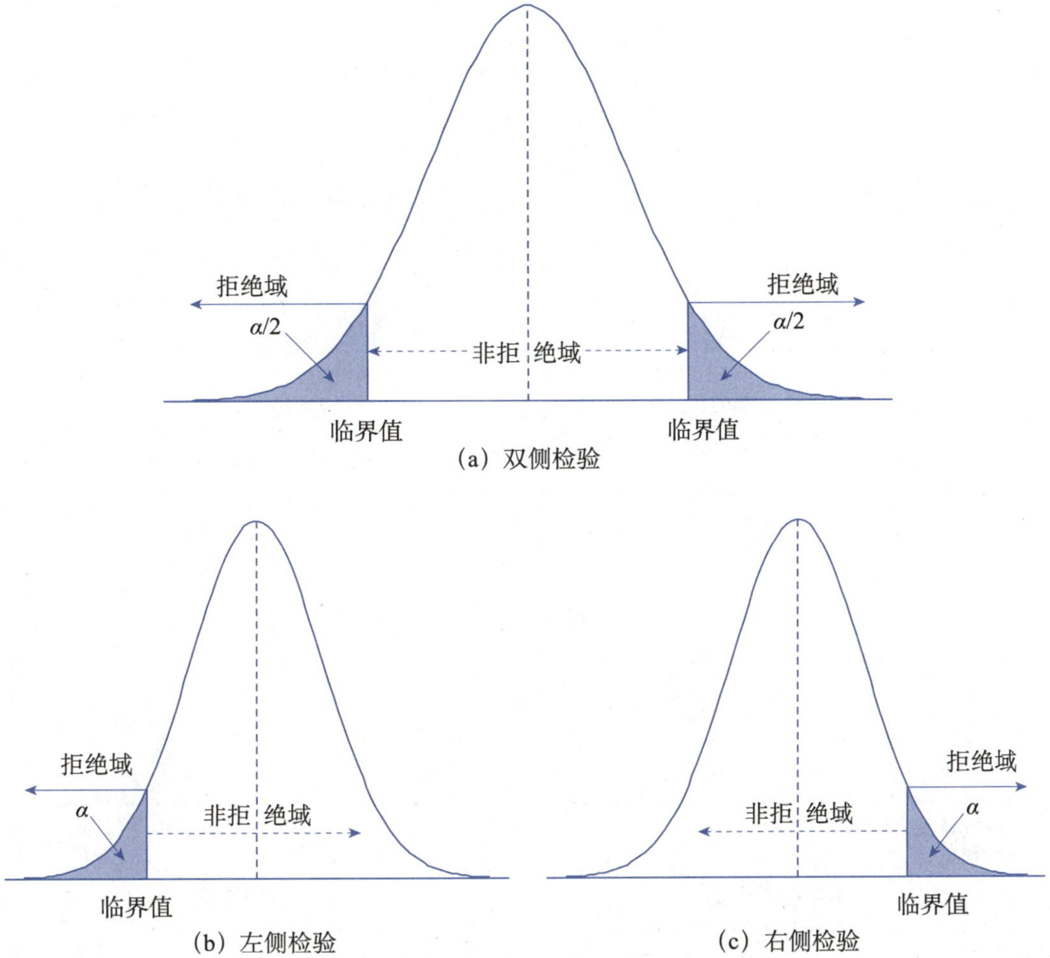

图 7-1　显著性水平、拒绝域和临界值的关系

的值是大还是小，只要它落入拒绝域就拒绝原假设，否则就不拒绝原假设。这样，无论统计量落在拒绝域的什么位置，都只能说犯第Ⅰ类错误的概率是 α。但实际上，α 是犯第Ⅰ类错误的上限控制值，统计量落在拒绝域的不同位置，决策时犯第Ⅰ类错误的概率是不同的。如果能把犯第Ⅰ类错误的真实概率算出来，就可以直接用这个概率做出决策，而不需要考虑事先设定的显著性水平 α。这个犯第Ⅰ类错误的真实概率就是 P 值，它是指当原假设正确时，所得到的样本结果会像实际观测结果那么极端或更极端的概率，也称为**观察到的显著性水平**（observed significance level）或实际显著性水平。图 7-2 展示了拒绝原假设时的 P 值与设定的显著性水平 α 的比较。

用 P 值决策的规则很简单：如果 $P<\alpha$，则拒绝 H_0；如果 $P>\alpha$，则不拒绝 H_0（双侧检验将两侧面积的总和定义为 P）。

P 值决策优于统计量决策。与传统的统计量决策相比，P 值决策提供了更多信息。比如，根据事先确定的 α 值进行决策时，只要统计量的值落在拒绝域，无论它在哪个位置，

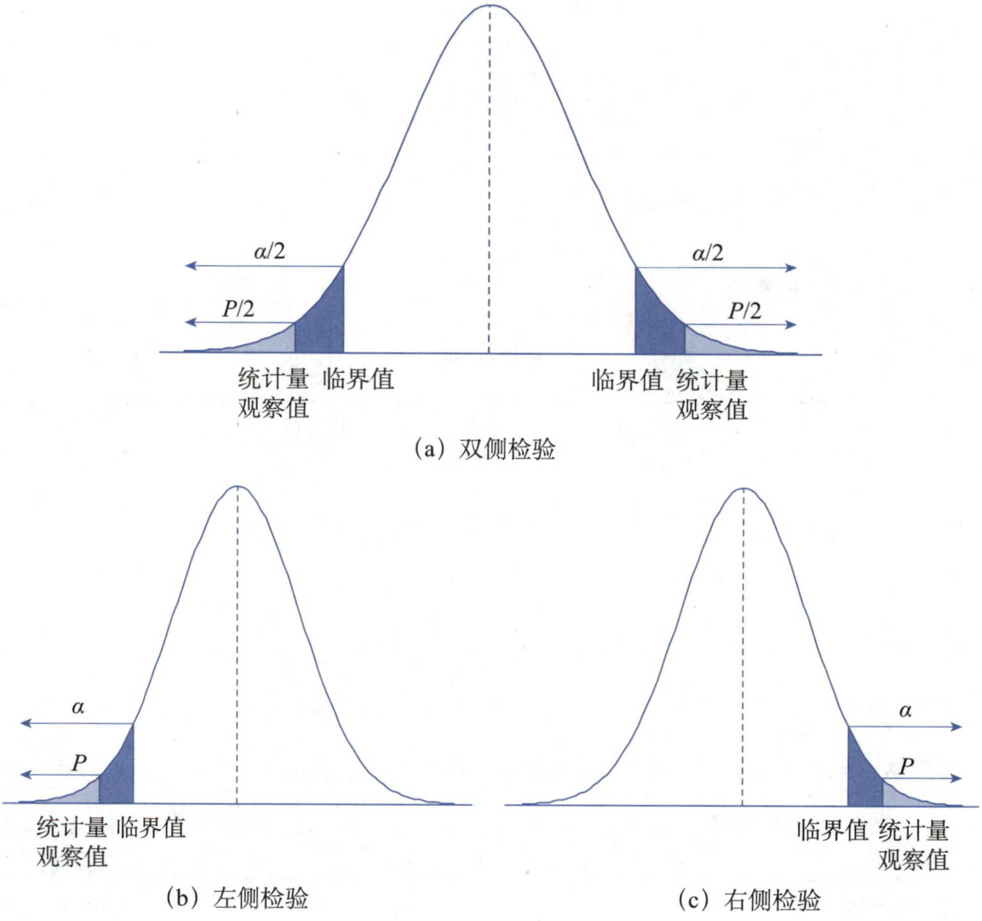

图 7－2　P 值与设定的显著性水平 α 的比较

拒绝原假设的结论都是一样的（只能说犯第Ⅰ类错误的概率是 α）。但实际上，统计量落在拒绝域不同的地方，实际的显著性是不同的。比如，统计量落在临界值附近与落在远离临界值的地方，实际的显著性就有较大差异。而 P 值是根据实际统计量算出的显著性水平，它告诉我们实际的显著性水平是多少。图 7－3 显示了拒绝原假设时两个不同统计量的值及其 P 值，容易看出统计量决策与 P 值决策的差异。

7.1.4　表述结果

在假设检验中，当拒绝 H_0 时称样本结果是“统计上显著的”（statistically significant）；不拒绝 H_0 则称结果是“统计上不显著的”。当 $P<\alpha$，拒绝 H_0 时，表示有足够的证据证明 H_0 是错误的；当 $P>\alpha$，不拒绝 H_0 时，通常不说“接受 H_0”。因为“接受 H_0”的表述隐含着证明了 H_0 是正确的。实际上，P 值只是推翻原假设的证据，而不是证明原假设正确的证据。没有足够的证据拒绝原假设并不等于已经证明了原假设是真的，它仅仅意味着目前还没有足够的证据拒绝 H_0。比如，在 $\alpha=0.05$ 的显著性水平下检验假设 H_0：

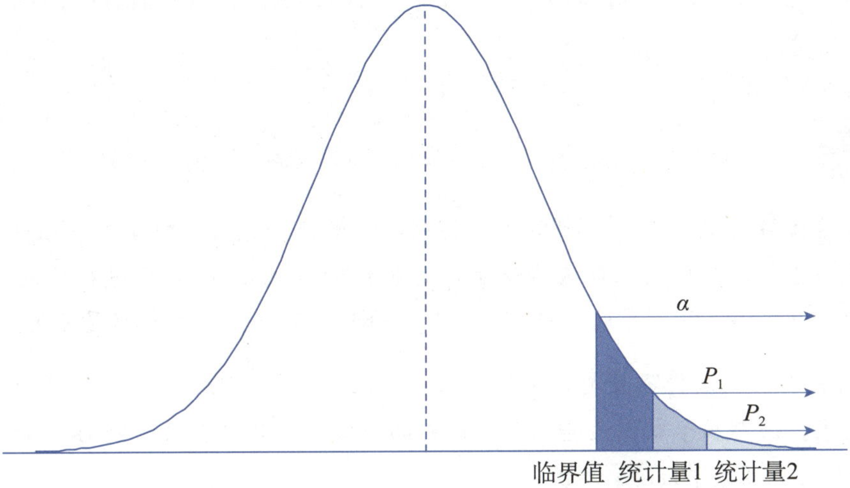

图 7－3　拒绝 H_0 的两个统计量的不同显著性

$\mu=50$，$H_1:\mu\neq 50$。假定根据样本数据算出的 $P=0.02$，由于 $P<\alpha$，故拒绝 H_0，表示有证据表明 $\mu\neq 50$。如果 $P=0.2$，不拒绝 H_0，我们也没有证据证明 $\mu=50$，所以将结论描述为：没有证据表明 μ 不等于 50。

此外，采取"不拒绝H_0"而不是"接受H_0"的表述方法，也避免了第Ⅱ类错误发生的风险，因为"接受H_0"所得结论的可靠性由犯第Ⅱ类错误的概率β来度量，而β的控制又相对复杂，有时甚至根本无法知道β的值（除非能确切给出β，否则就不宜表述成"接受H_0"）。当然，不拒绝 H_0 并不意味着 H_0 为真的概率很高，它只是意味着拒绝 H_0 需要更多证据。

7.2　总体均值的检验

在对总体均值进行检验时，采用什么检验统计量取决于所抽取的样本是大样本（$n\geqslant 30$）还是小样本（$n<30$），此外还需要考虑总体是否服从正态分布、总体方差 σ^2 是否已知等几种情形。

7.2.1　大样本的检验

在大样本情况下，样本均值的抽样分布近似服从正态分布，其标准误为 $\sigma/\sqrt{n}$。将样本均值 $\bar{x}$ 标准化后即可得到检验的统计量。由于样本均值标准化后服从标准正态分布，因而采用正态分布的检验统计量。

假设总体均值为 μ_0，当总体方差 σ^2 已知时，总体均值的检验统计量为：

$$z=\frac{\bar{x}-\mu_0}{\sigma/\sqrt{n}} \tag{7.2}$$

当总体方差 σ^2 未知时，可以用样本方差 s^2 来代替，此时总体均值的检验统计量为：

$$z=\frac{\bar{x}-\mu_0}{s/\sqrt{n}} \tag{7.3}$$

例 7-4

一种罐装饮料采用自动生产线生产，每罐的容量是 255ml，标准差为 5ml。为检验每罐容量是否符合要求，质检人员从某天生产的饮料中随机抽取 40 罐进行检验，测得每罐平均容量为 255.8ml。取显著性水平 $\alpha=0.05$，检验该天生产的饮料容量是否符合要求。

解 此时关心的是饮料容量是否符合要求，也就是 μ 是否为 255ml，大于或小于 255ml 都不符合要求，因而属于双侧检验问题。提出的原假设和备择假设分别为：

$$H_0:\mu=255\ ;\ H_1:\mu\neq 255$$

检验统计量为：

$$z=\frac{255.8-255}{5/\sqrt{40}}=1.01$$

检验统计量数值的含义是：样本均值与假设的总体均值相差 1.01 个标准误。利用 Excel 中的【NORM.S.DIST】函数①得到的双尾检验 $P=2*(1-\text{NORM.S.DIST}(1.01,1))=0.312\ 495$，由于 $P>\alpha=0.05$，不拒绝原假设，表明样本提供的证据还不足以推翻原假设，因此没有证据表明该天生产的饮料不符合要求。

例 7-5

一种袋装牛奶的外包装标签上标示：每 100g 牛奶的蛋白质含量 $\geq$ 3g。有消费者认为，标签上的说法不属实。为检验消费者的说法是否正确，一家研究机构随机抽取 50 袋牛奶进行检测，得到的检测结果如表 7-1 所示。

表 7-1　50 袋牛奶蛋白质含量的检测数据　　单位：g

2.96	2.96	2.92	3.01	2.96
2.95	3.07	2.86	2.95	2.96
2.98	2.91	2.95	3.04	2.86
2.94	2.93	2.91	2.95	2.91
2.84	3.13	3.02	3.02	2.94
2.98	2.92	3.06	3.06	2.89
3.05	2.99	3.00	3.00	3.02
2.88	3.03	3.01	3.05	2.98
2.98	3.00	2.93	2.98	3.05
2.97	2.81	2.90	3.04	3.03

① 【NORM.S.DIST】函数给出的是标准正态分布从 $-\infty$ 到 z 值的概率，用 1 减该值即为单尾检验的 P 值，乘以 2 即得双尾检验的 P 值。

在以下情况下，检验每 100g 牛奶中的蛋白质含量是否低于 3g：

(1) 假定总体标准差为 0.07g，显著性水平为 0.01。

(2) 假定总体标准差未知，显著性水平为 0.05。

解 (1) 这里想支持的观点是每 100g 牛奶中的蛋白质含量低于 3g，也就是 μ 小于 3，属于左侧检验。提出的假设为：

$H_0:\mu \geqslant 3$（消费者的说法不正确）；$H_1:\mu < 3$（消费者的说法正确）

根据样本数据计算，得 $\bar{x}=2.970\ 8$。根据式（7.2）得检验统计量为：

$$z=\frac{2.970\ 8-3}{0.07/\sqrt{50}}=-2.949\ 645$$

由 Excel 的【NORM.S.DIST】函数得 $P=$ NORM.S.DIST$(-2.949\ 645,1)=$ 0.001 591。

由于 $P<\alpha=0.01$，故拒绝原假设，表明每 100g 牛奶中的蛋白质含量显著低于 3g。

上面的决策过程可用图 7-4 来表示。

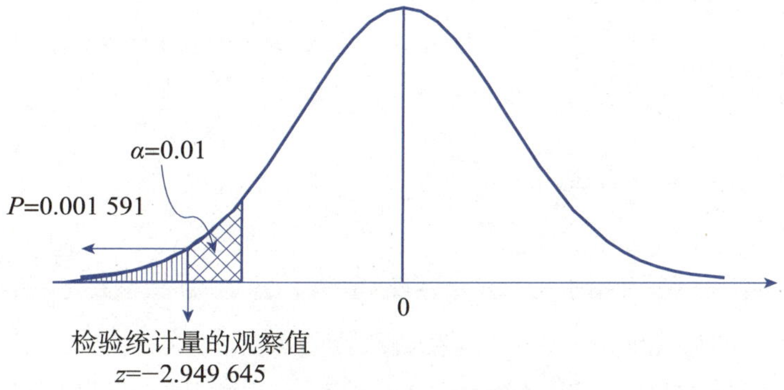

图 7-4 例 7-5 检验的拒绝域和 P 值

(2) 由于总体标准差未知，用样本标准差代替，使用式（7.3）作为检验统计量。根据样本数据计算，得 $s=0.065\ 647$，检验统计量为：

$$z=\frac{2.970\ 8-3}{0.065\ 647/\sqrt{50}}=-3.145\ 226$$

由 Excel 的【NORM.S.DIST】函数得 $P=$NORM.S.DIST$(-3.145\ 226,1)=0.000\ 830$。由于 $P<\alpha=0.05$，故拒绝原假设，表明每 100g 牛奶中的蛋白质含量显著低于 3g。

使用 Excel 的【Z.TEST】函数可以直接得到大样本 z 检验的单尾 P 值。函数语法为：Z.TEST(array,x,sigma)。其中，array 为数据所在的区域；x 为假设的总体均值；sigma 为已知的总体标准差，当总体标准差未知时，可以用样本标准差代替。

假定上面的数据在 Excel 工作表的 A2：A51 单元格，计算检验的 P 值的操作步骤如文本框 7-1 所示。

文本框 7 - 1　用 Excel 计算大样本 z 检验的 P 值

★ 用【Z. TEST】函数计算大样本 z 检验的 P 值

第 1 步：将光标放在任意空白单元格。然后点击【公式】，再点击【插入函数】。

第 2 步：从【选择类别】中选择【统计】，并在【选择函数】中点击【Z. TEST】，单击【确定】。

第 3 步：在【Array】中输入数据所在的区域，在【X】中输入假设的总体均值，在【Sigma】中输入已知的总体标准差（未知时可用样本标准差代替）。

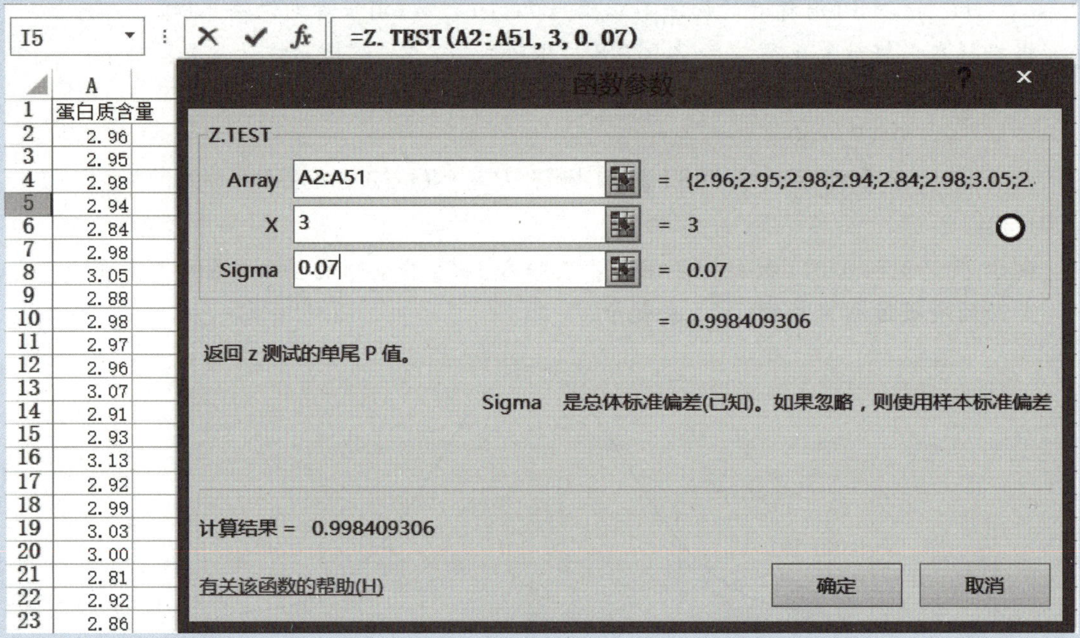

单击【确定】即可得到右尾概率。用 1 减右尾概率即可得到本例中检验的 P 值。

在 Excel 工作表的任意单元格中输入函数表达式的参数，得到相同的结果。比如，对于问题（1）得到的 P=1−Z. TEST(A2：A51,3,0. 07)=0. 001 591。对于问题（2）得到的 P=1−Z. TEST(A2：A51,3,0. 065 647)=0. 000 830。与上面的结果相同。

7.2.2　小样本的检验

在小样本（$n<30$）情形下，检验时首先假定总体服从正态分布。检验统计量的选择与总体方差是否已知有关。

当总体方差 σ^2 已知时，即使是在小样本情况下，样本均值经标准化后也服从标准正态分布，此时可按式（7. 2）对总体均值进行检验。

当总体方差 σ^2 未知时，需要用样本方差 s^2 代替 σ^2，此时式（7. 2）给出的检验统计量不再服从标准正态分布，而是服从自由度为 $n-1$ 的 t 分布。因此需要采用 t 分布进行检验，通常称为 t 检验。检验统计量为：

$$t=\frac{\bar{x}-\mu_0}{s/\sqrt{n}} \tag{7.4}$$

例7-6

某大学的管理人员认为，大学生每天用手机玩游戏的时间超过2小时。为此，该管理人员随机抽取20名学生做调查，得到每天用手机玩游戏的时间如表7-2所示。

表7-2 20名学生每天用手机玩游戏的时间 单位：小时

2.2	2.5	2.4	1.5	0.3	3.5	2.4	0.9	3.3	2.9
2.8	1.6	2.2	3.8	4.0	1.8	3.0	1.7	0.8	3.4

假定每天用手机玩游戏的时间服从正态分布，在以下两种情形下，检验大学生每天用手机玩游戏的时间是否显著超过2小时。

(1) 假定每天用手机玩游戏的时间的标准差为0.8小时，显著性水平为0.05。

(2) 假设总体标准差未知，显著性水平为0.05。

(3) 假设总体标准差未知，显著性水平为0.1。

解 (1) 依题意建立如下假设：

$$H_0:\mu\leqslant 2\text{；}H_1:\mu>2$$

由于总体标准差已知，虽然为小样本，但样本均值标准化后仍服从正态分布，因此可使用式(7.2)作为检验统计量。根据样本数据计算，得 $\bar{x}=2.35$，由式(7.2)得统计量为：

$$z=\frac{2.35-2}{0.8/\sqrt{20}}=1.956\ 559$$

由Excel的【NORM.S.DIST】函数得 $P=1-\text{NORM.S.DIST}(1.956\ 559,1)=0.025\ 200$。

由于 $P<\alpha=0.05$，故拒绝原假设，有证据表明大学生每天用手机玩游戏的时间显著超过2小时。

(2) 由于总体标准差未知，样本均值标准化后服从自由度为 $(n-1)$ 的 t 分布。因此需要用式(7.4)作为检验统计量。根据样本数据计算，得 $s=1.022\ 638$，由式(7.4)得统计量为：

$$t=\frac{2.35-2}{1.022\ 638/\sqrt{20}}=1.530\ 597$$

由Excel的【T.DIST.RT】函数得右尾检验的 $P=\text{T.DIST.RT}(1.530\ 597,19)=0.071\ 175$。由于 $P>\alpha=0.05$，故不拒绝原假设，没有证据表明大学生每天用手机玩游戏的时间显著超过2小时。

(3) 根据问题(2)的计算结果，由于 $P=0.071\ 175<\alpha=0.1$，故拒绝原假设，有证据表明大学生每天用手机玩游戏的时间显著超过2小时。

通过本例的检验结论可以看出，即使是对同一问题，给定的检验条件不同，也可能会得出不同的结论。本例使用正态分布得到的检验结果与 t 检验的结果就不相同。此外，即使使用同一分布进行检验，由于事先设定的显著性水平不同，也可能得出不同的结论。比如，本例使用0.05和0.1的显著性水平的 t 检验就得出了不同的结论。

图 7 - 5 给出了总体均值检验的基本流程，作为不同情形下检验统计量选择的总结。

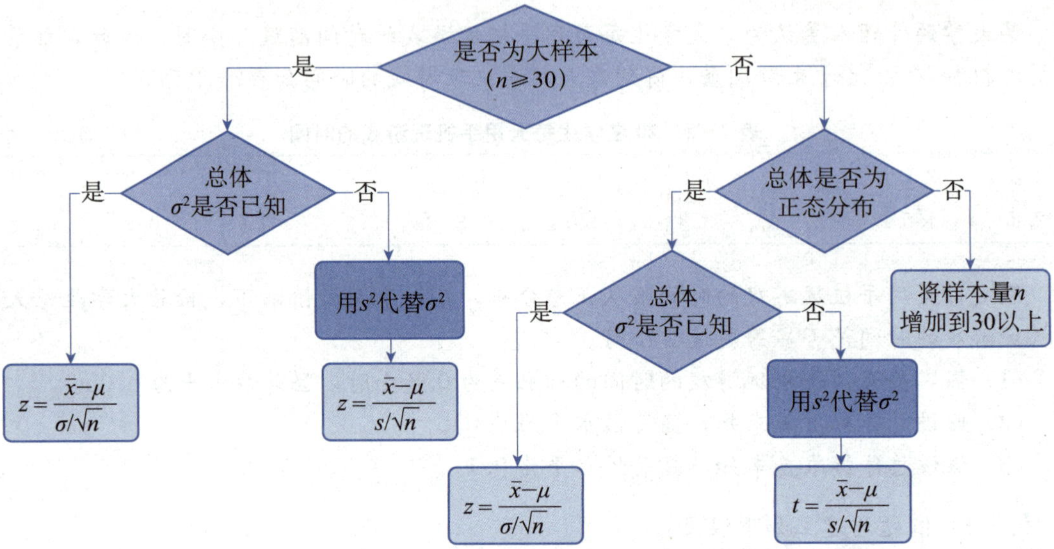

图 7 - 5　总体均值检验的基本流程

7.3 总体比例的检验

总体比例的检验程序与总体均值的检验类似，本节只介绍大样本①情形下总体比例的检验方法。在构造检验统计量时，仍然利用样本比例 p 与总体比例 π 之间的差距等于多少个标准误 σ_p 来衡量。由于在大样本情形下统计量 p 近似服从正态分布，而样本比例标准化后近似服从标准正态分布，因此检验统计量为：

$$z=\frac{p-\pi_0}{\sqrt{\dfrac{\pi_0(1-\pi_0)}{n}}} \tag{7.5}$$

例 7 - 7

一家网络游戏公司声称，其制作的某款网络游戏的玩家中女性超过 80%。为验证这一说法是否属实，该公司管理人员随机抽取了 200 个玩家进行调查，发现有 170 个女性经常玩该款游戏。试分别取显著性水平 $\alpha=0.05$ 和 $\alpha=0.01$，检验该款网络游戏的玩家中女性的比例超过 80%。

解　该公司想证明的是该款游戏玩家中女性比例超过 80%，因此提出的原假设和备择假设分别为：

① 进行总体比例检验时，判断样本量是否“足够大”的方法与总体比例的区间估计一样，参见第 6 章。

$H_0: \mu \leqslant 80\%$；$H_1: \mu > 80\%$

根据抽样结果计算，得 $p = 170/200 = 85\%$。

检验统计量为：

$$z = \frac{0.85 - 0.8}{\sqrt{\frac{0.8 \times (1-0.8)}{200}}} = 1.767\ 767$$

由 Excel 中的【NORM. S. DIST】函数得右尾检验的 $P = 1 - \text{NORM. S. DIST}(1.767\ 767, 1) = 0.038\ 55$。显著性水平为 0.05 时，由于 $P < 0.05$，故拒绝 H_0，样本提供的证据表明该款网络游戏的玩家中女性的比例超过 80%；显著性水平为 0.01 时，由于 $P > 0.01$，故不拒绝 H_0，样本提供的证据尚不能推翻原假设，没有证据表明该款网络游戏的玩家中女性的比例超过 80%。这个例子表明，对于同一个检验，不同的显著性水平将会得出不同的结论。

7.4 总体方差的检验

在生产和生活的许多领域，仅仅保证所观测到的样本均值维持在特定水平范围之内并不意味着整个过程就是正常的，方差的大小是否适度是需要考虑的另一个重要因素。一个方差大的产品自然意味着其质量或性能不稳定。相同均值的产品，方差小的自然要好些。与总体方差的区间估计类似，总体方差的检验也使用 χ^2 分布。此外，总体方差的检验，不论样本量 n 是大还是小，都要求总体服从正态分布。假设总体方差为 σ_0^2，检验统计量为：

$$\chi^2 = \frac{(n-1)s^2}{\sigma_0^2} \tag{7.6}$$

对于给定的显著性水平 α，双侧检验的临界值和拒绝域如图 7-6 所示。对于单侧检验，拒绝域在分布一侧的尾部。

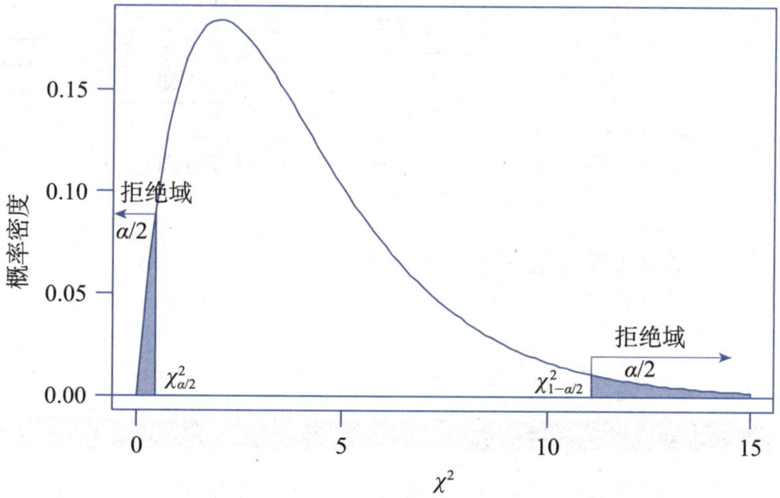

图 7-6　显著性水平为 α 时双侧检验的临界值和拒绝域

例 7-8

啤酒生产企业采用自动生产线灌装啤酒，每瓶的装填量为 640ml，但由于受某些不可控因素的影响，每瓶的装填量会有差异。此时，不仅每瓶的平均装填量很重要，而且装填量的方差 σ^2 同样很重要。如果 σ^2 很大，会出现装填量太多或太少的情况，这样，要么生产企业不划算，要么消费者不满意。假定生产标准规定每瓶装填量的标准差不应超过 4ml。企业质检部门抽取了 10 瓶啤酒进行检验，得到的样本标准差为 $s=3.8$ml。以 0.05 的显著性水平检验装填量的标准差是否符合要求。

解 依题意提出如下假设：

$$H_0:\sigma^2 \leqslant 4^2\ ;\ H_1:\sigma^2 > 4^2$$

检验统计量为：

$$\chi^2 = \frac{(10-1)\times 3.8^2}{4^2} = 8.122\,5$$

由于本题为右侧检验，需要计算出 χ^2 分布的右尾概率，由 Excel 的【CHISQ. DIST. RT】函数得 P=CHISQ. DIST. RT(8.122 5,9)=0.521 85。由于 $P>0.05$，故不拒绝原假设。样本提供的证据还不足以推翻原假设，没有证据表明啤酒装填量的标准差不符合要求。

思维导图：假设检验所用的分布

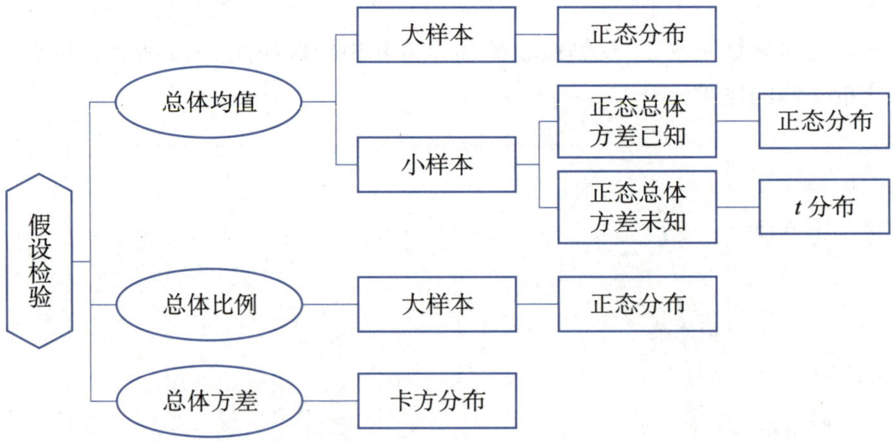

习题

7.1 某种果汁饮料瓶的标签上标明：每 100ml 果汁中维生素 C 的含量 ≥45mg。

(1) 为验证这一标识是否属实，建立适当的原假设和备择假设。

(2) 当拒绝原假设时，你会得到什么结论？

(3) 当不能拒绝原假设时，你会得到什么结论？

7.2 一项包括 1 000 个家庭的调查显示，每个家庭每天收看电视的平均时间为 7.25 小时，标准差为 2.5 小时。据报道，10 年前每个家庭每天收看电视的平均时间是 6.70 小时。取显著性水平 $\alpha=0.01$，这个调查能否证明如今每个家庭每天收看电视的平均时间增加了？

7.3 为监测空气质量，某城市环保部门每隔几周对空气烟尘质量进行一次随机检测。已知该城市过去每立方米空气中悬浮颗粒的平均值是 82μg。在最近一段时间的检测中，每立方米空气中悬浮颗粒的数值（单位：μg）如下。

81.6	86.6	80.0	85.8	78.6	58.3	68.7	73.2
96.6	74.9	83.0	66.6	68.6	70.9	71.7	71.6
77.3	76.1	92.2	72.4	61.7	75.6	85.5	72.5
74.0	82.5	87.0	73.2	88.5	86.9	94.9	83.0

根据最近的检测数据，当显著性水平 $\alpha=0.05$ 时，能否认为该城市空气中悬浮颗粒的平均值显著低于过去的平均值？

7.4 安装在一种联合收割机内的金属板的平均重量为 25kg。对某企业生产的 20 块金属板进行测量，得到的重量数据如下。

22.6	26.6	23.1	23.5
27.0	25.3	28.6	24.5
26.2	30.4	27.4	24.9
25.8	23.2	26.9	26.1
22.2	28.1	24.2	23.6

假设金属板的重量服从正态分布，在以下情形下，检验该企业生产的金属板是否符合要求。

(1) 假设总体方差为 5，$\alpha=0.01$。

(2) 假设总体方差未知，$\alpha=0.05$。

7.5 对消费者的一项调查表明，17%的人早餐饮料是牛奶。某城市的牛奶生产商认为，该城市的人早餐饮用牛奶的比例更高。为验证这一说法，生产商随机抽取 550 人的一个样本，其中 115 人早餐饮用牛奶。在 $\alpha=0.05$ 的显著性水平下，检验该生产商的说法是否属实。

7.6 沿用习题 7.4，检验金属板重量的方差是否为 5（$\alpha=0.05$）。

第 8 章 相关与回归分析

问题与思考

- 同一种商品在不同电商平台上的销售价格有差异，人们认为销售价格稍贵的电商配送速度更快，也就是配送时间更短。你认为销售价格和配送时间有关系吗？如果有关系，你知道它们的关系有多强吗？
- 如果有人问你，身高和体重有关系吗？你的回答是什么？你的回答怎样让人信服？
- 如果你想用收入来预测支出，你认为该怎么做？假定你的支出总是大于收入，用收入预测支出的结果是错误的吗？如果你支出的误差中只有 45%是由收入决定的，你的预测是哪里出了问题？

研究某些实际问题时，往往涉及多个数值变量，如果这些变量之间存在某种关系，并且能用数学模型把这种关系表示出来，就可以利用这一模型来解释变量间的关系，或根据给定的变量来预测所关注的变量，这就是**回归**（regression）要解决的问题。**回归分析**（regression analysis）本质上是对变量之间关系的分析，因此，本章首先介绍相关分析的有关知识，然后介绍一元线性回归的建模方法。

8.1 相关分析与回归分析

相关分析是回归建模的基础。在建立回归模型时，首先需要确定变量之间的关系，然后才能依据变量间的关系建立适当的模型。

8.1.1　相关分析

相关分析（correlation analysis）是对变量间关系形态和关系强度所做的分析，其内容主要包括：（1）确定变量之间是否有关系；（2）如果有，分析它们之间是什么关系；（3）分析变量之间的关系强度如何；（4）确定样本所反映的变量之间的关系能否代表总体变量之间的关系。

1. 相关关系的描述

设有两个变量 x 和 y，变量 y 随着变量 x 的变化而变化，并完全依赖于 x。若当 x 取某个值时，y 依据确定的关系取相应的值，则称 y 是 x 的函数，记为 $y=f(x)$。在实际问题中，有些变量间的关系并不像函数关系那么简单。例如，家庭收入与家庭支出之间就不是完全确定的关系。收入相同的家庭，它们的支出往往不同，而支出相同的家庭，它们的收入也可能不同。这意味着家庭支出并不能完全由家庭收入这一个因素决定，还受消费水平、银行利率等其他因素的影响。正是由于影响一个变量的因素有多种，才造成了它们之间关系的不确定性。变量之间这种不确定的关系称为**相关关系**（correlation）。

相关关系的特点是：一个变量的取值不能由另一个变量唯一确定，当变量 x 取某个值时，变量 y 的取值可能有多个，或者说，当 x 取某个固定的值时，y 的取值对应一个分布。例如，身高（x）与体重（y）的关系就属于相关关系。一般来说，身高较高的人，其体重也较重。但实际情形并非完全如此，体重并不完全由身高这一个因素决定，还受饮食习惯等其他许多因素的影响。因此，身高相同的人，体重的取值可能有多个，即身高取某个值时，体重的取值对应一个分布。

描述相关关系的常用工具是散点图。对于两个变量 x 和 y，可以根据散点图的分布形态判断它们之间有没有关系、有什么关系及关系的大致强度等。

例 8－1

为研究销售收入与广告支出之间的关系，随机抽取 25 家药品生产企业，得到它们的销售收入和广告支出数据如表 8－1 所示。试绘制散点图描述销售收入与广告支出之间的关系。

表 8-1　25 家药品生产企业的销售收入和广告支出数据　　单位：万元

企业编号	销售收入	广告支出
1	538.9	65.0
2	315.5	60.4
3	586.9	70.8
4	527.6	81.3
5	697.6	91.7
6	635.7	102.1
7	834.5	112.5
8	908.3	122.9
9	1 140.3	133.3
10	1 384.9	143.8
11	1 053.7	154.2
12	1 117.8	164.6
13	1 306.5	175.0
14	1 343.7	185.4
15	1 663.9	195.8
16	969.1	100.0
17	1 366.8	216.7
18	1 705.1	227.1
19	1 785.8	237.5
20	1 530.9	247.9
21	2 227.6	258.3
22	1 921.4	268.8
23	1 966.0	279.2
24	2 079.0	289.6
25	2 354.4	298.0

解　销售收入与广告支出的散点图如图 8-1 所示。

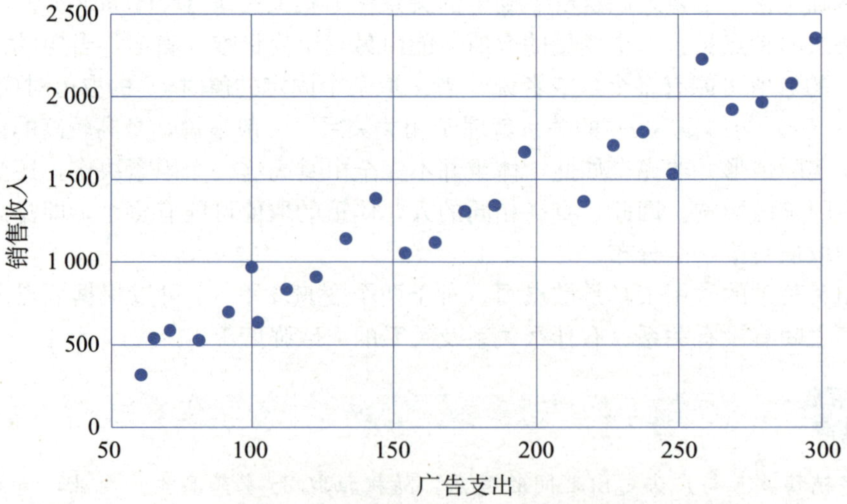

图 8-1　销售收入与广告支出的散点图

从散点图可以看出，随着广告支出的增加，销售收入也随之增加，二者的数据点分布在一条直线的周围，具有正的线性相关关系。

2. 关系强度的度量

散点图可以判断两个变量之间有无相关关系，并对关系形态做出大致描述，但要准确度量变量间的关系强度，则需要计算相关系数。

相关系数（correlation coefficient）是度量两个变量之间线性关系强度的统计量。样本相关系数记为 r，计算公式为：

$$r=\frac{\sum_{i=1}^{n}(x_i-\bar{x})(y_i-\bar{y})}{\sqrt{\sum_{i=1}^{n}(x_i-\bar{x})^2\cdot\sum_{i=1}^{n}(y_i-\bar{y})^2}} \tag{8.1}$$

按式（8.1）计算的相关系数也称为**皮尔逊相关系数**①（Pearson's correlation coefficient）。

计算相关系数时，假定两个变量之间是线性关系，两个变量都是随机变量，并且服从一个联合的双变量正态分布。此外，样本数据中不应有极端值，否则会对相关系数的值有较大影响。相关系数 r 具有如下性质。

(1) r 的取值范围在 -1 和 1 之间，即 $-1\leqslant r\leqslant 1$。$r>0$ 表明 x 与 y 正线性相关；$r<0$ 表明 x 与 y 负线性相关；$|r|=1$ 表明 x 与 y 完全相关（实际上就是函数关系），其中 $r=1$ 表示 x 与 y 完全正线性相关，$r=-1$ 表示 x 与 y 完全负线性相关；$r=0$ 表明 x 与 y 之间不存在线性相关关系。

(2) r 具有对称性。x 与 y 之间的相关系数 r_{xy} 和 y 与 x 之间的相关系数 r_{yx} 相等，即 $r_{xy}=r_{yx}$。

(3) r 值的大小与 x 和 y 的原点及尺度无关。改变 x 和 y 的数据原点或计量尺度，并不改变 r 值的大小。比如，用 $x+5$ 和 $y\div 2$ 计算的 r 值与根据 x 和 y 计算的 r 值相同。

(4) r 仅仅是 x 与 y 之间线性关系的一个度量，它不能用于描述非线性关系。这意味着，$r=0$ 只表示两个变量之间不存在线性相关关系，并不表明变量之间没有任何关系，比如它们之间可能存在非线性关系。当变量之间的非线性相关程度较强时，就可能会导致 $r=0$。因此，当 $r=0$ 或很小时，不能轻易得出两个变量之间没有关系的结论，而应结合散点图做出合理的解释。

(5) r 虽然是两个变量之间线性关系的一个度量，但是不一定意味着 x 与 y 一定有因果关系。

了解相关系数的性质有助于对其实际意义的解释。但根据实际数据计算出的 r，其取值一般在 -1 和 1 之间。$|r|$ 越接近 1，说明两个变量之间的线性关系越强；$|r|$ 越接近 0，

① 相关和回归的概念是 1877—1888 年间由费朗西斯·高尔顿（Francis Galton）提出的。但真正使其理论系统化的是卡尔·皮尔逊（Karl Pearson），为纪念他的贡献也将相关系数称为皮尔逊相关系数。

说明两个变量之间的线性关系越弱。对于一个具体的 r 的取值，根据经验可将线性相关程度分为以下几种情况：当 $|r|\geqslant 0.8$ 时，可视为高度线性相关；当 $0.5\leqslant|r|<0.8$ 时，可视为中度线性相关；当 $0.3\leqslant|r|<0.5$ 时，视为低度线性相关；当 $|r|<0.3$ 时，说明两个变量之间的线性相关程度极弱，可视为不线性相关。

例 8-2

沿用例 8-1。计算销售收入与广告支出之间的相关系数，并分析其关系强度。

解 使用 Excel 的【CORREL】函数、【PEARSON】函数，或者使用【数据分析】工具均可以计算相关系数。具体的操作步骤如文本框 8-1 所示。

文本框 8-1 用 Excel 计算相关系数

★ 用【CORREL】函数或【PEARSON】函数计算相关系数

第 1 步：将光标放在任意空白单元格。然后点击【公式】，再点击【插入函数】。

第 2 步：从【选择类别】中选择【统计】，并在【选择函数】中点击【CORREL】（或【PEARSON】，两个函数的语法相同），单击【确定】。

第 3 步：在【Array1】中输入一个变量的数据所在的区域，在【Array2】中输入另一个变量的数据所在的区域，界面如下图所示。

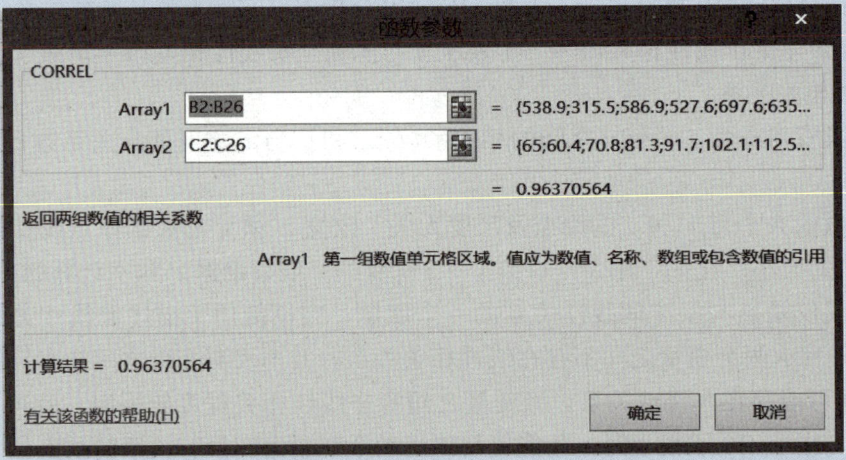

点击【确定】，即可得到相关系数。

★ 用【数据分析】工具计算相关系数

用 Excel 的【数据分析】工具中的【相关系数】可以计算多个变量的相关系数。步骤如下：

第 1 步：将光标放在任意空白单元格。然后点击【数据】→【数据分析】。在弹出的对话框中选择【相关系数】。点击【确定】。

第 2 步：在【输入区域】中输入计算相关系数的数据区域，并在【输出区域】中输入结果放置的位置，界面如下图所示。

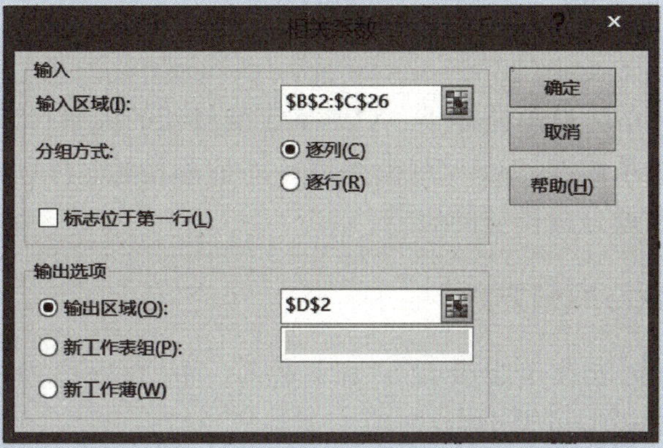

点击【确定】，即可得到相关系数。

按上述步骤得到的销售收入与广告支出之间的相关系数 $r=0.963\ 706$，表示销售收入与广告支出之间有较强的正线性相关关系，即随着广告支出的增加，销售收入也增加。

8.1.2　回归分析

在相关分析中，两个变量的地位相同。**回归分析**（regression analysis）则不然，需要对变量的地位做出区分。下面结合例 8－1 来理解回归的含义。

例 8－1 中涉及两个数值变量，如果将两个变量一视同仁，仅对变量间的关系进行分析，这就是相关分析；如果特别关注其中的某个变量，比如，特别关注销售收入，而将广告支出看作影响销售收入的因素，分析的目的是想利用广告支出来解释或预测销售收入，这就是回归分析。简单地说，回归分析是将变量间的关系用数学模型表示出来，并用这一模型来解释变量间的关系或根据给定的变量来预测所关注的变量。

在回归分析中，研究者特别关注的变量称为**因变量**（dependent variable）或**响应变量**（response variable），用 y 表示。如果分析的目的是想利用其余变量解释因变量，则因变量也称为被解释变量；如果分析的目的是想利用其余变量来预测因变量，则因变量也称为被预测变量。用来解释或预测因变量的一个或多个变量称为**自变量**（independent variable），用 x 表示。当用自变量来解释因变量时，自变量也称为**解释变量**（explanatory variable）；当用自变量来预测因变量时，自变量也称为**预测变量**（predictor variable）。比如，在例 8－1 中，如果特别关注销售收入，而将广告支出看作影响销售收入的因素，分析的目的是想用广告支出来解释或预测销售收入，则销售收入就是因变量，广告支出就是自变量。

在回归分析中，只涉及一个自变量时称为**一元回归**（unary regression），涉及多个自变量时则称为**多元回归**（multiple regression）。如果因变量与自变量之间是线性关系，则称为**线性回归**（linear regression）；如果因变量与自变量之间是非线性关系，则称为**非线性回归**（nonlinear regression）。本章主要介绍一元线性回归建模的基本方法。

8.2 一元线性回归模型的估计和检验

一元线性回归建模的大体思路如下：(1) 确定变量间的关系；(2) 确定因变量和自变量，并建立变量间的关系模型；(3) 对模型进行评估和检验；(4) 利用回归方程进行预测；(5) 利用预测的残差分析模型的假定。

8.2.1 回归模型与回归方程

描述因变量 y 如何依赖于自变量 x 和误差项 ε 的方程称为**回归模型**（regression model）。一元线性回归模型可表示为：

$$y = \beta_0 + \beta_1 x + \varepsilon \tag{8.2}$$

式中，β_0 和 β_1 为模型的参数。

式 (8.2) 表示，在一元线性回归模型中，y 等于 x 的线性函数 $\beta_0+\beta_1 x$ 加上误差项 ε。$\beta_0+\beta_1 x$ 反映了由 x 的变化引起的 y 的线性变化；ε 是称为误差项的随机变量，它是除 x 以外的其他随机因素对 y 的影响，是不能由 x 和 y 之间的线性关系所解释的 y 的误差。

建立一元线性回归模型时，首先假定因变量 y 与自变量 x 之间为线性关系①，而且自变量 x 的取值是事先给定的（假定 x 是非随机变量），而 y 则是随机变量。这意味着对于任意一个给定的 x 值，y 的取值都对应一个分布，因此，$E(y)=\beta_0+\beta_1 x$ 代表一条直线。但由于单个数据点是从 y 的分布中抽取出来的，可能不在这条直线上，因此必须包含一个误差项 ε 来描述模型的观测点，并对 ε 做出以下假定：

(1) 正态性。ε 是一个服从正态分布的随机变量，且期望值为 0，即 $E(\varepsilon)=0$。这意味着在式 (8.2) 中，由于 β_0 和 β_1 都是常数，有 $E(\beta_0)=\beta_0$，$E(\beta_1)=\beta_1$，因此对于一个给定的 x 值，y 的期望值为 $E(y)=\beta_0+\beta_1 x$。

(2) 方差齐性。对于所有的 x 值，ε 的方差 σ^2 都相同。这意味着对于一个给定的 x 值，y 的方差也都等于 σ^2。

(3) 独立性。对于一个给定的 x 值，它所对应的 ε 与其他 x 值所对应的 ε 不相关。因此，对于一个给定的 x 值，它所对应的 y 值与其他 x 所对应的 y 值也不相关。这表示，在 x 取某个给定值的情形下，y 的变化由误差项 ε 的方差 σ^2 决定。当 σ^2 较小时，y 的观测值非常靠近直线；当 σ^2 较大时，y 的观测值将偏离直线。对于任意一个给定的 x 值，y 都服从期望值为 $E(y)=\beta_0+\beta_1 x$、方差为 σ^2 的正态分布，并且不同的 x 具有相同的方差。

回归模型中的参数 β_0 和 β_1 是未知的，需要利用样本数据去估计。当用样本统计量 $\hat{\beta}_0$ 和 $\hat{\beta}_1$ 估计参数 β_0 和 β_1 时，就得到了**估计的回归方程**（estimated regression equation），它是根据样本数据求出的回归模型的估计。一元线性回归模型的估计方程为：

---

① 也可以利用 8.1 节介绍的相关分析来确定因变量 y 与自变量 x 之间是否为线性关系。

$$\hat{y}=\hat{\beta}_0+\hat{\beta}_1 x \tag{8.3}$$

式中，$\hat{\beta}_0$ 为估计的回归直线在 y 轴上的截距；$\hat{\beta}_1$ 为估计的回归直线的斜率，也称为**回归系数**（regression coefficient），它表示 x 每改变一个单位时，y 的平均改变量。

8.2.2　参数的最小二乘估计

对于 x 和 y 的 n 对观测值，用于描述其关系的直线有多条，究竟用哪条直线来代表两个变量之间的关系呢？我们自然会想到距离各观测点最近的那条直线，用它来代表 x 与 y 之间的关系与实际数据的误差比其他任何直线都小。模型参数的估计通常采用**普通最小二乘法**（ordinary least squares method，OLS 法），简称最小二乘法或最小平方法（least squares method），它通过使因变量的观测值 y_i 与估计值 $\hat{y}_i$ 之间的离差平方和达到最小来估计 β_0 和 β_1。最小二乘法的含义可用图 8－2 表示。

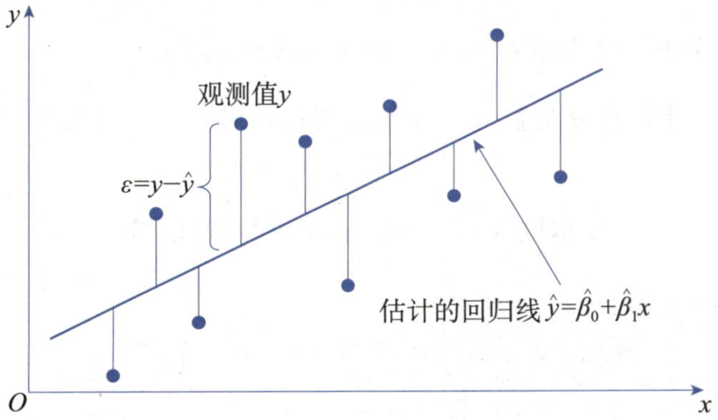

图 8－2　最小二乘法的示意图

用最小二乘法拟合的直线具有一些优良的性质。首先，根据最小二乘法得到的回归直线能使离差平方和达到最小，虽然这并不能保证它就是拟合数据的最佳直线①，但这毕竟是一条与数据拟合良好的直线应有的性质。其次，由最小二乘法求得的回归直线可知 β_0 和 β_1 的估计量的抽样分布，并且在一定条件下，β_0 和 β_1 的最小二乘估计量满足 $E(\hat{\beta}_0)=\beta_0$，$E(\hat{\beta}_1)=\beta_1$，而且同其他估计量相比，其抽样分布具有较小的标准差。正是基于上述性质，最小二乘法被广泛用于回归模型参数的估计。

根据最小二乘法，有

$$\sum_{i=1}^{n}(y_i-\hat{y}_i)^2=\sum_{i=1}^{n}(y_i-\hat{\beta}_0-\hat{\beta}_1 x_i)^2=\min \tag{8.4}$$

令 $Q=\sum_{i=1}^{n}(y_i-\hat{y}_i)^2$，在给定样本数据后，$Q$ 是 $\hat{\beta}_0$ 和 $\hat{\beta}_1$ 的函数，且最小值总存在。根据微积分的极值定理，对 Q 求关于 $\hat{\beta}_0$ 和 $\hat{\beta}_1$ 的偏导数，并令其等于 0，便可求出 $\hat{\beta}_0$ 和 $\hat{\beta}_1$，即

---

① 许多其他方法得到的拟合直线也具有这种性质。

$$
\begin{cases}
\left.\dfrac{\partial Q}{\partial \beta_0}\right|_{\beta_0=\hat{\beta}_0}=-2\sum_{i=1}^{n}(y_i-\hat{\beta}_0-\hat{\beta}_1x_i)=0 \\
\left.\dfrac{\partial Q}{\partial \beta_1}\right|_{\beta_1=\hat{\beta}_1}=-2\sum_{i=1}^{n}x_i(y_i-\hat{\beta}_0-\hat{\beta}_1x_i)=0
\end{cases}
\tag{8.5}
$$

解上述方程组，得

$$
\begin{cases}
\hat{\beta}_1=\dfrac{\sum_{i=1}^{n}(x_i-\bar{x})(y_i-\bar{y})}{\sum_{i=1}^{n}(x_i-\bar{x})^2} \\
\hat{\beta}_0=\bar{y}-\hat{\beta}_1\bar{x}
\end{cases}
\tag{8.6}
$$

由式（8.6）可知，当 $x=\bar{x}$ 时，$\hat{y}=\bar{y}$，即回归直线 $\hat{y}_i=\hat{\beta}_0+\hat{\beta}_1x_i$ 过点（$\bar{x}$，$\bar{y}$）。

例 8－3

根据例 8－1 的数据，求销售收入与广告支出的回归方程。

解 使用 Excel 的【数据分析】工具可以得到线性回归的部分结果，操作步骤如文本框 8－2 所示。

文本框 8－2　用 Excel 进行线性回归

★ 用【数据分析】工具进行线性回归

第 1 步：将光标放在任意空白单元格。然后点击【数据】→【数据分析】，并在【分析工具】中选择【回归】。点击【确定】。

第 2 步：在【Y 值输入区域】中输入因变量 y 的数据所在的区域，在【X 值输入区域】中输入自变量 x 的数据所在的区域。在【输出选项】部分选择结果的放置位置。在【残差】部分选择需要的结果，比如，残差、残差图等。界面如下图所示。

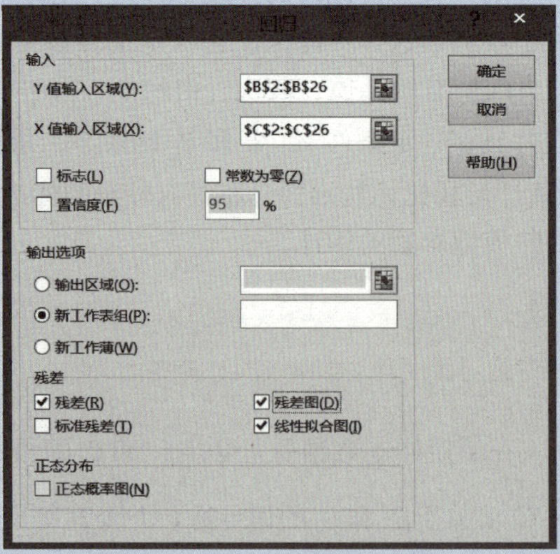

点击【确定】，即得到线性回归结果。

文本框 8-2 给出的回归结果主要包括以下几部分。

第 1 部分：分析中的一些主要统计量。包括相关系数（Multiple R）、决定系数（R Square）、调整的决定系数（Adjusted R Square）、估计标准误（标准误差）等，如表 8-2 的“回归统计”部分所示。

表 8-2 销售收入与广告支出的线性回归结果

SUMMARY OUTPUT						
回归统计						
Multiple R	0.9637056					
R Square	0.9287286					
Adjusted R Square	0.9256298					
标准误差	157.9733					
观测值	25					
方差分析						
	df	SS	MS	F	Significance F	
回归分析	1	7479429.6	7479429.6	299.70992	1.09551E-14	
残差	23	573977.94	24955.563			
总计	24	8053407.5				
	Coefficient	标准误差	t Stat	P-value	下限 95.0%	上限 95.0%
Intercept	32.567132	78.597245	0.4143546	0.6824534	-130.0236575	195.15792
X Variable 1	7.2742758	0.4201837	17.312132	1.096E-14	6.40505961	8.1434921

第 2 部分：回归分析的方差分析表。包括回归平方和、残差平方和、总平方和（即 SS 列）及相应的自由度（df），回归均方和残差均方（即 MS 列），检验统计量（F），F 检验的显著性水平（Significance F）。方差分析表部分主要用于对回归模型的线性关系进行显著性检验，见表 8-2 的“方差分析”部分。

第 3 部分：模型中参数估计的有关内容。包括回归方程的截距（Intercept）、回归系数（X Variable 1），截距和回归系数检验的统计量（t Stat）及显著性水平（P-value），截距和回归系数的 95%置信区间下限（下限 95.0%）和置信区间上限（上限 95.0%）等，见表 8-2 的最后一部分。

第 4 部分：回归的预测值（预测 Y）、残差和标准残差等。

此外，本例还给出了回归的残差图（X Variable 1 Residual Plot）、线性拟合图（X Variable 1 Line Fit Plot）和 y 的正态概率图（Normal Probability Plot）等。

对于本章内容所涉及的一些结果，将在后面陆续介绍。

由表 8-2 的回归结果可知，销售收入与广告支出的估计方程为 $\hat{y}=32.567\,1+7.274\,3x$。回归系数 7.274 3 表示广告支出每改变（增加或减少）1 万元，销售收入平均变动（增加或减少）7.274 3 万元。截距 32.567 1 表示广告支出为 0 时，销售收入为 32.567 1 万元。但在回归分析中，对截距 $\hat{\beta}_0$ 通常不做实际意义上的解释，除非 $x=0$ 有实际意义。

将 x_i 的各个取值代入上述估计方程，可以得到销售收入的各个估计值 $\hat{y}_i$。回归的预测值（预测 Y）如表 8-3 所示。

表 8-3　25 家企业销售收入的预测值

观测值	销售收入	广告支出	预测 Y
1	538.9	65.0	505.395 1
2	315.5	60.4	471.933 4
3	586.9	70.8	547.585 9
4	527.6	81.3	623.965 8
5	697.6	91.7	699.618 2
6	635.7	102.1	775.270 7
7	834.5	112.5	850.923 2
8	908.3	122.9	926.575 6
9	1 140.3	133.3	1 002.228 1
10	1 384.9	143.8	1 078.608 0
11	1 053.7	154.2	1 154.260 5
12	1 117.8	164.6	1 229.912 9
13	1 306.5	175.0	1 305.565 4
14	1 343.7	185.4	1 381.217 9
15	1 663.9	195.8	1 456.870 3
16	969.1	100.0	759.994 7
17	1 366.8	216.7	1 608.902 7
18	1 705.1	227.1	1 684.555 2
19	1 785.8	237.5	1 760.207 6
20	1 530.9	247.9	1 835.860 1
21	2 227.6	258.3	1 911.512 6
22	1 921.4	268.8	1 987.892 5
23	1 966.0	279.2	2 063.544 9
24	2 079.0	289.6	2 139.197 4
25	2 354.4	298.0	2 200.301 3

图 8-3 给出了线性拟合图。

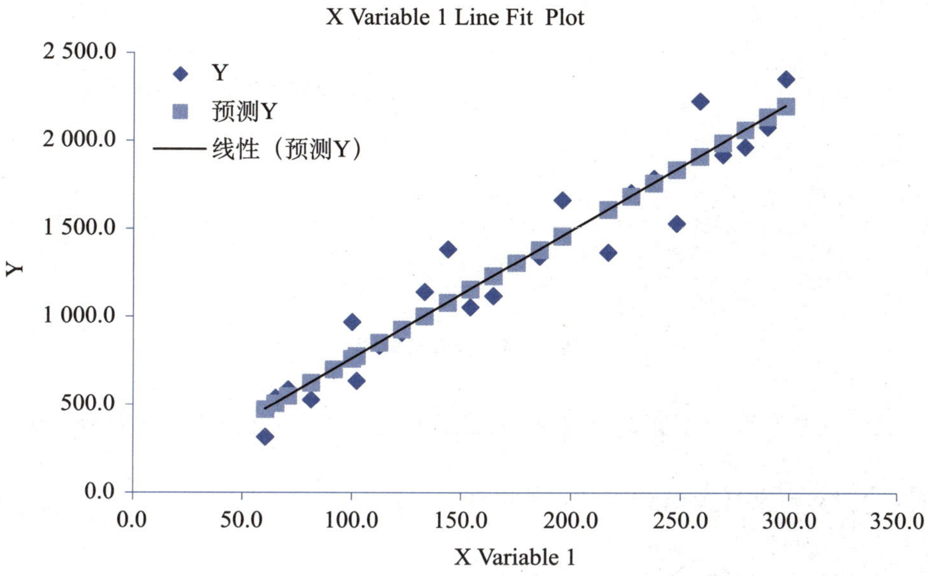

图 8-3　销售收入与广告支出的线性拟合图

8.2.3　模型的拟合优度

回归直线 $\hat{y}_i=\hat{\beta}_0+\hat{\beta}_1 x_i$ 在一定程度上描述了变量 x 与 y 之间的关系，根据这一方程，可用自变量 x 的取值来预测因变量 y 的取值。但预测的精度将取决于回归直线对观测数据的拟合程度。可以想象，如果各观测数据的散点都落在这一直线上，那么这条直线就是对数据的完全拟合，直线充分代表了各个点，此时用 x 来估计 y 是没有误差的。各观测点越紧密围绕直线，说明直线对观测数据的拟合程度越好，反之则越差。回归直线与各观测点的接近程度称为回归直线对数据的**拟合优度**（goodness of fit）。评价拟合优度的一个重要统计量就是**决定系数**（coefficient of determination），也称判定系数。

1. 决定系数

决定系数是对回归模型拟合优度的度量。为说明它的含义，需要考察因变量 y 取值的误差。

因变量 y 的取值是不同的，y 取值的这种波动称为**变差**（variation）。变差的产生有两个原因：一是自变量 x 的取值不同造成的；二是 x 以外的其他随机因素的影响。对一个具体的观测值来说，变差的大小可以用实际观测值 y 与其均值 $\bar{y}$ 之差 $(y-\bar{y})$ 来表示，如图 8-4 所示。而 n 次观测值的总变差可用这些离差的平方和来表示，称为**总平方和**（total sum of squares），记为 $(y-\hat{y})$，即 $\mathrm{SST}=\sum_{i=1}^{n}(y_i-\bar{y})^2$。

图 8-4 显示，每个观测点的变差都可以分解为两部分，即 $y-\bar{y}=(y-\hat{y})+(\hat{y}-\bar{y})$，两边平方并对 n 个点求和，有

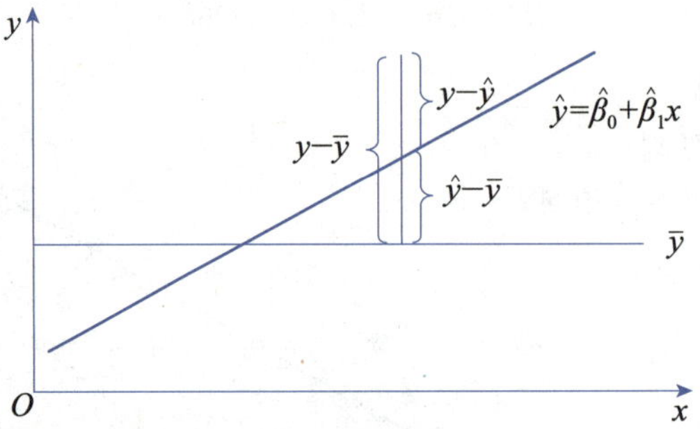

图 8-4　变差分解图

$$\sum_{i=1}^{n}(y_i-\bar{y})^2=\sum_{i=1}^{n}(y_i-\hat{y}_i)^2+\sum_{i=1}^{n}(\hat{y}_i-\bar{y})^2+2\sum_{i=1}^{n}(y_i-\hat{y}_i)(\hat{y}_i-\bar{y}) \qquad (8.7)$$

可以证明，$\sum_{i=1}^{n}(y_i-\hat{y}_i)(\hat{y}_i-\bar{y})=0$，因此有

$$\sum_{i=1}^{n}(y_i-\bar{y})^2=\sum_{i=1}^{n}(y_i-\hat{y}_i)^2+\sum_{i=1}^{n}(\hat{y}_i-\bar{y})^2 \qquad (8.8)$$

式（8.8）的左边称为总平方和 SST，它分解为两部分。其中 $\sum_{i=1}^{n}(\hat{y}_i-\bar{y})^2$ 是回归值 $\hat{y}_i$ 与均值 $\bar{y}$ 的离差平方和，根据估计的回归方程，估计值 $\hat{y}_i=\hat{\beta}_0+\hat{\beta}_1x_i$，因此可以把（$\hat{y}_i-\bar{y}$）看作由自变量 x 的变化引起的 y 的变化。而其平方和 $\sum_{i=1}^{n}(\hat{y}-\bar{y})^2$ 则反映了 y 的总变差中由 x 的变化引起的 y 的变化部分，它是可以由回归直线来解释的 y_i 的变差部分，称为**回归平方和**（regression sum of squares），记为 SSR。另一部分 $\sum_{i=1}^{n}(y_i-\hat{y}_i)^2$ 是实际观测值与回归值的离差平方和，它是除了 x 对 y 的线性影响之外的其他随机因素对 y 的影响，是不能由回归直线来解释的 y_i 的变差部分，称为**残差平方和**（residual sum of squares），记为 SSE。三个平方和的关系为：

$$总平方和(SST)=回归平方和(SSR)+残差平方和(SSE) \qquad (8.9)$$

从图 8-4 可以直观地看出，回归直线拟合得好坏取决于回归平方和 SSR 占总平方和 SST 的比例 SSR/SST 的大小。各观测点越靠近直线，SSR/SST 就越大，直线拟合得也就越好。回归平方和占总平方和的比例称为决定系数或判定系数，记为 R^2，其计算公式为：

$$R^2=\frac{SSR}{SST}=\frac{\sum_{i=1}^{n}(\hat{y}_i-\bar{y})^2}{\sum_{i=1}^{n}(y_i-\bar{y})^2} \qquad (8.10)$$

决定系数 R^2 度量了回归直线对观测数据的拟合程度。若所有观测点都落在直线上，残差平方和 SSE=0，$R^2=1$，拟合是完全的；如果 y 的变化与 x 无关，此时 $\hat{y}=\bar{y}$，则 $R^2=0$。可见 R^2 的取值范围是［0，1］。R^2 越接近 1，回归直线的拟合程度就越好；R^2 越接近 0，回归直线的拟合程度就越差。

在一元线性回归中，相关系数 r 是决定系数的平方根。这一结论可以帮助进一步理解相关系数的含义。实际上，相关系数 r 也从另一个角度说明了回归直线的拟合程度。$|r|$ 越接近 1，表明回归直线对观测数据的拟合程度越高。但用 r 说明回归直线的拟合程度需要慎重，因为 r 的值总是大于 R^2 的值（除非 $r=0$ 或 $|r|=1$）。比如，当 $r=0.5$ 时，表面上看似乎有一半的相关了，但 $R^2=0.25$，这表明自变量 x 只能解释因变量 y 总变差的 25%。$r=0.7$ 才能解释近一半的变差，$r<0.3$ 意味着只有很少一部分变差可由回归直线来解释。

例如，表 8－2 给出的决定系数 $R^2=92.87\%$ 的实际意义是：在销售收入取值的总变差中，有 92.87 %可以由销售收入与广告支出之间的线性关系来解释，可见回归方程的拟合程度较高。

2. 估计标准误

估计标准误（standard error of estimate）是残差平方和的均方根，即残差的标准差，用 s_e 表示。其计算公式为：

$$s_e=\sqrt{\frac{\sum_{i=1}^{n}(y_i-\hat{y}_i)^2}{n-k-1}}=\sqrt{\frac{\text{SSE}}{n-k-1}} \tag{8.11}$$

式中，k 为自变量的个数，在一元线性回归中，$n-k-1=n-2$。

s_e 是度量各观测点在直线周围离散程度的一个统计量，它反映了实际观测值 y_i 与回归估计值 $\hat{y}_i$ 之间的差异程度。s_e 也是对误差项 ε 的标准差 σ 的估计，它可以看作在排除了 x 对 y 的线性影响后，y 随机波动大小的一个估计量。从实际意义看，s_e 反映了用估计的回归方程预测因变量 y 时产生的预测误差的大小。各观测点越靠近直线，回归直线对各观测点的代表性就越好，s_e 就会越小，根据回归方程进行预测也就越准确；若各观测点全部落在直线上，则 $s_e=0$，此时用自变量来预测因变量是没有误差的。可见 s_e 也从另一个角度说明了回归直线的拟合程度。

例如，表 8－2 给出的标准误 $s_e=157.973\,3$ 的实际意义是：根据广告支出来预测销售收入时，平均的预测误差为 157.973 3 万元。

8.2.4　模型的显著性检验

在建立回归模型之前，已经假定 x 与 y 是线性关系，但这种假定是否成立，需要检验后才能证实。回归分析中的显著性检验主要包括线性关系检验和回归系数检验两个方面的内容。

1. 线性关系检验

线性关系检验简称 F 检验，它用来检验自变量 x 和因变量 y 之间的线性关系是否显著，或者说，它们之间能否用一个线性模型 $y=\beta_0+\beta_1x+\varepsilon$ 来表示。检验统计量的构造是以回归平方和（SSR）以及残差平方和（SSE）为基础的。将 SSR 除以其相应的自由度（SSR 的自由度是自变量的个数 k，一元线性回归中自由度为 1）后的结果称为回归**均方**

(mean square)，记为 MSR；将 SSE 除以其相应的自由度（SSE 的自由度为 $n-k-1$，一元线性回归中自由度为 $n-2$）后的结果称为残差均方，记为 MSE。如果原假设成立（H_0：$\beta_1=0$，两个变量之间的线性关系不显著），则比值 MSR/MSE 的抽样分布服从分子自由度为 k、分母自由度为 $n-k-1$ 的 F 分布，即

$$F=\frac{\text{SSR}/k}{\text{SSE}/(n-k-1)}=\frac{\text{MSR}}{\text{MSE}}\sim F(k,\ n-k-1) \tag{8.12}$$

当原假设 $H_0:\beta_1=0$ 成立时，MSR/MSE 的值应接近 1，但当原假设不成立时，MSR/MSE 的值将变得无穷大。因此，较大的 MSR/MSE 值将导致拒绝 H_0，此时就可以断定 x 与 y 之间存在显著的线性关系。

线性关系检验的具体步骤如下：

第 1 步：提出假设。

$H_0:\beta_1=0$（两个变量之间的线性关系不显著）

$H_1:\beta_1\neq 0$（两个变量之间的线性关系显著）

第 2 步：计算检验统计量 F。

第 3 步：做出决策。确定显著性水平 α，并根据分子自由度 $\text{df}_1=k$ 和分母自由度 $\text{df}_2=n-k-1$ 求出统计量的 P 值，若 $P<\alpha$，则拒绝 H_0，表明两个变量之间的线性关系显著。

例如，表 8-2 给出了各个平方和、均方、检验统计量 F 及相应的 P 值（Sig.）。由于实际显著性水平 Sig. = 1.096E-14，接近 0，因此拒绝 H_0，表明销售收入与广告支出之间的线性关系显著。

2. 回归系数的检验和估计

回归系数检验简称 t 检验，它用于检验自变量对因变量的影响是否显著。在一元线性回归中，由于只有一个自变量，因此回归系数检验与线性关系检验是等价的（在多元线性回归中这两种检验不再等价）。其检验假设为：

$H_0:\beta_1=0$（自变量对因变量的影响不显著）

$H_1:\beta_1\neq 0$（自变量对因变量的影响显著）

检验统计量的构造是以回归系数 β_1 的抽样分布为基础的。[①] 统计表明，$\hat{\beta}_1$ 服从正态分布，期望值为 $E(\hat{\beta}_1)=\beta_1$，标准差的估计量为：

$$s_{\hat{\beta}_1}=\frac{s_e}{\sqrt{\sum_{i=1}^{n}x_i^2-\frac{1}{n}\left(\sum_{i=1}^{n}x_i\right)^2}} \tag{8.13}$$

将回归系数标准化，就可以得到用于检验回归系数 β_1 的统计量 t。在原假设成立的条件下，$\hat{\beta}_1-\beta_1=\hat{\beta}_1$，因此检验统计量为：

① 回归方程 $\hat{y}_i=\hat{\beta}_0+\hat{\beta}_1x_i$ 是根据样本数据计算的。当抽取不同的样本时，会得出不同的估计方程。实际上，$\hat{\beta}_0$ 和 $\hat{\beta}_1$ 是根据最小二乘法得到的用于估计参数 β_0 和 β_1 的统计量，它们都是随机变量，也都有自己的分布。

$$t=\frac{\hat{\beta}_1}{s_{\hat{\beta}_1}}\sim t(n-2) \tag{8.14}$$

确定显著性水平 α，并根据自由度 df$=n-2$ 计算出统计量的 P 值，若 $P<\alpha$，则拒绝 H_0，表明 x 对 y 的影响显著。

例如，表 8-2 给出了检验统计量 $t=17.312\,132$，由于显著性水平 Sig. 接近 0，因此拒绝 H_0，表明广告支出是影响销售收入的一个显著因素。

除对回归系数进行检验外，还可以对其进行估计。回归系数 β_1 在 $1-\alpha$ 置信水平下的置信区间为：

$$\hat{\beta}_1\pm t_{\alpha/2}(n-2)\frac{s_e}{\sqrt{\sum_{i=1}^{n}(x_i-\bar{x})^2}} \tag{8.15}$$

回归模型中的常数项 β_0 在 $1-\alpha$ 置信水平下的置信区间为：

$$\hat{\beta}_0\pm t_{\alpha/2}(n-2)\,s_e\sqrt{\frac{1}{n}+\frac{\bar{x}^2}{\sum_{i=1}^{n}(x_i-\bar{x})^2}} \tag{8.16}$$

表 8-2 的回归结果中给出的 β_1 的 95%的置信区间为（6.405 06，8.143 49），β_0 的 95%的置信区间为（$-$130.023 66，195.157 92）。其中 β_1 的置信区间表示：广告费用每变动 1 万元，销售收入的平均变动量在 6.405 06 万元到 8.143 49 万元之间。

8.3 利用回归方程进行预测

回归分析的目的之一是根据所建立的回归方程，用给定的自变量来预测因变量。如果对于 x 的一个给定值 x_0，求出 y 的一个预测值 $\hat{y}_0$，就是点估计。在点估计的基础上，可以求出 y 的一个估计区间。估计区间有两种类型：平均值的置信区间和个别值的预测区间。

8.3.1 平均值的置信区间

平均值的**置信区间**（confidence interval）是对 x 的一个给定值 x_0，求出的 y 的平均值的估计区间。比如，在例 8-1 中，根据销售收入与广告支出的估计回归方程 $\hat{y}=32.567\,1+7.274\,3x$，求出广告支出为 100 万元时所有企业销售收入平均值的估计区间，这个区间就是置信区间。

设 x_0 为自变量 x 的一个给定值，$E(y_0)$ 为给定 x_0 时因变量 y 的期望值。当 $x=x_0$ 时，$\hat{y}_0=\hat{\beta}_0+\hat{\beta}_1x_0$ 就是 $E(y_0)$ 的点估计值。一般来说，不能期望点估计值 $\hat{y}_0$ 精确地等于 $E(y_0)$，因此要用 $\hat{y}_0$ 推断 $E(y_0)$ 的区间。根据参数估计的原理，y 的平均值的置信区间等于点估计值加减估计误差，即 $\hat{y}_0\pm E$。其中 E 是由所要求的置信水平的分位数值和点估计量（$\hat{y}_0$）的标准误构成的。对于给定的 x_0，平均值 $E(y_0)$ 在 $1-\alpha$ 置信水平下的置信区间为：

$$\hat{y}_0 \pm t_{\alpha/2}\, s_e \sqrt{\frac{1}{n} + \frac{(x_0 - \bar{x})^2}{\sum_{i=1}^{n}(x_i - \bar{x})^2}} \tag{8.17}$$

当 $x_0 = \bar{x}$ 时，$\hat{y}_0$ 的标准误的估计量最小，此时有 $s_{\hat{y}0} = s_e\sqrt{1/n}$。这就是说，当 $x_0 = \bar{x}$ 时，估计是最准确的。x_0 偏离 $\bar{x}$ 越远，y 的平均值的置信区间就变得越宽，估计的效果也就越差。

8.3.2 个别值的预测区间

个别值的**预测区间**（prediction interval）是对 x 的一个给定值 x_0，求出的 y 的一个个别值的估计区间。比如，在例 8-1 中，不是想估计广告支出为 100 万元时所有企业销售收入平均值的区间，而只是想估计广告支出为 100 万元的那家企业（编号为 16 的那家企业）销售收入的区间，这个区间就是个别值的预测区间。

与置信区间类似，y 的个别值的预测区间等于点估计值加减估计误差，即 $\hat{y}_0 \pm E$。其中 E 是由所要求的置信水平的分位数值和点估计量（$\hat{y}_0$）的标准误构成的。对于给定的 x_0，y 的一个个别值 y_0 在 $1-\alpha$ 置信水平下的预测区间为：

$$\hat{y}_0 \pm t_{\alpha/2}\, s_e \sqrt{1 + \frac{1}{n} + \frac{(x_0 - \bar{x})^2}{\sum_{i=1}^{n}(x_i - \bar{x})^2}} \tag{8.18}$$

与式（8.17）相比，式（8.18）的根号内多了一个 1。因此，即使是对同一个 x_0，这两个区间的宽度也是不一样的，预测区间要比置信区间宽一些。这两个区间的示意图如图 8-5 所示。

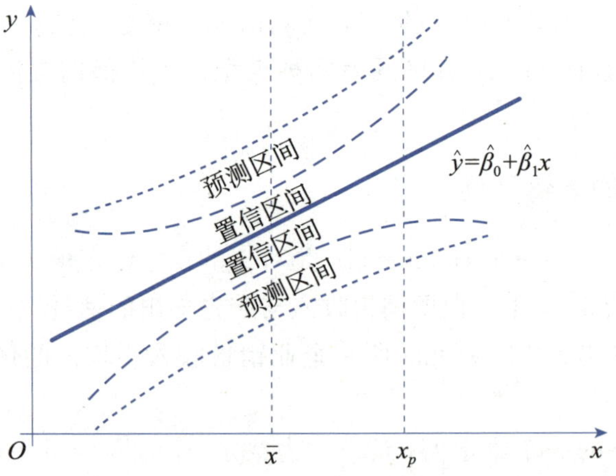

图 8-5 置信区间和预测区间示意图

图 8-5 显示，两个区间的宽度不太一样，y 的个别值的预测区间要宽一些。二者的差别表明，估计 y 的平均值比预测 y 的一个个别值更准确。同样，当 $x_0 = \bar{x}$ 时，两个区间也都是最准确的。

例 8－4

沿用例 8－1。求 25 家企业销售收入的 95％的置信区间和预测区间。

解　按式（8.17）和式（8.18）计算出的 95％的置信区间和预测区间如表 8－4 所示。

表 8－4　25 家企业销售收入的置信区间和预测区间

观测值	销售收入	预测 Y	置信下限	置信上限	预测下限	预测上限
1	538.9	505.395	392.235	618.555	159.565	851.225
2	315.5	471.933	355.486	588.38	125.014	818.853
3	586.9	547.586	438.502	656.669	203.068	892.104
4	527.6	623.966	522.043	725.889	281.648	966.284
5	697.6	699.618	604.455	794.782	359.252	1 039.985
6	635.7	775.271	686.461	864.081	436.625	1 113.916
7	834.5	850.923	767.966	933.88	513.766	1 188.081
8	908.3	926.576	848.859	1 004.292	590.669	1 262.482
9	1 140.3	1 002.228	929.007	1 075.449	667.333	1 337.123
10	1 384.9	1 078.608	1 009.023	1 148.193	744.489	1 412.727
11	1 053.7	1 154.260	1 087.238	1 221.283	820.666	1 487.855
12	1 117.8	1 229.913	1 164.297	1 295.529	896.598	1 563.228
13	1 306.5	1 305.565	1 240.127	1 371.004	972.285	1 638.846
14	1 343.7	1 381.218	1 314.716	1 447.719	1 047.727	1 714.708
15	1 663.9	1 456.870	1 388.123	1 525.617	1 122.925	1 790.816
16	969.1	759.995	669.939	850.051	421.021	1 098.969
17	1 366.8	1 608.903	1 532.544	1 685.262	1 273.308	1 944.498
18	1 705.1	1 684.555	1 603.154	1 765.957	1 347.777	2 021.334
19	1 785.8	1 760.208	1 673.114	1 847.301	1 422.008	2 098.407
20	1 530.9	1 835.860	1 742.545	1 929.175	1 496.006	2 175.715
21	2 227.6	1 911.518	1 811.545	2 011.48	1 569.771	2 253.254
22	1 921.4	1 987.892	1 880.852	2 094.933	1 644.016	2 331.769
23	1 966.0	2 063.545	1 949.212	2 177.877	1 717.329	2 409.761
24	2 079.0	2 139.197	2 017.338	2 261.057	1 790.424	2 487.971
25	2 354.4	2 200.301 33	2 072.219 78	2 328.382 88	1 849.305 14	2 551.297 52

图 8－6 是销售收入的 95%的置信区间和预测区间。图中的点是销售收入与广告支出的散点图，中间的实线是拟合的回归直线，其两侧的虚线是销售收入平均值的 95%的置信区间，最外面的两条虚线是销售收入个别值的 95%的预测区间。

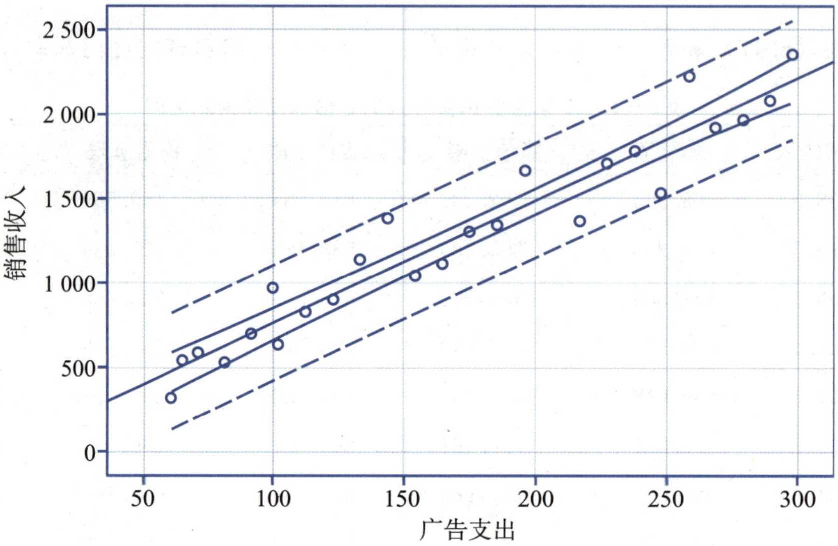

图 8－6　销售收入的 95%的置信区间和预测区间

8.4 残差分析

在建立回归模型 $y=\beta_0+\beta_1 x+\varepsilon$ 时，除了假定因变量与自变量之间为线性关系外，还假定误差项 ε 是一个期望值为 0、方差相等且服从正态分布的独立随机变量。如果这些假定不成立，那么对模型所做的检验以及预测也就站不住脚。确定有关 ε 的假定是否成立的方法之一就是进行**残差分析**（residual analysis）。

8.4.1　残差与标准化残差

残差（residual）是因变量的观测值 y_i 与根据回归方程求出的预测值 $\hat{y}_i$ 之差，用 e 表示，它反映了用回归方程预测 y_i 而引起的误差。第 i 个观测值的残差可以写为：

$$e_i=y_i-\hat{y}_i \tag{8.19}$$

标准化残差（standardized residual）是残差除以它的标准误后的结果，用 z_e 表示。第 i 个观测值的标准化残差可以表示为：

$$z_{e_i}=\frac{e_i}{s_e}=\frac{y_i-\hat{y}_i}{s_e} \tag{8.20}$$

式中，s_e 是残差的标准误的估计。

表 8－5 给出了 25 家企业销售收入与广告支出线性回归的预测值、残差和标准化残差。

表 8－5　25 家企业销售收入与广告支出线性回归的预测值、残差和标准化残差

观测值	销售收入	广告支出	预测 Y	残差	标准化残差
1	538.9	65.0	505.395 1	33.504 9	0.216 7
2	315.5	60.4	471.933 4	−156.433 4	−1.011 6
3	586.9	70.8	547.585 9	39.314 1	0.254 2
4	527.6	81.3	623.965 8	−96.365 8	−0.623 1
5	697.6	91.7	699.618 2	−2.018 2	−0.013 1
6	635.7	102.1	775.270 7	−139.570 7	−0.902 5
7	834.5	112.5	850.923 2	−16.423 2	−0.106 2
8	908.3	122.9	926.575 6	−18.275 6	−0.118 2
9	1 140.3	133.3	1 002.228 1	138.071 9	0.892 8
10	1 384.9	143.8	1 078.608	306.292 0	1.980 6
11	1 053.7	154.2	1 154.260 5	−100.560 5	−0.650 3
12	1 117.8	164.6	1 229.912 9	−112.112 9	−0.725
13	1 306.5	175.0	1 305.565 4	0.934 6	0.006 0
14	1 343.7	185.4	1 381.217 9	37.517 9	−0.242 6
15	1 663.9	195.8	1 456.870 3	207.029 7	1.338 7
16	969.1	100.0	759.994 7	209.105 3	1.352 1
17	1 366.8	216.7	1 608.902 7	−242.102 7	−1.565 5
18	1 705.1	227.1	1 684.555 2	20.544 8	0.132 8
19	1 785.8	237.5	1 760.207 6	25.592 4	0.165 5
20	1 530.9	247.9	1 835.860 1	−304.960 1	−1.972 0
21	2 227.6	258.3	1 911.512 6	316.087 4	2.043 9
22	1 921.4	268.8	1 987.892 5	−66.492 5	−0.430 0
23	1 966.0	279.2	2 063.544 9	−97.544 9	−0.630 8
24	2 079.0	289.6	2 139.197 4	−60.197 4	−0.389 3
25	2 354.4	298.0	2 200.301 3	154.098 7	0.996 5

表 8－5 中的标准化残差是由 Excel 给出的，其计算公式为：

$$z_{e_i}=\frac{y_i-\widehat{y}_i}{s_e\sqrt{1-\left[\frac{1}{n}+\frac{(x_i-\overline{x})^2}{\sum_{i=1}^{n}(x_i-\overline{x})^2}\right]}} \tag{8.21}$$

式（8.21）称为学生化删除残差（studentized deleted residuals），而不是式（8.20）表示的标准化残差。

8.4.2　残差图及其解读

检验误差项 ε 的假定是否成立，可以通过残差图的分析来完成。常用的残差图有关于 x 的残差图、标准化残差图等。关于 x 的残差图用横轴表示自变量 x_i 的值，纵轴表示对应的残差 e_i，每个 x_i 的值与对应的残差 e_i 用图中的一个点来表示。

为解读残差图，首先考察一下残差图的形态及其所反映的信息。图 8－7 给出了几种不同形态的残差图。

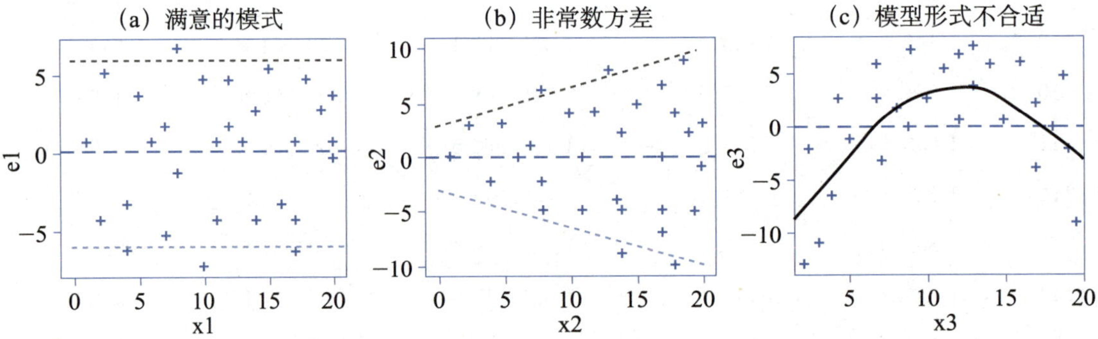

图 8－7　不同形态的残差图

若关于 ε 等方差的假定成立，而且假定描述变量 x 和 y 之间关系的回归模型是合理的，那么残差图中的所有点都应以均值 0 为中心随机分布在一条水平带中间，如图 8－7（a）所示。但如果对所有的 x 值，ε 的方差是不同的，例如，对于较大的 x 值相应的残差也较大（或对于较大的 x 值相应的残差较小），如图 8－7（b）所示，这就意味着违背了 ε 方差相等的假定）。如果残差图如图 8－7（c）所示，表明所选择的回归模型不合理，这时应考虑非线性回归模型。

例 8－5

沿用例 8－1。绘制 25 家企业销售收入预测的残差图，判断所建立的回归模型是否合理。

解　根据表 8－5 中的残差绘制的残差图如图 8－8 所示。

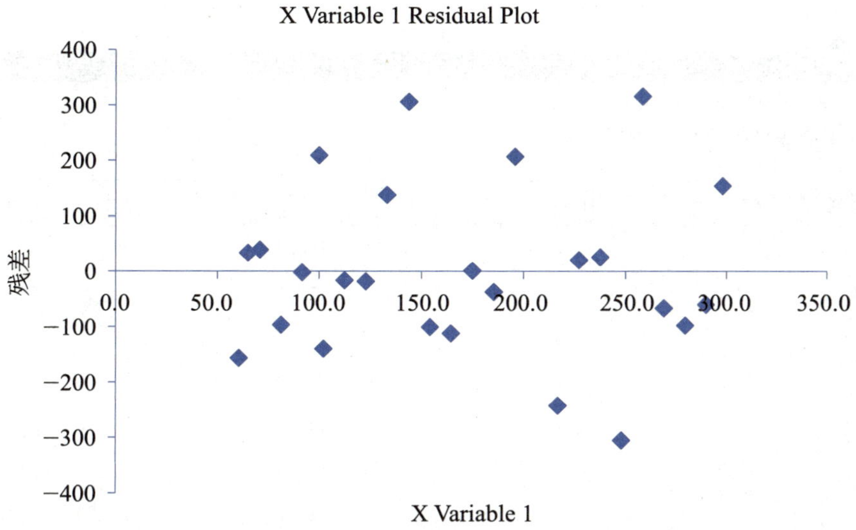

图 8－8　销售收入回归预测的残差图

残差图显示，各残差基本上位于一条水平带中间，而且没有任何固定的模式，呈随机分布。这表明销售收入与广告支出的一元线性回归模型是合理的，关于模型的各种假定也都是成立的。

思维导图：一元线性回归的建模过程

下面的思维导图展示了本章的内容框架。

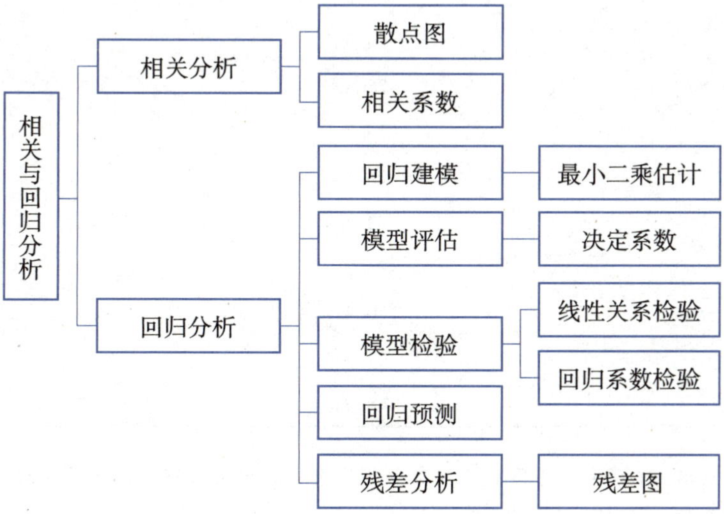

习题

8.1　20 名学生的身高和体重数据如下。

身高	体重	身高	体重
161.3	53.7	168.4	62.2
162.2	55.3	170.1	62.4
164.9	57.5	170.1	62.8
165.3	57.5	171.2	63
165.5	58.3	171.3	63.3
166.5	58.6	172.1	64.4
166.6	58.8	172.6	64.7
168	58.8	174.4	64.9
168.1	59.2	175.3	66.1
168.3	61.4	175.5	67.5

(1) 绘制身高与体重的散点图，判断二者之间的关系形态。

(2) 计算身高与体重之间的线性相关系数，分析二者之间的关系强度。

8.2　随机抽取 10 家航空公司，对其最近一年的航班正点率和顾客投诉次数进行调查，所得数据如下。

航空公司编号	航班正点率（%）	顾客投诉次数（次）
1	81.8	21
2	76.6	58
3	76.6	85
4	75.7	68
5	73.8	74
6	72.2	93
7	71.2	72
8	70.8	122
9	91.4	18
10	68.5	125

(1) 以航班正点率为自变量，顾客投诉次数为因变量，求出回归方程，并解释回归系数的意义。

(2) 检验回归系数的显著性（$\alpha=0.05$）。

(3) 如果航班正点率为 80%，估计顾客投诉次数。

8.3　下表是 20 个城市的写字楼出租率和每平方米月租金的数据。

地区编号	出租率（%）	每平方米月租金（元）
1	70.6	99
2	69.8	74
3	73.4	83
4	67.1	70
5	70.1	84
6	68.7	65
7	63.4	67
8	73.5	105
9	71.4	95
10	80.7	107
11	71.2	86
12	62.0	66
13	78.7	106
14	69.5	70
15	68.7	81
16	69.5	75
17	67.7	82
18	68.4	94
19	72.0	92
20	67.9	76

(1) 绘制散点图，并计算相关系数，说明二者之间的关系。

(2) 设月租金为自变量，出租率为因变量，利用最小平方法求出回归方程，并解释回归系数的实际意义。

(3) 计算决定系数和估计标准误，并解释其意义。

(4) 检验回归方程线性关系的显著性（$\alpha=0.05$）

(5) 如果每平方米月租金为 100 元，预测出租率及其预测区间和置信区间。

8.4 随机抽取 15 家快递公司，得到它们的日配送量与配送人员数的数据如下。

配送人员数	日配送量	配送人员数	日配送量
66	640	171	1 310
85	680	184	1 460
92	940	197	1 530
105	950	211	1 590
118	960	224	1 780
132	1 000	237	1 800
145	1 060	260	1 850
158	1 300		

（1）以日配送量为因变量、配送人员数为自变量建立回归模型。

（2）对模型进行评估和检验（$\alpha=0.05$）。

（3）预测配送人员数为 200 时，求月配送量的置信区间与预测区间。

（4）计算残差和标准化残差，绘制残差图分析模型是否合理。

第 9 章 时间序列分析和预测

问题与思考

- 如果某品牌的汽车每个月的销售量都增加 200 辆，连续 12 个月的销售量的环比增长率是上升的还是下降的？
- 如果一个人的收入每年都增长 1 000 元，用连续 10 年的收入数据画出的图形是怎样的？如果每年的收入都增长 5%，用连续 10 年的收入数据画出的图形是怎样的？
- 你可以准确地预测出一枚弹道导弹的运行轨迹，但你无法准确预测出某种社会经济现象的运行趋势。你同意这样的观点吗？

时间序列（time series）是按时间顺序记录的一组数据。其中观察的时间可以是年份、季度、月份或其他任何时间形式。为便于表述，本章中用 t 表示所观察的时间，$Y_t(t=1, 2, \cdots, n)$ 表示在时间 t 处的观测值。对于时间序列数据，人们通常关心其未来的变化，也就是要对未来做出预测。比如，明年的企业销售额会达到多少？下个月的住房销售价格会下降吗？这只股票明天会上涨吗？要对未来的结果做出预测，就需要知道它们在过去的一段时间里是如何变化的，这就需要考察时间序列的变化形态，进而建立适当的模型进行预测。本章首先介绍增长率的计算与分析，然后介绍时间序列的一些简单预测方法。

9.1 增长率分析

在一些经济报道中常使用增长率。增长率是对现象在不同时间的变化状况所做的描述。由于对比的基期不同，增长率有不同的计算方法。这里主要介绍增长率、平均增长率和年化增长率的计算方法。

9.1.1 增长率与平均增长率

增长率（growth rate）是时间序列中报告期观测值与基期观测值之比减 1 后的结果，也称增长速度，用百分比（%）表示。

由于对比的基期不同，增长率可以分为环比增长率和定基增长率。环比增长率是报告期观测值与前一时期观测值之比减 1，说明观测值逐期增长变化的程度；定基增长率是报告期观测值与某一固定时期观测值之比减 1，说明观测值在整个观察期内总的增长变化程度。设增长率为 G，则环比增长率和定基增长率可表示为：

环比增长率：

$$G_i=\frac{Y_i-Y_{i-1}}{Y_{i-1}}\times 100\%=\left(\frac{Y_i}{Y_{i-1}}-1\right)\times 100\% \quad (i=1, 2, \cdots, n) \tag{9.1}$$

定基增长率：

$$G_i=\frac{Y_i-Y_0}{Y_0}\times 100\%=\left(\frac{Y_i}{Y_0}-1\right)\times 100\% \quad (i=1, 2, \cdots, n) \tag{9.2}$$

式中，Y_0 表示用于对比的固定基期的观测值。

平均增长率（average rate of increase）是时间序列中各逐期环比值（也称环比发展速度）的几何平均数（n 个观测值连乘的 n 次方根）减 1 后的结果，也称平均发展速度。

平均增长率用于描述观测值在整个观察期内平均增长变化的程度，计算公式为：

$$\bar{G}=\left(\sqrt[n]{\frac{Y_1}{Y_0}\times\frac{Y_2}{Y_1}\times\cdots\times\frac{Y_n}{Y_{n-1}}}-1\right)\times 100\%=\left(\sqrt[n]{\frac{Y_n}{Y_0}}-1\right)\times 100\% \tag{9.3}$$

式中，$\bar{G}$ 表示平均增长率，n 为环比值的个数。

例 9-1

表 9-1 是 2014—2023 年我国的国内生产总值数据，计算：(1) 2014—2023 年的环比增长率；(2) 以 2014 年为固定基期的定基增长率；(3) 2014—2023 年的年平均增长率，并根据年平均增长率预测 2024 年和 2025 年的国内生产总值。

表 9-1 2014—2023 年我国的国内生产总值数据 单位：亿元

年份	国内生产总值
2014	643 563.1
2015	688 858.2
2016	746 395.1
2017	832 035.9
2018	919 281.1
2019	986 515.2
2020	1 013 567.0
2021	1 149 237.0
2022	1 204 724.0
2023	1 260 582.1

解 (1) 根据式 (9.1) 计算环比增长率时，首先在 Excel 工作表中第 2 个观测值右侧的单元格中输入公式“=(B3/B2−1)*100”，然后向下复制，直至最后一个观测值右侧的单元格。

(2) 根据式 (9.2) 计算定基增长率时，首先在 Excel 工作表中第 2 个观测值右侧的单元格中输入公式“=(B3/B2−1)*100”，公式中的符号“$”表示对单元格的绝对引用。然后向下复制，直至最后一个观测值的右侧单元格。得到的结果如表 9-2 所示。

表 9-2 2014—2023 年国内生产总值的环比增长率和定基增长率

年份	国内生产总值	环比增长率 (%)	定基增长率 (%)
2014	643 563.1	—	—
2015	688 858.2	7.04	7.04
2016	746 395.1	8.35	15.98
2017	832 035.9	11.47	29.29
2018	919 281.1	10.49	42.84
2019	986 515.2	7.31	53.29
2020	1 013 567.0	2.74	57.49
2021	1 149 237.0	13.39	78.57
2022	1 204 724.0	4.83	87.20
2023	1 260 582.1	4.64	95.88

（3）根据式（9.3），得

$$\bar{G}=\left(\sqrt[n]{\frac{Y_n}{Y_0}}-1\right)\times 100\%=\left(\sqrt[9]{\frac{1\ 260\ 582.1}{643\ 563.1}}-1\right)\times 100\%=7.76\%$$

即 2014—2023 年国内生产总值的年平均增长率为 7.76%，或者说，国内生产总值平均每年按 7.76%的增长率增长。

根据年平均增长率预测 2024 年和 2025 年的国内生产总值分别为：

$$\hat{y}_{2024}=2023\text{年国内生产总值}\times(1+\bar{G})=1\ 260\ 582.1\times(1+7.76\%)$$
$$=1\ 358\ 403.27(\text{亿元})$$
$$\hat{y}_{2025}=2023\text{年国内生产总值}\times(1+\bar{G})^2=1\ 260\ 582.1\times(1+7.76\%)^2$$
$$=1\ 463\ 815.36(\text{亿元})$$

9.1.2 年化增长率

增长率可根据年度数据计算，例如本年与上年相比计算的增长率，称为年增长率；也可以根据月份数据或季度数据计算，例如本月与上月相比或本季度与上季度相比计算的增长率，称为月增长率或季度增长率。但是，当所观察的时间跨度多于一年或少于一年时，用年化增长率进行比较就显得很有用了。也就是将月增长率或季度增长率换算成年增长率，从而使各增长率具有相同的比较基础。当增长率换算成年来表示时，称为**年化增长率**(annualized growth rate)。

年化增长率的计算公式为：

$$G_A=\left(\left(\frac{Y_i}{Y_{i-1}}\right)^{m/n}-1\right)\times 100\% \tag{9.4}$$

式中，G_A 为年化增长率，m 为一年中的时期个数，n 为所跨的时期总数。

如果将月增长率年度化，则 $m=12$（一年有 12 个月）；如果将季度增长率年度化，则 $m=4$，其余类推。显然，当 $m=n$ 时，即为年增长率。

例 9－2

已知某企业的如下数据，计算年化增长率。

（1）2023 年 1 月的净利润为 25 亿元，2024 年 1 月的净利润为 30 亿元。

（2）2022 年 3 月的销售收入为 240 亿元，2024 年 6 月的销售收入为 300 亿元。

（3）2024 年 1 季度的出口额为 5 亿元，2 季度的出口额为 5.1 亿元。

（4）2021 年 4 季度的工业增加值为 28 亿元，2024 年 4 季度的工业增加值为 35 亿元。

解 （1）由于是月份数据，因此 $m=12$，从 2023 年 1 月到 2024 年 1 月所跨的月份总数为 12，所以 $n=12$。根据式（9.4），得

$$G_A=\left(\left(\frac{30}{25}\right)^{12/12}-1\right)\times 100\%=20\%$$

即年化增长率为 20%，这实际上就是年增长率，因为所跨的时期总数为一年。也就是该企

业净利润的年增长率为 20%。

(2) $m=12$，$n=27$，年化增长率为：

$$G_A=\left(\left(\frac{300}{240}\right)^{12/27}-1\right)\times 100\%=10.43\%$$

结果表明，该企业销售收入的年化增长率为 10.43%。

(3) 由于是季度数据，因此 $m=4$，从 1 季度到 2 季度所跨的时期总数为 1，所以 $n=1$。年化增长率为：

$$G_A=\left(\left(\frac{5.1}{5.0}\right)^{4/1}-1\right)\times 100\%=8.24\%$$

结果表明，2 季度出口额的年化增长率为 8.24%。

(4) $m=4$，从 2021 年 4 季度到 2024 年 4 季度所跨的季度总数为 12，所以 $n=12$。年化增长率为：

$$G_A=\left(\left(\frac{35}{28}\right)^{4/12}-1\right)\times 100\%=7.72\%$$

结果表明工业增加值的年化增长率为 7.72%，这实际上就是工业增加值的年平均增长率。

对于社会经济现象的时间序列或企业经营管理方面的时间序列，经常利用增长率来描述其增长状况。但实际应用中，有时也会出现误用乃至滥用的情况。因此，用增长率分析实际问题时，应注意以下两点。

第一，当时间序列中的观测值出现 0 或负数时，不宜计算增长率。例如，假定某企业连续 5 年的利润额（单位：万元）分别为 5 000、2 000、0、−3 000、2 000，对这一序列计算增长率，要么不符合数学公理，要么无法解释其实际意义。在这种情况下，适宜直接用绝对数进行分析。

第二，在有些情况下，不能单纯就增长率论增长率，要注意增长率与绝对水平结合分析。由于对比的基数不同，大的增长率背后，其隐含的绝对数可能很小，小的增长率背后，其隐含的绝对数可能很大。在这种情况下，不能简单地用增长率进行比较分析，而应将增长率与绝对水平结合起来进行分析。

9.2　时间序列的成分和预测方法

时间序列预测的关键是找出其过去的变化模式，也就是确定一个时间序列所包含的成分，在此基础上选择适当的模型进行预测。

9.2.1　时间序列的成分

时间序列的变化可能受一种或几种因素的影响，导致它在不同时间点上取值的差异，这些影响因素就是时间序列的组成要素（component）。一个时间序列通常由 4 种要素组成：趋势、季节变动、循环波动和不规则波动。

趋势（trend）是时间序列在一段较长的时期内呈现出来的持续向上或持续向下的变动。比如，你可以想象一个地区的地区生产总值是逐年增长的，一个企业的生产成本是逐年下降的，这些都是趋势。趋势在一定观察期内可能呈线性变化，但随着时间的推移也可能呈现出非线性变化。

季节变动（seasonal fluctuation）是时间序列呈现出的以年为周期长度的固定变动模式，这种模式年复一年重复出现。它是诸如气候条件、生产条件、节假日或人们的风俗习惯等各种因素影响的结果。农业生产、交通运输、旅游、商品销售等都有明显的季节变动特征。比如，一个商场在节假日的打折促销会使销售额增加，铁路和航空客运在节假日会迎来客流高峰，一个水力发电企业会因水流高峰的到来而发电量猛增，这些都是由季节变动引起的。

循环波动（cyclical fluctuation）是时间序列呈现出的非固定长度的周期性变动。比如，人们经常听到的景气周期、加息周期这类术语就是所谓的循环波动。循环波动的周期可能会持续一段时间，但与趋势不同，它不是朝着单一方向的持续变动，而是涨落相间的交替波动，比如经济从低谷到高峰，又从高峰慢慢滑入低谷，而后又慢慢回升；它也不同于季节变动，季节变动有比较固定的规律，且变动周期大多为一年，而循环波动则无固定规律，变动周期多在一年以上，且周期长短不一。

不规则波动（irregular variations）是时间序列中除去趋势、季节变动和循环波动之后的随机波动。不规则波动通常夹杂在时间序列中，致使时间序列产生一种波浪形或振荡式变动。

时间序列的 4 个组成部分——趋势（T）、季节变动（S）、循环波动（C）和不规则波动（I）与观测值的关系可以用加法模型（additive model）表示，也可以用乘法模型（multiplicative model）表示。其中较常用的是乘法模型，其表现形式为：

$$Y_t = T_t \times S_t \times C_t \times I_t \tag{9.5}$$

观察时间序列的成分可以从图形分析入手。下面的图 9-1 是含有不同成分的时间序列图。

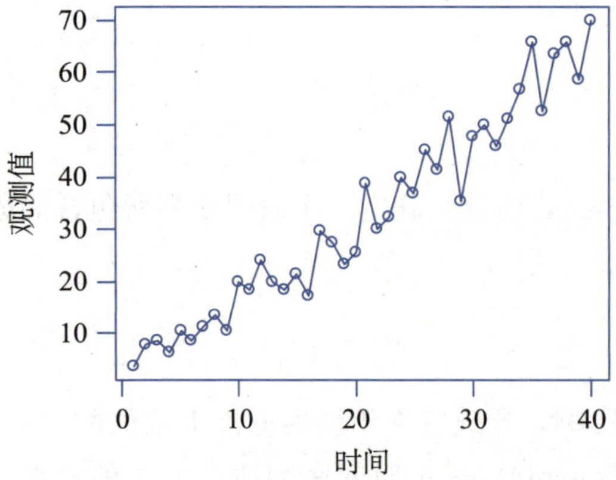

(a) 含有趋势成分的序列

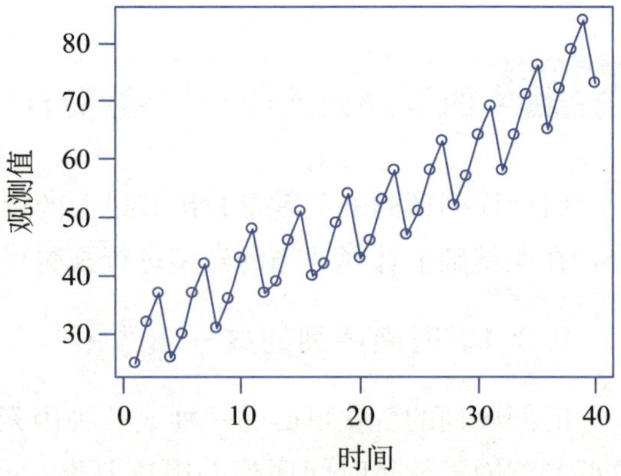

(b) 含有季节变动和趋势成分的序列

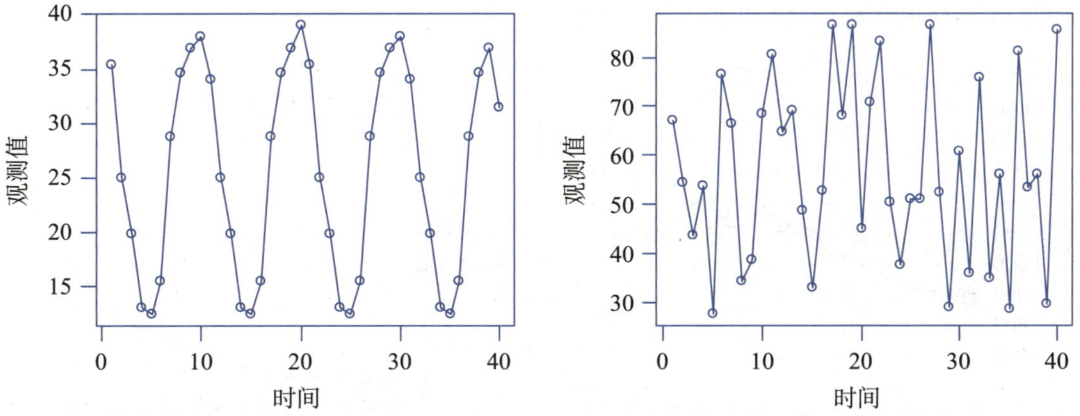

（c）含有循环波动成分的序列　　（d）含有不规则波动成分的序列

图 9-1　含有不同成分的时间序列

一个时间序列可能由一种成分组成，也可能同时含有几种成分。观察时间序列的图形就可以大致判断时间序列所包含的成分，为选择适当的预测模型奠定基础。

下面通过几个时间序列来观察其所包含的成分。

例 9-3

表 9-3 是某电子产品制造企业 2009—2024 年的净利润、产量、管理成本和销售价格的时间序列。绘制图形观察其所包含的成分。

表 9-3　某电子产品制造企业 2009—2024 年的经营数据

年份	净利润（万元）	产量（万台）	管理成本（万元）	销售价格（元）
2009	2 938	63	74	213
2010	3 126	129	121	230
2011	3 250	173	127	223
2012	3 814	246	172	240
2013	4 616	248	219	208
2014	4 125	407	228	209
2015	5 386	484	255	208
2016	5 313	706	224	198
2017	6 250	950	227	223
2018	5 623	1 363	232	205
2019	6 001	1 502	200	215
2020	6 564	1 755	182	227
2021	6 682	2 479	174	235
2022	7 501	3 366	210	222
2023	6 886	4 559	207	215
2024	7 766	6 281	224	225

解 4 个时间序列的图形如图 9-2 所示。

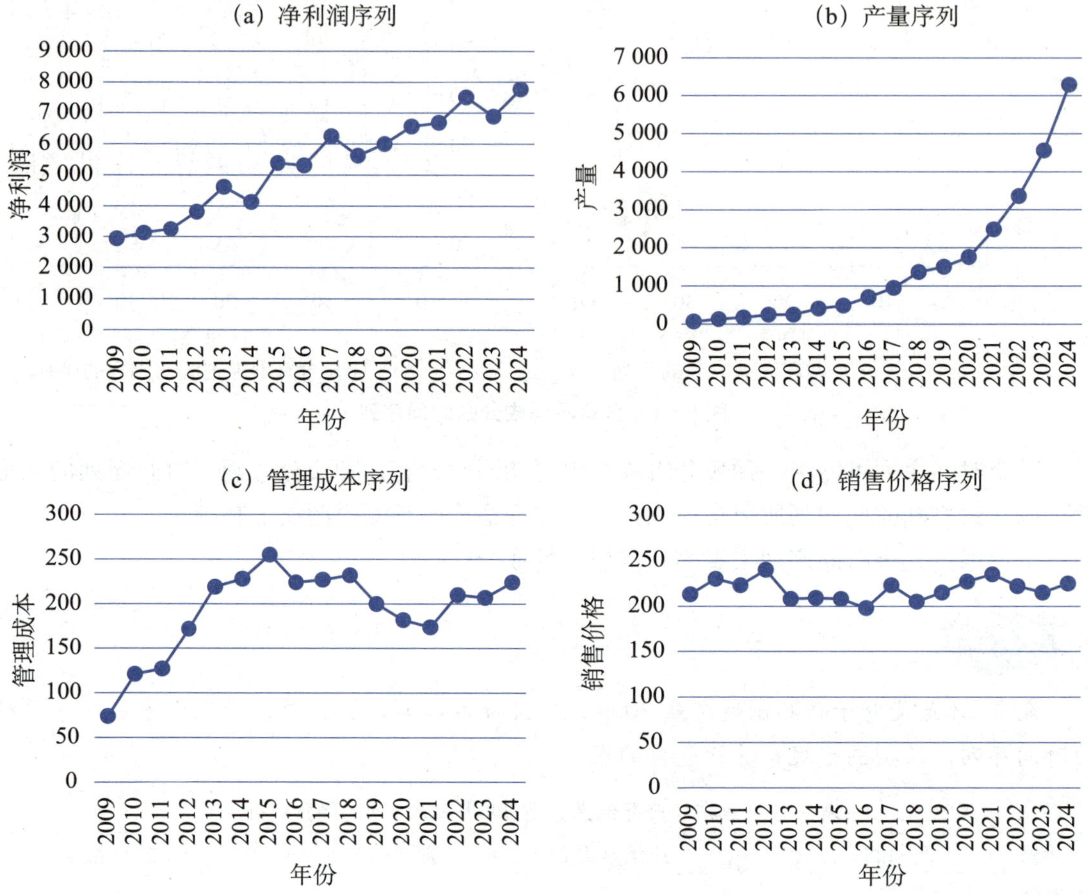

图 9-2　表 9-3 的 4 个时间序列的图形

图 9-2 显示，净利润呈现一定的线性趋势；产量呈现一定的指数变化趋势；管理成本呈现出一定的抛物线变化形态；销售价格则没有明显的趋势，呈现出一定的随机波动。

9.2.2　预测方法的选择与评估

一个具体的时间序列可能只含有一种成分，也可能同时含有几种成分。含有不同成分的时间序列所用的预测方法是不同的。对时间序列进行预测时通常包括以下几个步骤：

第 1 步：确定时间序列所包含的成分。

第 2 步：找出适合该时间序列的预测方法。

第 3 步：对可能的预测方法进行评估，以确定最佳预测方案。

第 4 步：利用最佳预测方案进行预测，并分析其预测的残差，以检查模型是否合适。

选择什么方法进行预测，除了受时间序列所包含的成分影响外，还取决于所能获得的历史数据的多少。有些方法只要有少量的数据就能进行预测，而有些方法需要的数据则较多。此外，方法的选择还取决于所要求的预测期的长短，有些方法只能进行短期预测，有些则可进行相对长期的预测。

下面的表 9－4 给出了本章介绍的时间序列预测方法及其所适合的数据模式、对数据的要求和预测期的长短等。

表 9－4　预测方法的选择

预测方法	适合的数据模式	对数据的要求	预测期
移动平均	平稳序列	数据个数与移动平均的步长相等	非常短
简单指数平滑	平稳序列	5 个以上	短期
一元线性回归	线性趋势	10 个以上	短期至中期
指数曲线	非线性趋势	10 个以上	短期至中期
多阶曲线	非线性趋势	10 个以上	短期至中期
分解预测	趋势、季节和循环成分	至少有 4 个周期的季度或月份数据	短期、中期、长期

在选择出预测方法并利用该方法进行预测后，反过来需要对所选择的方法进行评估，以确定所选择的方法是否合适。

一种预测方法的好坏取决于预测误差（也称为残差）的大小。预测误差是预测值与实际值的差距。度量方法有平均误差（mean error）、平均绝对误差（mean absolute error）、均方误差（mean square error）、平均百分比误差（mean percentage error）和平均绝对百分比误差（mean absolute percentage error）等，其中较为常用的是均方误差。对同一个时间序列有几种可供选择的方法时，以预测误差最小者为宜。

均方误差是误差平方和的平均数，用 MSE 表示，计算公式为：

$$\mathrm{MSE}=\frac{\sum_{i=1}^{n}(Y_i-F_i)^2}{n} \tag{9.6}$$

式中，Y_i 是第 i 期的实际值，F_i 是第 i 期的预测值，n 为预测误差的个数。

此外，为考察所选择的模型是否合适，还可以通过绘制残差图来分析。如果模型是正确的，那么，用该模型预测所产生的残差应该以零轴为中心随机分布。残差越接近零轴且随机分布，说明所选择的模型越好。

9.3 平滑法预测

如果时间序列是不含趋势、季节变动和循环波动的序列，其波动主要是随机成分所致，序列的平均值不随时间的推移而变化，这类序列的预测方法主要有**移动平均**（moving average）、**简单指数平滑**（simple exponential smoothing）等。这些方法通过对时间序列进行平滑来消除其随机波动，因而也称为平滑法。

9.3.1　移动平均预测

移动平均预测是选择固定长度的移动间隔，对时间序列逐期移动求得平均值作为下一期的预测值。设移动间隔长度为 k（$1<k<t$），则 $t+1$ 期的移动平均预测值为：

$$F_{t+1}=\overline{Y}_t=\frac{Y_{t-k+1}+Y_{t-k+2}+\cdots+Y_{t-1}+Y_t}{k} \tag{9.7}$$

移动平均法只使用最近 k 期的数据，每次计算移动平均值时移动的间隔都为 k。至于多长的移动间隔较为合理，预测时可采用不同的移动步长进行预测，然后选择一个使均方误差最小的移动步长。

9.3.2 简单指数平滑预测

简单指数平滑预测是加权平均的一种特殊形式，它是把第 t 期的实际值 Y_t 和第 t 期的平滑值 S_t 加权平均作为第 $t+1$ 期的预测值。随着观测值的时间离当前时期越来越远，其权数呈现指数下降，因而称为指数平滑。

就简单指数平滑而言，第 $t+1$ 期的预测值是第 t 期的实际值 Y_t 和第 t 期的平滑值 S_t 的线性组合，其预测模型为：

$$F_{t+1}=\alpha Y_t+(1-\alpha)S_t \tag{9.8}$$

式中，F_{t+1} 为第 $t+1$ 期的预测值，Y_t 为第 t 期的实际值，S_t 为第 t 期的平滑值，α 为平滑系数（$0<\alpha<1$）。

由于在开始计算时，还没有第 1 期的平滑值 S_1，通常可以设 S_1 等于第 1 期的实际值，即 $S_1=Y_1$。

使用简单指数平滑法预测的关键是确定一个合适的平滑系数 α，因为不同的 α 对预测结果会产生不同影响。当 $\alpha=0$ 时，预测值仅仅是重复上一期的预测结果；当 $\alpha=1$ 时，预测值就是上一期的实际值。α 越接近 1，模型对时间序列变化的反应就越及时，因为它对当前的实际值赋予了比预测值更大的权数。同样，α 越接近 0，意味着对当前的预测值赋予更大的权数，因此模型对时间序列变化的反应就越慢。一般而言，当时间序列有较大的随机波动时，宜选较小的 α；如果注重于使用近期的值进行预测，宜选较大的 α。但实际应用时，还应考虑预测误差。预测时可选择几个 α 进行比较，然后找出预测误差最小的作为最后的 α 值。一般 α 的取值不大于 0.5。若 α 大于 0.5 才能接近实际值，通常说明序列有某种趋势或波动过大，一般不适合用简单指数平滑法进行预测。

简单指数平滑法的优点是只需要少数几个观测值就能进行预测，方法相对简单；其缺点是预测值往往滞后于实际值，而且无法考虑趋势和季节变动成分。

例 9-4

沿用例 9-3。分别用移动平均法（$k=3$）和简单指数平滑法（$\alpha=0.3$）预测 2025 年的销售价格，计算出预测误差，并将实际值和预测后的序列绘制成图形进行比较。

解 使用 Excel 的【数据分析】工具可以进行移动平均和简单指数平滑预测，操作步骤如文本框 9-1 所示。

文本框 9-1　用 Excel 进行移动平均和简单指数平滑预测

★ 用【数据分析】工具进行移动平均预测

第 1 步：点击【数据】→【数据分析】。在出现的对话框中选择【移动平均】，点击【确定】。

第 2 步：在出现的对话框中，在【输入区域】中输入要预测的数据所在的区域，在【间隔】中输入移动平均的间隔长度（本例为 3），在【输出区域】中输入结果的输出位置（通常选择与第 2 期数值对应的右侧单元格），选择【图表输出】。界面如下图所示。

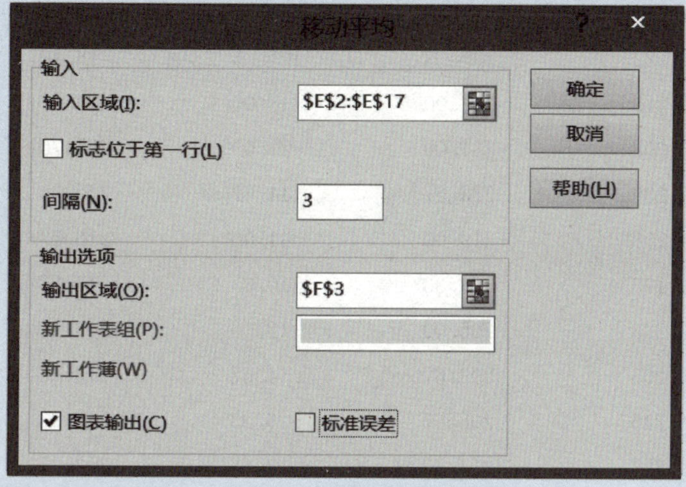

点击【确定】。

★ 用【数据分析】工具进行简单指数平滑预测

第 1 步：点击【数据】→【数据分析】。在出现的对话框中选择【指数平滑】，点击【确定】。

第 2 步：在出现的对话框中，在【输入区域】中输入要预测的数据所在的区域，在【阻尼系数】中输入 $1-\alpha$ 的值（本例为 0.7），在【输出区域】中输入结果的输出位置（选择与第 1 期数值对应的右侧单元格），选择【图表输出】。界面如下图所示。

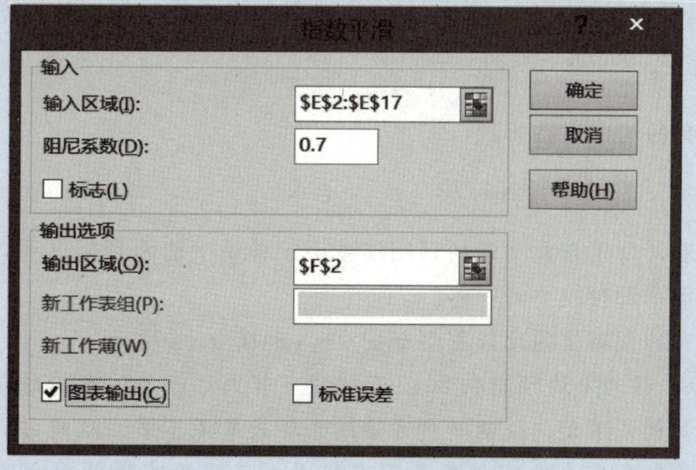

点击【确定】。

按文本框 9－1 的步骤得到的预测结果如表 9－5 所示（表中的＃N/A 表示没有数值）。

表 9－5　销售价格的移动平均预测和简单指数平滑预测

年份	销售价格	移动平均预测		简单指数平滑预测	
		$k=3$	预测误差	$\alpha=0.3$	预测误差
2009	213	＃N/A	＃N/A	＃N/A	＃N/A
2010	230	＃N/A	＃N/A	213.00	17.00
2011	223	＃N/A	＃N/A	218.10	4.90
2012	240	222.00	18.00	219.57	20.43
2013	208	231.00	－23.00	225.70	－17.70
2014	209	223.67	－14.67	220.39	－11.39
2015	208	219.00	－11.00	216.97	－8.97
2016	198	208.33	－10.33	214.28	－16.28
2017	223	205.00	18.00	209.40	13.60
2018	205	209.67	－4.67	213.48	－8.48
2019	215	208.67	6.33	210.93	4.07
2020	227	214.33	12.67	212.15	14.85
2021	235	215.67	19.33	216.61	18.39
2022	222	225.67	－3.67	222.13	－0.13
2023	215	228.00	－13.00	222.09	－7.09
2024	225	224.00	1.00	219.96	5.04
2025	＃N/A	220.67	＃N/A	219.96	＃N/A

根据表 9－5 中的预测误差，按式（9.6）计算的移动平均预测的均方误差为：

$$\text{MSE}=\frac{2\ 399.44}{13}=184.57$$

简单指数平滑预测的均方误差为：

$$\text{MSE}=\frac{2\ 426.70}{15}=161.78$$

从均方误差看，简单指数平滑的预测误差小于移动平均的预测误差，因此，就本例而言，采用简单指数平滑预测要好一些。

两种预测方法的预测值的比较图形如图 9－3 和图 9－4 所示。

图 9－4 显示，移动平均预测在 2013 年的误差较大，而其他年份的预测误差与简单指数平滑预测的误差相差不大，说明两种方法的预测效果差不多。从残差的分布看，残差基本上在零轴附近随机分布，没有明显的固定模式，说明所选的预测方法基本上是合理的（读者可选择不同的移动平均步长和平滑系数进行预测，比较不同方法的预测效果）。

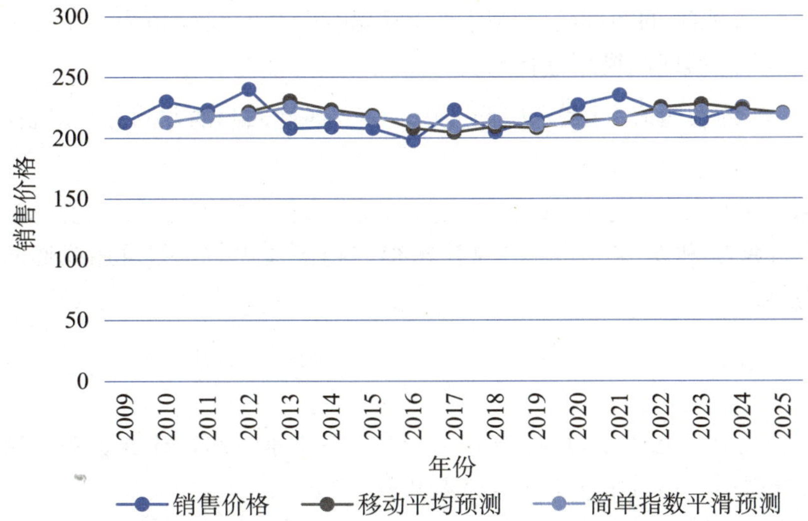

图 9－3　销售价格的移动平均预测和简单指数平滑预测

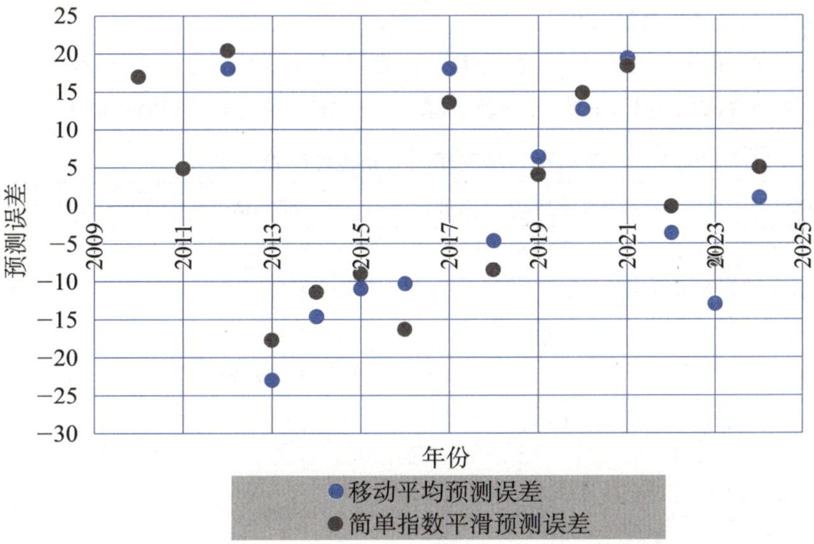

图 9－4　销售价格移动平均预测和简单指数平滑预测的误差

9.4 趋势预测

时间序列的趋势可能是线性的，也可能是非线性的。如果序列存在明显的线性趋势，则可以使用线性模型进行预测。如果序列存在某种非线性变化形态，则可以使用非线性模型进行预测。

9.4.1　线性趋势预测

线性趋势（linear trend）是时间序列按一个固定的常数（不变的斜率）增长或下降。

例如，观察图 9－2（a）的净利润序列图就会发现有明显的线性趋势。序列中含有线性趋势时，可使用一元线性回归模型进行预测。

用 $\hat{Y}_t$ 表示 Y_t 的预测值，t 表示时间变量，一元线性回归的预测方程可表示为：

$$\hat{Y}_t = b_0 + b_1 t \tag{9.9}$$

式中，b_1 是趋势线的斜率，表示时间 t 变动一个单位时，观测值的平均变动量。趋势方程中的两个待定系数 b_0 和 b_1 采用最小二乘法求得。趋势预测的误差可用线性回归中的估计标准误差来衡量。

例 9－5

沿用例 9－3。用一元线性回归方程预测 2025 年的净利润，计算各年的预测值和预测误差，并将实际值和预测值绘制成图形进行比较。

解 设时间为 1，2，…，16，利用最小二乘法求得的线性趋势方程为：

$$\hat{Y} = 2\,633.4 + 321.38t$$

b_1＝321.38 表示时间每变动一年，净利润平均变动 321.38 万元。将时间 17（2025 年）代入上述方程，即可得到 2025 年的预测值。表 9－6 给出了各年净利润的预测值和残差。

表 9－6　净利润的一元线性回归预测

年份	净利润	预测值	残差
2009	2 938	2 954.73	−16.73
2010	3 126	3 276.11	−150.11
2011	3 250	3 597.48	−347.48
2012	3 814	3 918.86	−104.86
2013	4 616	4 240.24	375.76
2014	4 125	4 561.62	−436.62
2015	5 386	4 883.00	503.00
2016	5 313	5 204.37	108.63
2017	6 250	5 525.75	724.25
2018	5 623	5 847.13	−224.13
2019	6 001	6 168.51	−167.51
2020	6 564	6 489.89	74.11
2021	6 682	6 811.26	−129.26
2022	7 501	7 132.64	368.36
2023	6 886	7 454.02	−568.02
2024	7 766	7 775.40	−9.40
2025		8 096.77	

图 9－5 是净利润的观测值与其线性预测值的比较。

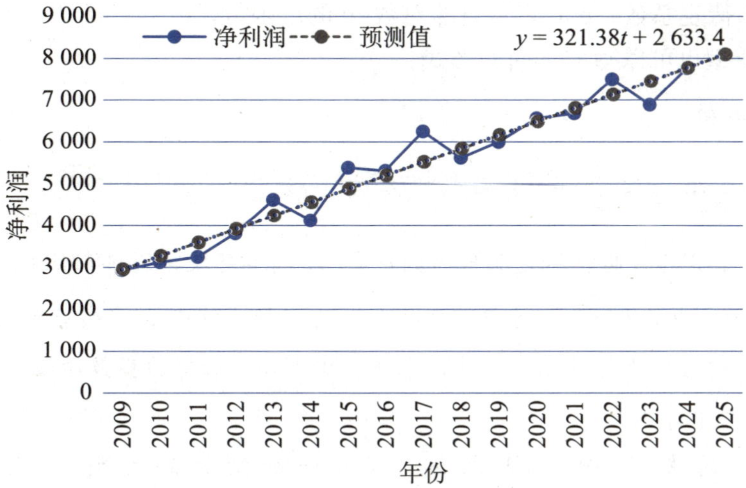

图 9－5　净利润的一元线性回归预测

图 9－6 展示了净利润的一元线性回归预测的残差。

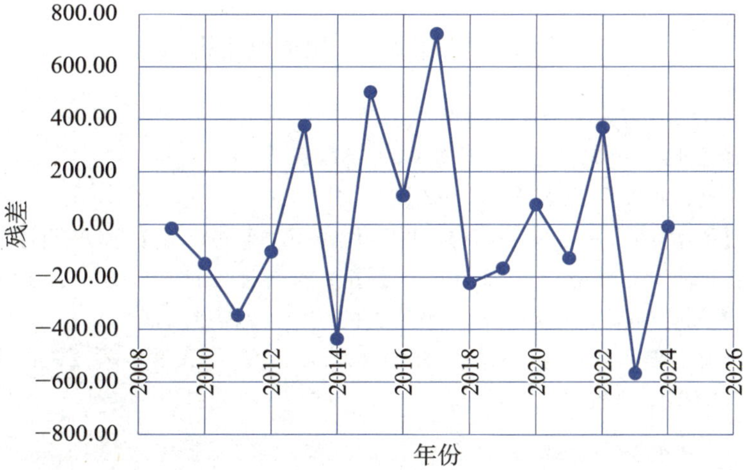

图 9－6　净利润的一元线性回归预测的残差

9.4.2　非线性趋势预测

非线性趋势（non-linear trend）有各种各样复杂的形态。例如，图 9－2（b）和 9－2（c）就有明显的非线性形态。下面只介绍指数曲线和多阶曲线两种预测方法。

1. 指数曲线

指数曲线（exponential curve）用于描述以几何级数递增或递减的现象，即时间序列的观测值 Y_t 按指数规律变化，或者说时间序列的逐期观测值按一定的增长率增长或衰减。图 9－2（b）中产量序列的变化趋势就呈现出某种指数变化形态。指数曲线的方程为：

$$\widehat{Y}_t = b_0 \exp(b_1 t) = b_0 e^{b_1 t} \tag{9.10}$$

式中，b_0、b_1 为待定系数，exp 表示自然对数 ln 的反函数，e=2.718 281 828 459。

指数曲线模型也可以写成下面的形式：

$$\widehat{Y}_t = b_0 b_1^t \tag{9.11}$$

例 9-6

沿用例 9-3。用指数曲线预测 2025 年的产量，并将实际值和预测值绘制成图形进行比较。

解 式（9.10）中的 b_0 和 b_1 可以“线性化”为对数直线形式，然后利用回归中的最小二乘法来求解，也可以直接使用 Excel 来求解。由 Excel 求得的指数曲线方程为：

$$\widehat{Y} = 67.531 e^{0.283t}$$

使用 Excel 的【GROWTH】函数，可以进行指数曲线预测。函数的语法为 GROWTH(known_y's,[known_x's],[new_x's],[const])。其中 const 为逻辑值，如果 const 为 TRUE 或省略，b_0 将正常计算；如果 const 为 FALSE，b_0 将设为 1。具体操作步骤如文本框 9-2 所示。

文本框 9-2 用 Excel 做指数曲线预测

★ 用【GROWTH】函数做指数曲线预测

第 1 步：选择预测结果的输出区域，比如 C2：C17。

第 2 步：点击【公式】，再点击【插入函数】。

第 3 步：从【选择类别】中选择【统计】，并在【选择函数】中点击【GROWTH】，单击【确定】。

第 4 步：在出现的对话框中，在【Known_y's】中输入已知的观测值 Y 的区域（本例为 B2：B17），在【Known_x's】中输入已知的时间值所在的区域（本例为 A2：A17，即 2009—2024），在【New_x's】中输入要预测的时间值（本例为 2009—2025，即 A2：A18），在【Const】中输入 TRUE 或省略（本例为 TRUE）。界面如下图所示。

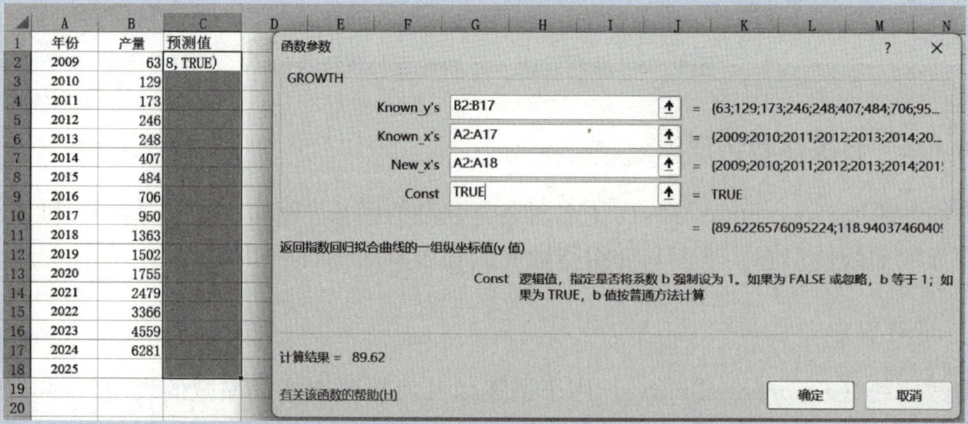

第 5 步：同时按住【Ctrl】+【Shift】+【Enter】键。得到的结果如表 9-7 的预测值一列所示。

表 9-7 给出了各年产量的预测值、残差。

表 9-7　产量的指数曲线预测

年份	产量	预测值	残差
2009	63	89.62	−26.62
2010	129	118.94	10.06
2011	173	157.85	15.15
2012	246	209.48	36.52
2013	248	278.01	−30.01
2014	407	368.96	38.04
2015	484	489.65	−5.65
2016	706	649.83	56.17
2017	950	862.40	87.60
2018	1 363	1 144.51	218.49
2019	1 502	1 518.91	−16.91
2020	1 755	2 015.78	−260.78
2021	2 479	2 675.20	−196.20
2022	3 366	3 550.32	−184.32
2023	4 559	4 711.71	−152.71
2024	6 281	6 253.02	27.98
2025	—	8 298.54	—

图 9-7 是产量与其指数曲线预测的比较。

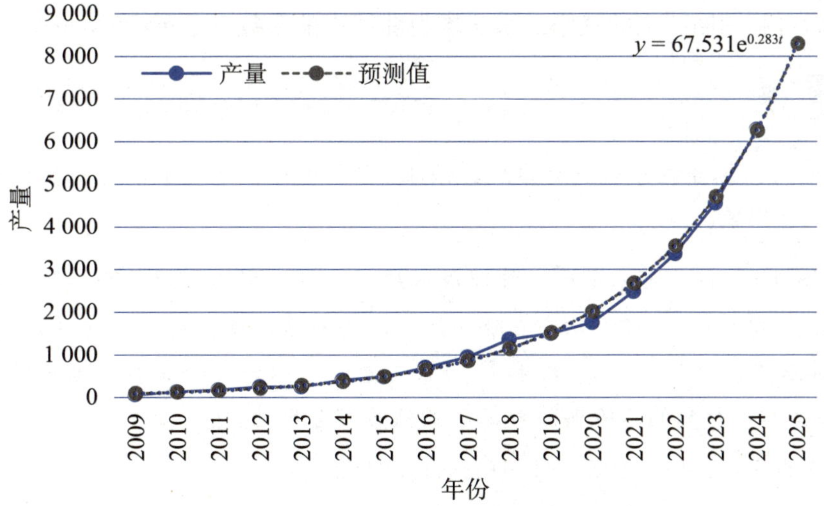

图 9-7　产量与其指数曲线预测的比较

图 9-8 是产量的指数曲线预测残差。

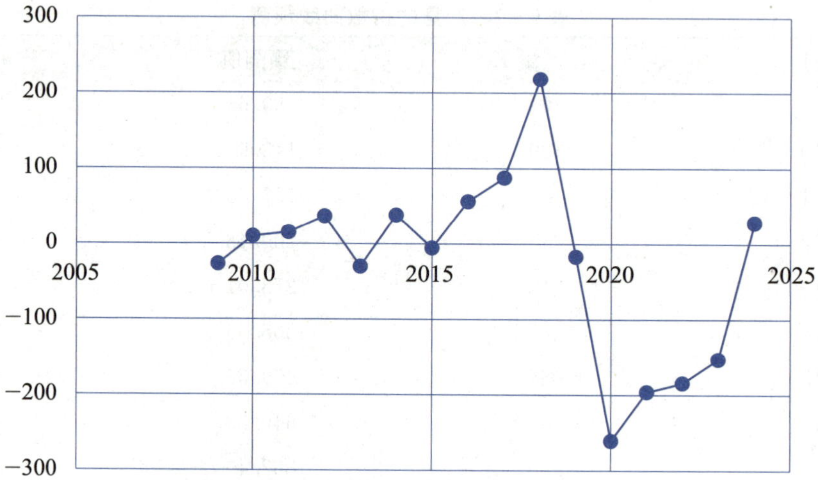

图 9-8　产量的指数曲线预测残差

图 9-8 显示，后期的残差较大。这是由于随着产量的提高，残差也增大，这种情况在时间序列中较为常见。

2. 多阶曲线

有些现象的变化形态比较复杂，它们不是按照某种固定的形态变化，而是有升有降，在变化过程中可能有几个拐点。这时就需要拟合多项式函数。当只有一个拐点时，可以拟合二阶曲线，即抛物线；当有两个拐点时，需要拟合三阶曲线；当有 $k-1$ 个拐点时，需要拟合 k 阶曲线。k 阶曲线函数的一般形式为：

$$\hat{Y}_t = b_0 + b_1 t + b_2 t^2 + \cdots + b_k t^k \tag{9.12}$$

将其线性化后可利用回归中的最小二乘法求得曲线中的系数 b_0，b_1，b_2，…，b_k。

例 9-7

沿用例 9-3。拟合适当的多阶曲线，预测 2025 年的管理成本，并将实际值和预测值绘制成图形进行比较。

解 观察图 9-2（c）可以看出，管理成本序列的变化形态可以拟合二阶曲线（即抛物线，视为有一个拐点），也可以拟合三阶曲线（即抛物线，视为有两个拐点）。设 t 和 t^2 为自变量，可拟合二阶曲线。设 t、t^2 和 t^3 为自变量，可拟合三阶曲线。根据最小二乘法用 Excel 做线性回归，得到的二阶曲线和三阶曲线方程分别为：

二阶曲线：$\hat{Y}=66.218+31.674t-1.5315t^2$

二阶曲线：$\hat{Y}=-16.626+82.600t-8.7986t^2+0.28498t^2$

表 9-8 给出了管理成本的二阶曲线和三阶曲线的预测值及其预测误差。

表 9-8 管理成本的二阶曲线和三阶曲线的预测值及其预测误差

年份	t	t^2	t^3	管理成本	二阶曲线预测值	二阶曲线预测误差	三阶曲线预测值	三阶曲线预测误差
2009	1	1	1	74	96.36	−22.36	57.46	16.54
2010	2	4	8	121	123.44	−2.44	115.66	5.34
2011	3	9	27	127	147.46	−20.46	159.68	−32.68
2012	4	16	64	172	168.41	3.59	191.24	−19.24
2013	5	25	125	219	186.30	32.70	212.03	6.97
2014	6	36	216	228	201.13	26.87	223.78	4.22
2015	7	49	343	255	212.89	42.11	228.19	26.81
2016	8	64	512	224	221.59	2.41	226.98	−2.98
2017	9	81	729	227	227.23	−0.23	221.84	5.16
2018	10	100	1 000	232	229.81	2.19	214.50	17.50
2019	11	121	1 331	200	229.32	−29.32	206.66	−6.66
2020	12	144	1 728	182	225.77	−43.77	200.03	−18.03
2021	13	169	2 197	174	219.15	−45.15	196.33	−22.33
2022	14	196	2 744	210	209.48	0.52	197.25	12.75
2023	15	225	3 375	207	196.74	10.26	204.52	2.48
2024	16	256	4 096	224	180.93	43.07	219.83	4.17
2025	17	289	4 913		162.07		244.91	

图 9-9 给出了管理成本的实际值、二阶曲线预测值和三阶曲线预测值，图 9-10 给出了二阶曲线和三阶曲线预测误差的比较。

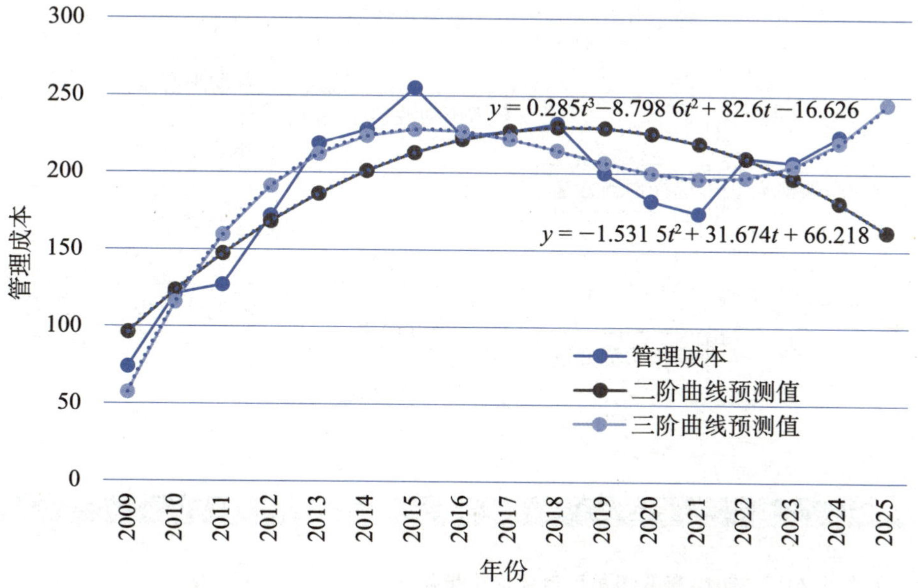

图 9-9 管理成本的实际值、二阶曲线和三阶曲线的预测值

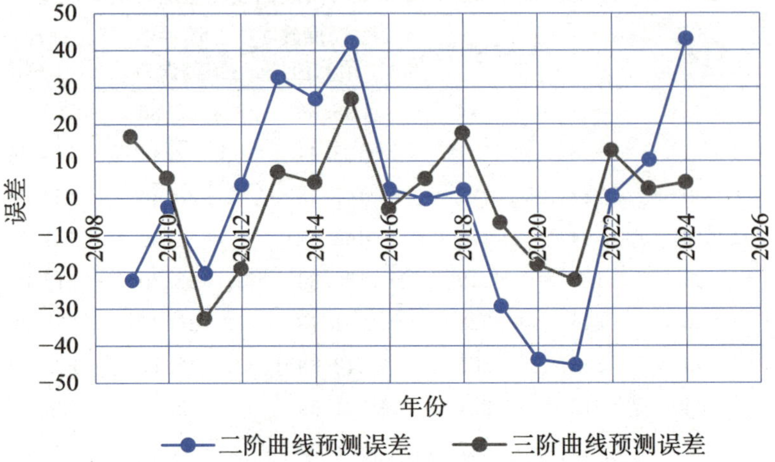

图 9-10　管理成本的二阶曲线和三阶曲线预测误差

思维导图：时间序列分析和预测方法

下面的思维导图展示了本章的内容框架。

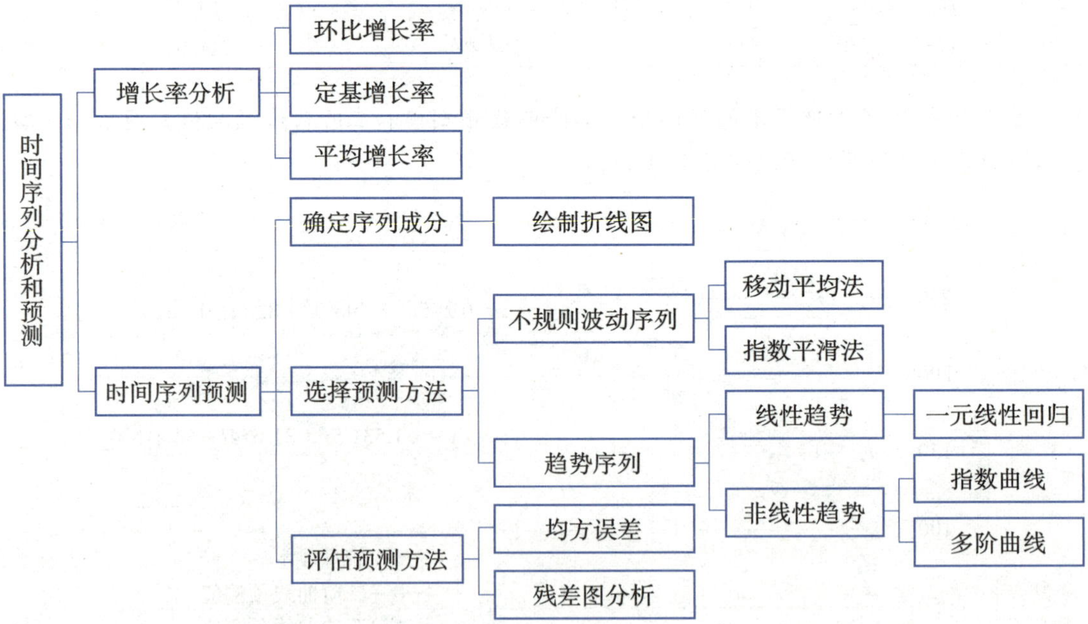

习题

9.1　下表是 2012—2023 年我国居民消费价格指数（上年=100）的数据。

年份	居民消费价格指数
2012	102.6
2013	102.6
2014	102.0
2015	101.4
2016	102.0
2017	101.6
2018	102.1
2019	102.9
2020	102.5
2021	100.9
2022	102.0
2023	100.2

(1) 选择适当的移动间隔，用移动平均法预测 2024 年的居民消费价格指数。

(2) 选择适当的平滑系数 α，用简单指数平滑法预测 2024 年的居民消费价格指数。

(3) 将预测值与原时间序列绘图进行比较。

(4) 绘制预测的残差图，分析预测效果。

9.2　下表是 2004—2022 年我国居民消费水平的数据。

年份	居民消费水平（元）	年份	居民消费水平（元）
2004	5 071	2014	17 220
2005	5 688	2015	18 857
2006	6 319	2016	20 801
2007	7 454	2017	22 968
2008	8 504	2018	25 245
2009	9 249	2019	27 504
2010	10 575	2020	27 439
2011	12 668	2021	31 013
2012	14 074	2022	31 899
2013	15 586		

(1) 计算居民消费水平的环比增长率、定基增长率和年平均增长率。

(2) 用一元线性回归预测 2023 年的居民消费水平，并将实际值和预测值绘图进行比较。

(3) 绘制残差图分析预测误差，说明所使用的方法是否合适。

9.3　下面是某只股票连续 35 个交易日的收盘价格。

时间（t）	观测值（Y）	时间（t）	观测值（Y）
1	372	19	360
2	370	20	357
3	374	21	356
4	375	22	352
5	377	23	348
6	377	24	353
7	374	25	356
8	372	26	356
9	373	27	356
10	372	28	359
11	369	29	360
12	367	30	357
13	367	31	357
14	365	32	355
15	363	33	356
16	359	34	363
17	358	35	365
18	359		

（1）分别拟合二阶曲线 $\hat{Y}_t=b_0+b_1t+b_2t^2$ 和三阶曲线 $\hat{Y}_t=b_0+b_1t+b_2t^2+b_3t^3$。

（2）绘制残差图分析预测误差，说明所使用的方法是否合适。

附录 1　Excel 中的统计函数

本附录列出了本书用到的 Excel 中的统计函数，具体使用时可随时查看函数的帮助。

函数	语法	参数的含义	返回结果
AVERAGE	AVERAGE(number1，[number2]，…)	number1，number2，…为计算平均值的数据。	平均数
BINOM. DIST	BINOM. DIST(number_s,trials,probability_s,cumulative)	number_s 为试验的成功次数；trials 为试验总次数；probability_s 为每次试验成功的概率；cumulative 为逻辑值。如果 cumulative 为 TRUE，则返回分布的累积概率；如果为 FALSE，则返回概率密度函数，即存在 number_s 次成功的概率。	二项分布概率
CHISQ. DIST	CHISQ. DIST(x,deg_freedom,cumulative)	x 为 χ^2 值；deg_freedom 为自由度；cumulative 为逻辑值。如果 cumulative 为 TRUE，则返回累积分布函数；如果为 FALSE，则返回概率密度函数。	χ^2 分布左尾概率
CHISQ. DIST. RT	CHISQ. DIST. RT(x,deg_freedom)	同上。	χ^2 分布右尾概率
CHISQ. INV	CHISQ. INV(probability,deg_freedom)	probability 为 χ^2 分布的累积概率。	χ^2 分布左尾分位数值
CHISQ. INV. RT	CHISQ. INV. RT(probability,deg_freedom)	同上。	χ^2 分布右尾分位数值
CONFIDENCE. NORM	CONFIDENCE. NORM(alpha,standard_dev,size)	alpha 为用来计算置信水平的显著性水平，置信水平等于 1－alpha；standard_dev 为已知的总体标准差，未知时用样本标准差代替；size 为样本量。	正态分布总体均值的置信区间

续表

函数	语法	参数的含义	返回结果
CONFIDENCE. T	CONFIDENCE. T(alpha, standard_dev, size)	alpha 为用来计算置信水平的显著性水平，置信水平等于 1－alpha；standard_dev 为样本标准差；size 为样本量。	t 分布总体均值的置信区间
CORREL	CORREL(array1, array2)	array1 为变量 1 的数据区域；array2 为变量 2 的数据区域。	相关系数
F. DIST	F. DIST(x, deg_freedom1, deg_freedom2, cumulative)	x 为用来计算概率的 F 值；deg_freedom1 为分子自由度；deg_freedom2 为分母自由度；cumulative 为逻辑值。如果 cumulative 为 TRUE，则返回累积分布函数；如果为 FALSE，则返回概率密度函数。	F 分布左尾概率
F. DIST. RT	F. DIST. RT(x, deg_freedom1, deg_freedom2)	同上。	F 分布右尾概率
F. INV	F. INV(probability, deg_freedom1, deg_freedom2)	probability 为 F 分布的累积概率。	F 分布左尾分位数值
F. INV. RT	F. INV. RT(probability, deg_freedom1, deg_freedom2)	同上。	F 分布右尾分位数值
GROWTH	GROWTH(known_y's, [known_x's], [new_x's], [const])	known_y's 为已知的观测值 Y 的区域；known_x's 为已知的时间值所在的区域；new_x's 为要预测的时间区域；const 为可选逻辑值，用于指定是否将常量 b_0 强制设为 1，如果为 TRUE，b_0 将正常计算。	指数曲线预测值
KURT	KURT(number1, [number2], …)	number1，number2，…为用于计算峰度系数的数据。	峰度系数
MEDIAN	MEDIAN(number1, [number2], …)	number1，number2，…为用于计算中位数的数据。	中位数
MODE. SNGL	MODE. SNGL(number1, [number2], …)	number1，number2，…为用于计算众数的数据。	众数
NORM. DIST	NORM. DIST(x, mean, standard_dev, cumulative)	x 为正态分布的数值；mean 为分布的均值；standard_dev 为分布的标准差；cumulative 为逻辑值。如果 cumulative 为 TRUE，则返回累积分布函数；如果为 FALSE，则返回概率密度函数。	正态分布的累积概率
NORM. INV	NORM. INV(probability, mean, standard_dev)	probability 为正态分布的累积概率；mean 为分布的均值；standard_dev 为分布的标准差。	正态累积分布函数的分位数值

续表

函数	语法	参数的含义	返回结果
NORM. S. DIST	NORM. S. DIST（z，cumulative）	z 为需要计算其分布的数值；cumulative 为逻辑值。如果 cumulative 为 TRUE，则返回累积分布函数；如果为 FALSE，则返回概率密度函数。	标准正态分布的累积概率
NORM. S. INV	NORM. S. INV（probability）	probability 为对应于正态分布的概率。	标准正态累积分布函数的分位数值
PEARSON	PEARSON(array1，array2)	array1 为自变量的数据区域；array2 为因变量的数据区域。	皮尔逊相关系数
PERCENTILE. INC	PERCENTILE. INC（array，k）	array 为计算百分位数的数组或数据区域；k 为 0 到 1 之间的百分点值，包含 0 和 1。	第 k 个百分点的值
QUARTILE. INC	QUARTILE. INC(array，quart)	array 为用于计算四分位数的数组或数据区域；quart 指定返回哪一个值。	四分位数
SKEW	SKEW(number1，[number2]，…)	number1，number2，…为用于计算偏度系数的数据。	偏度系数
STANDARDIZE	STANDARDIZE(x，mean，standard_dev)	x 为需要进行正态化的数值；mean 为分布的均值；standard_dev 为分布的标准差。	标准分数
STDEV. S	STDEV. S(number1，[number2]，…)	number1，number2，…为用于计算标准差的数据。	样本标准差
T. DIST	T. DIST(x，deg_freedom，cumulative)	x 为计算 t 分布的数值；deg_freedom 为自由度；cumulative 为逻辑值。如果 cumulative 为 TRUE，则返回累积分布函数；如果为 FALSE，则返回概率密度函数。	t 分布左尾概率
T. DIST. 2T	T. DIST. 2T(x，deg_freedom)	同上。	t 分布双尾概率
T. DIST. RT	T. DIST. RT(x，deg_freedom)	同上。	t 分布右尾概率
T. INV	T. INV(probability，deg_freedom)	probability 为 t 分布的双尾概率。	t 分布左尾分位数值
T. INV. 2T	T. INV. 2T（probability，deg_freedom）	同上。	t 分布双尾分位数值
VAR. S	VAR. S(number1，[number2]，…)	number1，number2，…为用于计算方差的数据。	样本方差
Z. TEST	Z. TEST(array，x，[sigma])	array 为用来检验 x 的数组或数据区域；x 为假设的总体均值；sigma 为总体标准差，若省略，则使用样本标准差。	z 检验的单尾 P 值

附录 2　用 Excel 生成概率分布表

表 1　标准正态分布概率表

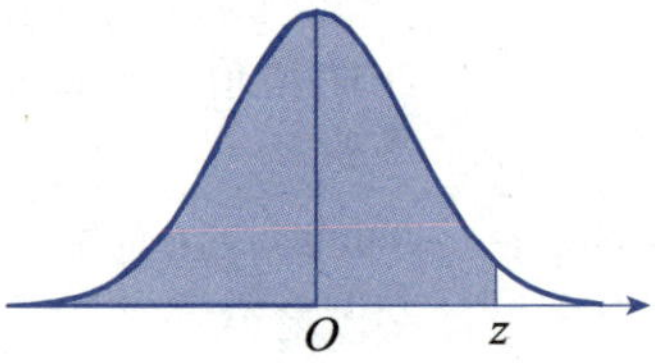

用【NORM. S. DIST】函数生成标准正态分布的累积概率 $P(Z \leqslant z)$ 表

第 1 步：将 z 的值（可根据需要确定）输入工作表的 A 列，将 z 取值的尾数输入第 1 行，形成标准正态分布的表头，如下图所示。

	A	B	C	D	E	F	G	H	I	J
1	**z**	**0.00**	**0.01**	**0.02**	**0.03**	**0.04**	**0.05**	**0.06**	**0.07**	**0.08**
2	**0.0**									
3	**0.1**									
4	**0.2**									
5	**0.3**									
6	**0.4**									
7	**0.5**									
8	**0.6**									
9	**0.7**									
10	**0.8**									
11	**0.9**									
12	**1.0**									

第 2 步：在 B2 单元格中输入公式“＝NORM. S. DIST($A2＋B$1,1)”，然后将其向下、向右复制即可得到标准正态分布概率表，部分结果如下图所示（可根据需要生成不同 z 值的标准正态分布累积概率表）。

	A	B	C	D	E	F	G	H	I	J
1	**z**	**0.00**	**0.01**	**0.02**	**0.03**	**0.04**	**0.05**	**0.06**	**0.07**	**0.08**
2	**0.0**	0.5000	0.5040	0.5080	0.5120	0.5160	0.5199	0.5239	0.5279	0.5319
3	**0.1**	0.5398	0.5438	0.5478	0.5517	0.5557	0.5596	0.5636	0.5675	0.5714
4	**0.2**	0.5793	0.5832	0.5871	0.5910	0.5948	0.5987	0.6026	0.6064	0.6103
5	**0.3**	0.6179	0.6217	0.6255	0.6293	0.6331	0.6368	0.6406	0.6443	0.6480
6	**0.4**	0.6554	0.6591	0.6628	0.6664	0.6700	0.6736	0.6772	0.6808	0.6844
7	**0.5**	0.6915	0.6950	0.6985	0.7019	0.7054	0.7088	0.7123	0.7157	0.7190
8	**0.6**	0.7257	0.7291	0.7324	0.7357	0.7389	0.7422	0.7454	0.7486	0.7517
9	**0.7**	0.7580	0.7611	0.7642	0.7673	0.7704	0.7734	0.7764	0.7794	0.7823
10	**0.8**	0.7881	0.7910	0.7939	0.7967	0.7995	0.8023	0.8051	0.8078	0.8106
11	**0.9**	0.8159	0.8186	0.8212	0.8238	0.8264	0.8289	0.8315	0.8340	0.8365
12	**1.0**	0.8413	0.8438	0.8461	0.8485	0.8508	0.8531	0.8554	0.8577	0.8599

表 2　标准正态分布分位数表

用【NORM. S. INV】函数生成标准正态分布分位数表

分位数是根据标准正态分布随机变量累积概率的值计算相应的临界值。如果有 $P(Z \leqslant z)=p$，则对于任意给定的 p（$0 \leqslant p \leqslant 1$）可以求出相应的 z。

第 1 步：将标准正态变量累积概率的值输入工作表的 A 列，其尾数输入第 1 行，形成标准正态分布分位数表的表头，如下图所示。

	A	B	C	D	E	F	G	H	I	J
1	**p**	**0.000**	**0.001**	**0.002**	**0.003**	**0.004**	**0.005**	**0.006**	**0.007**	**0.008**
2	**0.50**									
3	**0.51**									
4	**0.52**									
5	**0.53**									
6	**0.54**									
7	**0.55**									
8	**0.56**									
9	**0.57**									
10	**0.58**									
11	**0.59**									
12	**0.60**									
13	**0.61**									
14	**0.62**									
15	**0.63**									
16	**0.64**									
17	**0.65**									

第 2 步：在 B2 单元格中输入公式“＝NORM. S. INV($A2＋B$1)”，然后将其向下、向右复制即可得到标准正态分布的分位数表，部分结果如下图所示（读者可根据需要生成不同 z 值的标准正态分布分位数表）。

	A	B	C	D	E	F	G	H	I	J
1	**p**	**0.000**	**0.001**	**0.002**	**0.003**	**0.004**	**0.005**	**0.006**	**0.007**	**0.008**
2	**0.50**	0.0000	0.0025	0.0050	0.0075	0.0100	0.0125	0.0150	0.0175	0.0201
3	**0.51**	0.0251	0.0276	0.0301	0.0326	0.0351	0.0376	0.0401	0.0426	0.0451
4	**0.52**	0.0502	0.0527	0.0552	0.0577	0.0602	0.0627	0.0652	0.0677	0.0702
5	**0.53**	0.0753	0.0778	0.0803	0.0828	0.0853	0.0878	0.0904	0.0929	0.0954
6	**0.54**	0.1004	0.1030	0.1055	0.1080	0.1105	0.1130	0.1156	0.1181	0.1206
7	**0.55**	0.1257	0.1282	0.1307	0.1332	0.1358	0.1383	0.1408	0.1434	0.1459
8	**0.56**	0.1510	0.1535	0.1560	0.1586	0.1611	0.1637	0.1662	0.1687	0.1713
9	**0.57**	0.1764	0.1789	0.1815	0.1840	0.1866	0.1891	0.1917	0.1942	0.1968
10	**0.58**	0.2019	0.2045	0.2070	0.2096	0.2121	0.2147	0.2173	0.2198	0.2224
11	**0.59**	0.2275	0.2301	0.2327	0.2353	0.2378	0.2404	0.2430	0.2456	0.2482
12	**0.60**	0.2533	0.2559	0.2585	0.2611	0.2637	0.2663	0.2689	0.2715	0.2741
13	**0.61**	0.2793	0.2819	0.2845	0.2871	0.2898	0.2924	0.2950	0.2976	0.3002
14	**0.62**	0.3055	0.3081	0.3107	0.3134	0.3160	0.3186	0.3213	0.3239	0.3266
15	**0.63**	0.3319	0.3345	0.3372	0.3398	0.3425	0.3451	0.3478	0.3505	0.3531
16	**0.64**	0.3585	0.3611	0.3638	0.3665	0.3692	0.3719	0.3745	0.3772	0.3799
17	**0.65**	0.3853	0.3880	0.3907	0.3934	0.3961	0.3989	0.4016	0.4043	0.4070

表 3　χ^2 分布临界值表

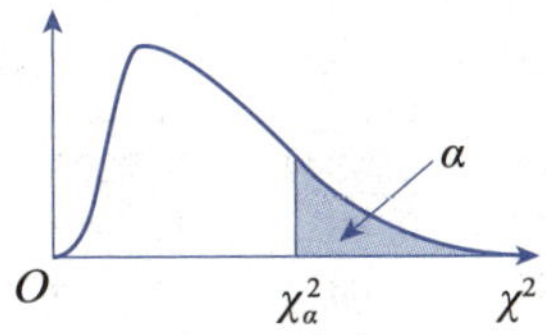

用【CHISQ. INV. RT】函数生成 χ^2 分布临界值表

该表是根据 χ^2 分布的右尾概率 α 计算的相应的临界值，即如果 $P(\chi^2 \geqslant x)=\alpha$，则对于任意给定的概率 p，可以求出相应的 x。

第 1 步：将 χ^2 分布自由度 df 的值输入工作表的 A 列，将右尾概率 α 的取值输入第 1 行，形成 χ^2 分布临界值表的表头，如下图所示。

	A	B	C	D	E	F	G	H
1	df\α	0.995	0.990	0.975	0.950	0.900	0.100	0.050
2	1							
3	2							
4	3							
5	4							
6	5							
7	6							
8	7							
9	8							
10	9							
11	10							
12	11							
13	12							
14	13							
15	14							
16	15							

第 2 步：在 B2 单元格中输入公式“＝CHISQ. INV. RT(B$1,$A2)”，然后将其向下、向右复制即可得到 χ^2 分布的临界值表，部分结果如下图所示（可根据需要生成不同 α 和不同自由度的 χ^2 分布的临界值表）。

	A	B	C	D	E	F	G	H
1	**df\α**	**0.995**	**0.990**	**0.975**	**0.950**	**0.900**	**0.100**	**0.050**
2	**1**	0.0000	0.0002	0.0010	0.0039	0.0158	2.7055	3.8415
3	**2**	0.0100	0.0201	0.0506	0.1026	0.2107	4.6052	5.9915
4	**3**	0.0717	0.1148	0.2158	0.3518	0.5844	6.2514	7.8147
5	**4**	0.2070	0.2971	0.4844	0.7107	1.0636	7.7794	9.4877
6	**5**	0.4117	0.5543	0.8312	1.1455	1.6103	9.2364	11.0705
7	**6**	0.6757	0.8721	1.2373	1.6354	2.2041	10.6446	12.5916
8	**7**	0.9893	1.2390	1.6899	2.1673	2.8331	12.0170	14.0671
9	**8**	1.3444	1.6465	2.1797	2.7326	3.4895	13.3616	15.5073
10	**9**	1.7349	2.0879	2.7004	3.3251	4.1682	14.6837	16.9190
11	**10**	2.1559	2.5582	3.2470	3.9403	4.8652	15.9872	18.3070
12	**11**	2.6032	3.0535	3.8157	4.5748	5.5778	17.2750	19.6751
13	**12**	3.0738	3.5706	4.4038	5.2260	6.3038	18.5493	21.0261
14	**13**	3.5650	4.1069	5.0088	5.8919	7.0415	19.8119	22.3620
15	**14**	4.0747	4.6604	5.6287	6.5706	7.7895	21.0641	23.6848
16	**15**	4.6009	5.2293	6.2621	7.2609	8.5468	22.3071	24.9958

表 4　t 分布临界值表

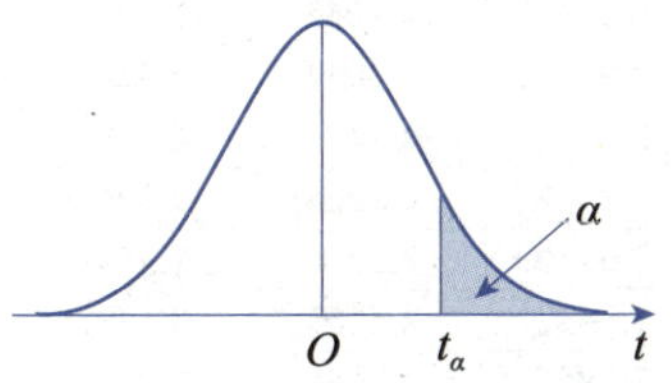

用 Excel 的【T. INV】函数生成 t 分布临界值表

该表是根据 t 分布的右尾概率 α 计算的相应的临界值。如果 $P(t \geqslant x)=\alpha$，则对于任意给定的概率 p，可以求出相应的 x。

第 1 步：将 t 分布自由度 df 的值输入工作表的 A 列，将右尾概率 α 的取值输入第 1 行，形成 t 分布临界值表的表头，如下图所示。

	A	B	C	D	E	F	G	H
1	df\α	0.100	0.050	0.025	0.010	0.005	0.001	0.0005
2	1							
3	2							
4	3							
5	4							
6	5							
7	6							
8	7							
9	8							
10	9							
11	10							
12	11							
13	12							
14	13							
15	14							
16	15							

第 2 步：在 B2 单元格中输入公式“=T. INV(B$1,$A2)*(−1)”，然后将其向下、向右复制即可得到 t 分布临界值表，部分结果如下图所示（读者可根据需要生成不同 α 和不同自由度的 t 分布临界值表）。

	A	B	C	D	E	F	G	H
1	**df\α**	**0.100**	**0.050**	**0.025**	**0.010**	**0.005**	**0.001**	**0.0005**
2	**1**	3.0777	6.3138	12.7062	31.8205	63.6567	318.3088	636.6192
3	**2**	1.8856	2.9200	4.3027	6.9646	9.9248	22.3271	31.5991
4	**3**	1.6377	2.3534	3.1824	4.5407	5.8409	10.2145	12.9240
5	**4**	1.5332	2.1318	2.7764	3.7469	4.6041	7.1732	8.6103
6	**5**	1.4759	2.0150	2.5706	3.3649	4.0321	5.8934	6.8688
7	**6**	1.4398	1.9432	2.4469	3.1427	3.7074	5.2076	5.9588
8	**7**	1.4149	1.8946	2.3646	2.9980	3.4995	4.7853	5.4079
9	**8**	1.3968	1.8595	2.3060	2.8965	3.3554	4.5008	5.0413
10	**9**	1.3830	1.8331	2.2622	2.8214	3.2498	4.2968	4.7809
11	**10**	1.3722	1.8125	2.2281	2.7638	3.1693	4.1437	4.5869
12	**11**	1.3634	1.7959	2.2010	2.7181	3.1058	4.0247	4.4370
13	**12**	1.3562	1.7823	2.1788	2.6810	3.0545	3.9296	4.3178
14	**13**	1.3502	1.7709	2.1604	2.6503	3.0123	3.8520	4.2208
15	**14**	1.3450	1.7613	2.1448	2.6245	2.9768	3.7874	4.1405
16	**15**	1.3406	1.7531	2.1314	2.6025	2.9467	3.7328	4.0728

表 5　*F* 分布临界值表

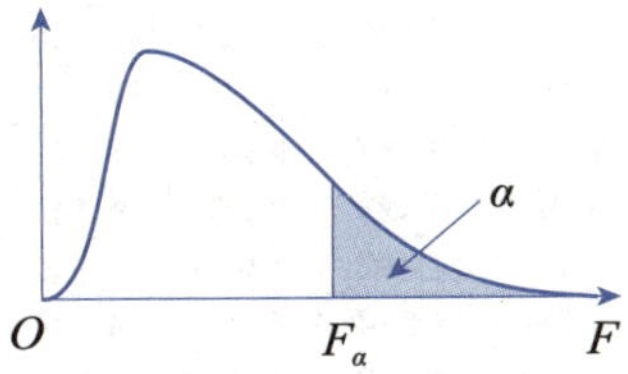

用 Excel【F. INV】函数生成 *F* 分布临界值表

该表是根据 F 分布的右尾概率 α 计算的相应的临界值，即如果 $P(F\geqslant x)=\alpha$，则对于任意给定的概率 p，可以求出相应的 x。

第 1 步：在 B1 单元格中输入 F 分布右尾概率 α 的取值（如 $\alpha=0.05$），在第 2 行输入分子自由度 df1 的值，在第 1 列输入分母自由度 df2 的值，如下图所示。

	A	B	C	D	E	F	G	H	I	J	K
1	α=	0.05									
2	df2\df1	1	2	3	4	5	6	7	8	9	10
3	1										
4	2										
5	3										
6	4										
7	5										
8	6										
9	7										
10	8										
11	9										
12	10										
13	11										
14	12										
15	13										
16	14										
17	15										

第 2 步：在 B3 单元格中输入公式“=F. INV. RT(B1,B$2,$A3)”，然后将其向下、向右复制即可得到 F 分布临界值表，$\alpha=0.05$ 时 F 分布临界值表的部分结果如下图所示。

	A	B	C	D	E	F	G	H	I	J	K
1	α=	0. 05									
2	df2\df1	1	2	3	4	5	6	7	8	9	10
3	1	161.448	199.500	215.707	224.583	230.162	233.986	236.768	238.883	240.543	241.882
4	2	18.513	19.000	19.164	19.247	19.296	19.330	19.353	19.371	19.385	19.396
5	3	10.128	9.552	9.277	9.117	9.013	8.941	8.887	8.845	8.812	8.786
6	4	7.709	6.944	6.591	6.388	6.256	6.163	6.094	6.041	5.999	5.964
7	5	6.608	5.786	5.409	5.192	5.050	4.950	4.876	4.818	4.772	4.735
8	6	5.987	5.143	4.757	4.534	4.387	4.284	4.207	4.147	4.099	4.060
9	7	5.591	4.737	4.347	4.120	3.972	3.866	3.787	3.726	3.677	3.637
10	8	5.318	4.459	4.066	3.838	3.687	3.581	3.500	3.438	3.388	3.347
11	9	5.117	4.256	3.863	3.633	3.482	3.374	3.293	3.230	3.179	3.137
12	10	4.965	4.103	3.708	3.478	3.326	3.217	3.135	3.072	3.020	2.978
13	11	4.844	3.982	3.587	3.357	3.204	3.095	3.012	2.948	2.896	2.854
14	12	4.747	3.885	3.490	3.259	3.106	2.996	2.913	2.849	2.796	2.753
15	13	4.667	3.806	3.411	3.179	3.025	2.915	2.832	2.767	2.714	2.671
16	14	4.600	3.739	3.344	3.112	2.958	2.848	2.764	2.699	2.646	2.602
17	15	4.543	3.682	3.287	3.056	2.901	2.790	2.707	2.641	2.588	2.544

参考文献

[1] 贾俊平．统计学：基于 SPSS. 5 版．北京：中国人民大学出版社，2025.

[2] 贾俊平．统计学：基于 R. 6 版．北京：中国人民大学出版社，2025.

[3] 贾俊平，吴翌琳．统计学：基于 Python．北京：中国人民大学出版社，2024.

[4] 贾俊平．数据可视化分析：基于 R 语言．3 版．北京：中国人民大学出版社，2023.

[5] 贾俊平．统计学基础．7 版．北京：中国人民大学出版社，2023.

[6] 吴喜之．统计学：从概念到数据分析．北京：高等教育出版社，2008.

[7] 安德森，斯威尼，威廉姆斯．商务与经济统计．张建华，王健，冯燕奇，译．北京：机械工业出版社，2000.

[8] TRIOLA M F. 初级统计学．刘新立，译．北京：清华大学出版社，2004.

[9] 布莱克，埃尔德雷奇．以 Excel 为决策工具的商务与经济统计．张久琴，张玉梅，杨琳，译．北京：机械工业出版社，2003.

[10] 蒙哥马利，朗格尔，于贝尔．工程统计学．代金，魏秋萍，译．北京：中国人民大学出版社，2005.

[11] 布莱克．商务统计学：第 4 版．李静萍，等，译．中国人民大学出版社，2006.

图书在版编目（CIP）数据

统计学：基于 Excel / 贾俊平编著. -- 4 版. 北京：中国人民大学出版社，2025. 3. --（21 世纪统计学系列教材）. -- ISBN 978-7-300-33791-3

Ⅰ. C819 - 39

中国国家版本馆 CIP 数据核字第 20253L9Z30 号

21 世纪统计学系列教材

统计学——基于 Excel（第 4 版）

贾俊平　编著

Tongjixue——Jiyu Excel

出版发行	中国人民大学出版社		
社　　址	北京中关村大街 31 号	**邮政编码**	100080
电　　话	010－62511242（总编室）		010－62511770（质管部）
	010－82501766（邮购部）		010－62514148（门市部）
	010－62515195（发行公司）		010－62515275（盗版举报）
网　　址	http://www.crup.com.cn		
经　　销	新华书店		
印　　刷	北京市鑫霸印务有限公司	**版　　次**	2017 年 4 月第 1 版
开　　本	787 mm×1092 mm　1/16		2025 年 3 月第 4 版
印　　张	13.25 插页 1	**印　　次**	2025 年 3 月第 1 次印刷
字　　数	291 000	**定　　价**	42.00 元